陳品卿 著

國文教材教法

中華書局印行

第三章　作文教學

前　言

中學國文教學，主要包括「範文教學」，「作文教學」和「課外閱讀」三方面，其最終目的都在培養學生「閱讀」和「寫作」的能力。這三方面鼎足三分，缺一不可，因此我們不可忽視「作文教學」的重要性。

依據現行國文課程標準的規定，國民中學一、二、三各學年每週教學時數均爲六小時。其中課文教學四小時，作文練習、語言訓練、書法練習與課外閱讀指導等兩小時（作文以三週兩篇爲原則）。高級中學第一、二學年每週授課五小時，範文占總時數五分之三，作文及中國文化基本教材各占五分之一。第三學年每週授課六小時，範文占總時數六分之四，作文及中國文化基本教材各占六分之一。由此看來，作文教學的時間，國中每週約六七分鐘，高中每週六十分鐘。教師要利用這有限的時間，指導學生作文，必須利用範文教學時，把握教學目標，運用適當的方法，隨機進行「作文指導」的工作。例如：教師處理一篇課文，首先便是講解「題文」與「篇旨」，此時便可指點學生注意於作文時之「審題」、「立意」。介紹作者時，便可指導學生如何深究「作者的情意」。如何表達「自己的情意」。分段讀講時，便可指點學生作文時應注意「虛字的用法」，「文法的結構」及「修辭的技巧」。「欣賞範文」教學過程中，便可指導學生如何「運材」，如何「布局」，如何「照應」等有關作文之寫作技巧。除經常如此不斷的訓練外，再利用作文課時間，作系統化的整理與指引，自然能使學生「學習範文」與「學習作文」，兩者相互聯繫。學生積久成習，對於作文的經營技巧，便可心領神會。

作文教學的方式，不拘於一格，主要的是多加練習。練習的方式有日記、翻譯、重寫、聽寫、筆記、論述、書信與講稿等，但最有效的方法，莫過於「命題習作」。故現行國文課程標準規定作文練習，均以教師命題爲原則（每學期間可令學生自行擬題一、二次），在課堂用毛筆正楷寫成。因而本文所討論者，也以「命題習作」爲主。

作文教學的過程，可分爲三個階段，一是「命題」，二是「指引」，三是「批改」。命題必須適當，指引必須合理，批改必須妥善。本文茲就此三方面，進行討論，旨在提供中學教師作文教學參考之用。希望能夠引起中學國文教師對作文教學的普遍重視。

第一節　教學目標

壹、國民中學

依據民國七十二年七月，教育部公布之國中國文課程標準，其中有關作文教學目標之規定如下：

「叁、指導學生學習課文，明瞭本國語文之特質，培養閱讀能力及寫作技巧。」

由此觀之，可分析其要點如下：

一、範文教學與作文教學應相互聯繫。

二、指導學生明瞭本國語文之特質。

三、培養學生閱讀能力。

四、培養學生寫作技巧。

貳、高級中學

依據民國七十二年七月，教育部公布之高級中學國文課程標準，有關作文教學目標之規定有三：

「壹、指導學生研讀語體文，提高其……寫作語體文之能力。」

「貳、指導學生精讀文言文，培養其……寫作明易文言文之能力。」

「肆、輔導學生閱讀純正優美之文藝作品，增進其文藝欣賞與創作之能力。」

根據這三條規定，可以分析其要點如下：

一、提高學生語體文之寫作能力。

二、除語體文外，同時培養學生寫作明易文言文之能力。

三、增進學生文藝欣賞之能力。

四、增進學生創作能力。

五、範文教學與作文教學應互相聯繫。

六、所謂「輔導學生閱讀純正優美之文藝作品」，應包括課外閱讀指導。

第二節　作文命題

指導學生作文，第一步工作就是命題。作文命題有兩重作用，消極的可以讓讀者易於識別文章內容或便於稱說；積極的則使作者有所把握，表達自己所要寫的主題。

談到命題，是許多教師在作文教學時頗感頭痛的一件事，往往不知道出什麼題目才好。其實，文章是作者為了抒發情感而寫，理論上，不一定非要教師命題不可；學生也可以自由命題，隨心所欲地發揮。但是中學生生活經驗太少，寫作資料缺乏，每每不知如何擬定題目，加上一些表達能力較差的學生，發表欲不強，若不略帶強迫性地要求其動筆，恐難奢望學生能力有所增進。為了使學生能熟諳各種文體的作法，訓練文思敏捷周密，必須由教師來命題，有計劃地引導，不過，偶爾由學生自行擬定題目，暢所欲言也是必要的。

命題不是一件太困難的事，卻也絕非輕而易舉的工作。命題決定了寫作的目標與範圍。適當的題目能觸發靈感，誘導學生思考，訓練他的表達能力，激起寫作的動機，而不恰當的命題足以阻塞學生活潑的思維，其間影響很大，因此有關作文命題的許多問題，我們願意做較深入的研討，提供中學國文教師教學之參考。

壹、命題的意義

所謂命題就是文章題目的擬定與提示，換言之，教師確立了寫作的方向與大致範圍，並從中拈出題目，作為學生選擇材料、組織材料及決定立場的根據，這便是命題。命題是學生寫作的指針，也是啓發寫作動機的關鍵。命題妥當則可使學生胸中積蘊的素材適時引發，滿足他們發表的欲望與興趣。如果命題不當，縱令學生搜盡枯腸，所寫內容仍不免流於空泛，如此，怎能不視寫作為畏途呢？故欲求作文教學成功，第一步的命題工作不可不愼。

依據民國七十二年七月教育部公布之國中國文課程標準，有關作文命題之規定如下：

「㈠學生作文練習，第一、二、三學年每學期定為二小時者十次，一小時者四次，均以教師命題為主（間可令學生自行擬定一、二次），在課堂用毛筆正楷寫成。二小時者由教師批改八至十篇；一小時者不必批改，由教師審閱後予以講評。

㈡作文命題務須適合學生之理解及表達能力，並斟酌環境事物、節序、生活等關係及與課文相聯繫。

㈢教師命題後，酌與學生作短時間之討論，再令學生撰寫。二小時者每次宜指導學生擬定綱要或起稿，一小時者概不起稿。」

教育部於同年公布之高級中學國文課程標準，有關作文命題之規定如下：

「作文練習，每學期至少十篇。由教師命題（間可指導學生自由命題），令學生用毛筆楷書寫作，其中七篇當堂交卷，其餘命學生課外寫作，教師可擇要批改六篇。其他由教師作綜合之指導。」

綜觀國民中學與高級中學之作文教學，學生作文練習，均由教師命題（間可令學生自行擬題一、二次），可知教師對於作文命題一事，應精心計劃，決不可草率了事。所以教師應先對作文命題有充分的認識和了解。

貳、命題的要點

前面曾提到過，命題恰當與否對學生寫作之內容有極大的影響。高級中學國文課程標準規定：「題目務須適合學生理解及寫作能力，或配合生活環境，與課文密切聯繫。」教師命題時，必須注意一些原則，以下分項說明之：

一、要與範文教學聯繫：爲訓練學生作文，可於範文教學結束後，擬定一類似的題目，令學生運用該篇文章的結構模式與行文技巧，去依樣仿作。例如：教完朱自清的「荷塘月色」可指導學生仿作一篇描寫月夜的文章，教完白居易「慈烏夜啼」，可讓學生寫作有關孝順的題材。

二、命題應注意的原則：

㈠文題用語要精確、鮮明、平順、穩貼；也就是說題意要明顯，含義要單純，使學生一目瞭然而不致於曲解。如果文題措詞籠統，往往令學生抓不住方向，或產生誤會。

㈡題義內容要豐富：指導學生作文練習，題義要寬廣，內容要豐富，才能讓學生有充分發揮的餘地。例如：以「蜜蜂」爲題，便不如以「我所喜愛的昆蟲」來得適當而有彈性。如果專以考驗學生的作文能力爲目的，則窄題較爲理想。

㈢題目要有變化，避免陳腐俗套：題目本身的生動性可以刺激學生的想像，引發靈感。陳腐俗套的題目，學生下筆也是老生常談，以「不變」應「不變」，文章內容難免千篇一律，枯燥乏味。例如「思鄉」就不如改爲「客從故鄉來」，「溪頭遊記」不妨變化爲「古木參天憶溪頭」。

㈣題目固宜力求新穎活潑，但不可流於偏僻古怪：偏僻古怪的題目不但使學生費解，而且無語可說，出了這樣的題目，如何能達到作文教學的目的？「標新立異」反而弄巧成拙。例如：「悵望秦淮春去也」、「遙憐小兒女」這一類題目固然可以顯示命題者的國學涵養，但若學生的詩詞根底不好，教他如何下筆？

㈤題目內容要具體，不宜空洞：具體的題目，學生可以憑經驗和觀察爲之，抽象的題目則義理不明、線索難尋，不易闡述。中學生的認知有限，不能要求其做太抽象的思考。例如：「人類的前途如何？」這題目便太抽象了。「垃圾的處理方法」又太空泛了。

三、注意學生生活經驗：不同年齡、不同性別的學生，生活經驗不盡相同；都市與鄉村的學生經驗也不同。教師命題時必須先了解這一事實，明白學生的感情心意，才能定出一個適合的題目，讓學生充分發表。例如：「圖書館」、「早晨的校園」、「我的老師」等，都是生活中隨時可以親見體驗的題材，自然不致文思枯竭了。若是讓男生寫「我的洋娃娃」，讓都市的孩子寫「放牛記」，讓家境富裕的孩子寫「如何安貧樂道」，學生必然是寫不好的。

四、要顧及學生的能力：學生的程度隨著年齡、學養及環境而各有不同。高中和國中的程度必然不同，即使同年齡，但不同學區的孩子程度也有差異。教師在命題時，要注意配合學生程度的高低。題目太難或太容易，學生都無法提起興趣來作文，也很難要求有好的作品出現。如果叫國中生寫「中西文化之異同」、「三民主義統一中國之時代意義」、「聯招制度的改革」……那就太難了。若教大學生寫「早晨」、「我的爺爺」，也是不太合適的。同樣的題材，在不同程度的學生中，可予以不同的題目，以適應彼此間的差異。例如：同樣是寫母親，國中可以出「母愛」，高中可以出「母親頌」。

五、要配合實際的需要：文章除了文學欣賞的價値外，也有其實用性。作文教學的目的，其中一項便是學習生活上必要的能力，因此作文命題時要配合學生實際的需要。例如：「給朋友的一封信」、「日記一則」、「青年節演講稿」、「週會記錄」、「遺失啓事」、「請假便條一則」、「讀書報告」、「邀請函」等都是較實用的題目。

六、要顧及學生的興趣：教師要能了解學生的心理，揭出他們感覺新鮮有趣的題目，自然能使他心領神會，下筆千言。例如：學校裏剛舉行過園遊會或球類比賽，叫學生寫一篇相關的文章，事情的熱潮還未減退，記憶猶新，則取材、下筆必然較為有趣，不會困難。若是要求中學生分析中東情勢，或評論「二稅合一制」的優劣，學生當然興味索然，甚至視作文為苦差事。

七、題材要能親切有趣：命題時要選擇學生認識清楚、印象強烈、感受深刻、覺得親切有味的題材，題目更不能太過平板，否則就無法誘導學生的興味與精神。例如：「書房」便不如「我的書房」來得親切；「護士」便不如「可愛的白衣天使」來得有趣。

八、題義需要有觸發性：教師出的題目務必要讓學生有話可說，恰好抓著學生的癢處，使其能暢快淋漓，盡情發揮。例如：「初春時節」比較嚴肅刻板，若換成「乍暖還寒時候」則能引發學生較多的想像。

九、文體安排由易而難：除應用文外，一般說來，文體大約可分為記敍文、描寫文、說明文、議論文、抒情文五類（議論文與說明文可合稱為論說文、描寫文可歸併於記敍文）。記敍文與描寫文是陳述外在的人事或景物，題材較易把握；說明文與議論文是發揮內在的意見，支配較難。記敍文只要略述概況，又比描寫文的詳加刻劃為易；說明文可憑客觀闡釋，議論文則要有主觀的主張，後者較難。抒情文的難易與描寫文、說明文差不多。這五類文體比較言之：記敍文最容易；抒情文、說明文、描寫文次之，論說文較難。命題時，可視學生的程度，由易而難，循序排列，最好使其系統化，但這也不是那麼刻板的，可以酌情適度變化，使難易互相協調。（註一）

十、注意把握偶發事件：學習不能與實際生活脫節，因此要配合學校活動，注重「機會教育」，以收事半功倍之效。作文時把握偶發事件便是其中有力的一環。不論是家庭、學校、社會，如有什麼偶發事件，讓學生去取材寫作，最能抒發眞誠情意。例如：逢到公職人員競選，可以用「選擧前後」，或「宣傳車經過的時候」爲題。學校中常會擧行各項活動，如：校慶、土風舞比賽、登山……等，若能善加利用，都是練習寫作的好材料。

十一、要能配合時令節日：國慶日、端午節、中秋節……等都是可以發揮的題材，但千萬注意，命題時不要老是用那些一成不變的題目，換些生動的題目，才會有豐富的內容。例如：「國慶感言」，可以改爲「光輝的十月」。另外要注意配合季節及地區，夏天寫「歲寒三友」，在臺灣寫「風雪之夜」（在玉山上的特殊經驗不在此限），都是不太恰當的。

十二、適應學生個別差異：最後提到的是班上若有程度甚差的學生，命題時可將一個題目分成若干小題，要求他分段簡單的寫作，再加以組合。例如：寫「我的父親」，可分爲父親的容貌，父親的性情，父親的行事，父親的爲人……等。

参、命題的範圍

前面說過，作文本來也可以採取自由命題的方式，但是，國中階段的學生，在作文方面仍然處於學習的地位，所以仍以國文老師命題爲宜。命題作文的缺點在於不合思想情意發表的自然性，所以敎師命題時，應如前文所述：盡量考慮學生的生活經驗、學力、需要和興趣。尤其在命題範圍方面，更要注意寬狹適度。初時寧寬勿狹，除非內容是學生熟悉的材料，題目可以稍狹；以後可隨他們寫作能力的進步而漸漸緊縮。所謂命題的範圍寬是指內容較多和幅度較大而言，讓學生在這範圍以內，有較多的迴環餘地，抓得住這方面也可以，抓得住那方面也可以，總之，要能使他們很輕易地尋索、聯想，把握目標的若干要點去進行。例如：「我」這個題目的範圍就很寬，學生可從家庭情形、身世、個性、癖好、理想……等，多方面下筆。如果題目是「我的個性」，範圍就窄得多了。命題的範圍，就題材而言可分爲六類：

一、以「人」作題材者：我們生活中絕離不開人與人的接觸，所以「人」就是一個極好的題材。在這方面，大致來說，可就學生所習見、習知的人作題材較好，例如：家人、親戚、同學、師長等。也可選擇學生所崇拜的對象，如：民族英雄、古聖先賢、科學家、藝術家……等。即使是不認識的人也可以寫，比方說：「車掌小姐」、「菜販」、「郵差」等。以人爲題材的文章往往有溫馨的情味，富生命力和親切感。

二、以「物」作題材者：世間萬物，以之作爲文章題材也是極爲活潑有趣的，無論動物、植物、自然物、人造物都可以寫。動物方面，如：「我的寵物」、「團結合作的螞蟻」等。植物方面，例如：「歲寒三友」、「椰子樹」等。自然物則如：「山」、「海」、「颱風」等。人造物方面，如：「一件紀念品」、「一本好書」、「我的學校」等。以「物」爲題材的文章，往往也能表露出作者對於世間許多眞實道理的體會和感情。

三、以「事」作題材者：環繞著人、物，世界上天天有不同的事情發生，每一件事總帶著些許特定的意義，因此我們也可以「事」爲題材。這種題材的範圍很廣也很深，大凡時事、史事、政治、教育、經濟、社會現象、社會風氣等都屬此類。例如：「勤儉建國」、「送炭到泰北」、「索忍尼辛來華訪問的意義」等，都是值得探討的問題。

四、以「時」作題材者：時間看似無情，實際上因爲它的流轉，造成人事極大的變化，因此又可注意與「時」有關的許多題材。例如：四季、良辰、氣候、佳節等，皆可作爲題材，最好採用學生較熟悉的。四季方面，如：「春回大地」、「炎熱的夏天」等；良辰方面，如：「生日」、「紀念日」等；氣候方面，如：「寒夜」、「冬陽」等；時間方面，例如：「早晨」、「我的一天」、「光陰」等；佳節方面，例如：「中秋夜」、「端午節」、「除夕」等。

五、以「地」作題材者：像城市、鄉村、名勝古蹟、學校等都可以寫。例如：「我的母校」、「台北印象」、「鄉村風光」、「紅毛城記遊」、「阿里山觀日出」等，都是不錯的題材。

六、以「理」作題材者：除了上述各種題材外，還有一種題材是以「理」爲主的，闡明各種道理，使人們知其然，且知其所以然。包括思想、倫理、道德、法律等。例如：「我的人生觀」、「百善孝爲先」、「保密防諜人人有責」、「民主與法治」、「建設一個富而好禮的社會」（註二）。

肆、題目的種類

作文題目分類，可以作爲教師命題時的參考。而且有助於教學規劃，並可提高作文教學的績效。以下就文章的體裁與題目的本身來分類，並舉例說明之。

一、就文章的體裁來分：民國七十二年七月，教育部公布之國民中學與高級中學國文課程標準，把課文（範文）分爲記敍文、論說文、抒情文、應用文四類，以下就此四類分別說明之。

㈠記敍文：這個體裁包括與自身、家庭、故鄉、學校、學業、事實、時令、氣象、名勝、古蹟、人、物有關的各種題材，都可以用來命題。例如：「自傳」、「我的家庭」、「可怕的車禍」、「小時候」、「颱風夜」等。

㈡論說文：凡討論修養、學業、家庭、社會、時事、歲時、史實、文藝、學術等，都可以用來命題。例如：「學貴有恆」、「讀史一得」、「論賭博之害」、「談憂患意識」等。

㈢抒情文：抒寫個人的情懷觀感，而藉著具體的人、事、物或地來表現，所以命題時必須依附在情節景象上。例如：「山中夜雨」、「清晨鐘聲」、「多少樓台風雨中」等。

㈣應用文：書啓、公文、宣講文辭、新聞、日記、規約、契據、柬帖、慶弔、對聯，都是應用文的範圍。例如：「給俞院長的一封信」、「車票遺失重辦申請書」、「青年節講辭」等。

其實以上的分類只是就文體的傾向大略言之，記敍文、論說文並不完全是記敍事物、論說道理；也包含有作者的感情，有抒寫情感的文字，只是二者的重點和抒情文不同。記敍文重在記敍，情感只是依託的成份；論說文也是如此。抒情文就純然表現情感，而藉一情景或事理來抒發，閱讀起來是有不同感受的，所以把它別立爲一類。

除了課程標準中所列的四種文體外，一般報章雜誌上還可以看到一些文藝小品，包括故事寓言、小說、短劇、影評、詩歌、散文等，但除詩歌外，其餘的體裁中學生難得習作，故不列入。

二、就題目的本身來分類：我們可以就題目的本身來分類，但「題目本身」的涵蓋性太廣，我們又可以分別從語句、性質、文法結構、涵義各方面來看：

㈠就題目的語句來分類，可分爲以下三種：

1.短題或長題：短題者例如：「談孝」、「談美」、「家」等，這類題目頗爲含蓄，題目的範圍也較爲寬廣，有較大的發揮餘地。長題者例如：「死有重於泰山，輕於鴻毛」，談「讓一步路，保百年身」，此類題意較明顯，不致於發生誤解，但往往限制了題目的範圍。如果題目過長，就會繁冗令人生厭，是故也要謹愼。

2.正題或副題：題目通常是一句話，但也有因爲太長而分正題、副題的，例如：「如何發揮黃花崗七十二烈士精神——爲青年節作」。

3.文言題或白話題：作文命題是全篇文章精神所在，一看題目，每每就能看出幾分命題者的學養。古聖先賢的話語中，有許多値得我們深究探討的哲理，可以摘出爲題，此類題目多爲文言題，要以不流於怪僻爲原則。例如：「躬自厚而薄責於人」、「保民而王說」。若是以白話爲題，便要稍加修飾，避免過於平淡俗陋。例如：「又是一年芳草綠」就較「春天到了」爲題典雅得多。

㈡就題目的性質來分類 可分爲以下三種：

1.抽象性的題目：例如：「自由與放縱」、「談心理建設」、「讀書報國」等。這類題目的意義較抽象，範圍較廣，多半屬於論理式的文章，必須有較高的思維分析能力，才能寫得緊湊周詳。

2.具體性的題目：這類題目較眞實生動，範圍較明確，學生也易於發揮。初學者宜由此入手。例如：「我們的校長」、「八斗子遊記」等。

3.標題式的題目：可以包括下列二種：

(1)問題式：這類題目像是考試似的，提出一個問題，簡單明白，要求學生發揮。例如：「怎樣立定讀書計劃」、「如何破除迷信」等。

(2)答案式：這類題目多半是提出一個觀念，不容反對。例如：「失敗爲成功之母」、「仁者無敵」等。

㈢就題目的文法結構來分：大致有三種：

1.字：文法結構中最基本的單位是「字」（單詞），作文題目有時就只有一個字，看似簡單，卻可由極多的層面來探討。例如：「橋」、「路」等。

2.詞：以一個詞來命題的，例如：「公共汽車」、「菜市場」、「火柴」、「螺絲釘」等。

3.句：這類題目，又包括單句和複句：

(1)單句：例如：「一日之計在於晨」、「勤能補拙」等。

(2)複句：例如：「種瓜得瓜，種豆得豆」、「生命誠可貴，愛情價更高」。

(四)就題目的涵義來分：一個作文題目，也許只有一個意義，但也可能包括了兩個或兩個以上的涵義，前者我們稱爲「單元題」，後者我們稱爲「二元題」或「多元題」。

1.單元題：只包含一個重心，目標明確，不致於誤解，由於題義重心的不同，又可以分之爲四類：

(1)剖析義蘊者：這種題目多半沒有明指全文中心意旨，輕重之間全看作者個人的處理及材料的性質而定。例如：「談互助」、「談孝弟」等，這是屬於「何義」類的題目。

(2)探究理則者：這類題目多半以「如何」爲題，主要在探討問題的解決方法。例如：「如何學好國文」、「如何做一個時代青年」等。

(3)辨理探原者：這是屬於「爲何」類的題目，主要在說明理由或目的。例如：「學如逆水行舟，不進則退」、「爲什麼要學國文」。

(4)陳述識見者：這是屬於「什麼」類的題目，主要在申釋或說明。例如：「選學之我見」、「我的求學計劃」等。

2.二元題：這一類題目包含兩個重心，又可以分類探討如下：

(1)主從關係：例如：「整潔爲強身之本」等。

(2)並立關係：二者地位相等。例如：「富國強兵之道」、「談敎品與勵學」等。

(3)對立關係：二者意義相對，不能並立。例如：「儉與奢」、「奮發與消沈」等。

3.多元題：這類題目包含多項意義，也就是有二個以上的重心。例如：「昨日、今日、明日」、「家庭、學校、社會」等。

對於作文命題的分類，見仁見智，各家說法不一，我們不能說那一種分類法必然是好的，那一種必然不好，所有的分類方式，只是在幫助教師對教學的規劃及學生對命題作文的了解而已。

茲據以上所述，歸納之，列表如下：

題目的種類

- 一、就文章體裁分類
  - (一)記敘文
  - (二)論說文
  - (三)抒情文
  - (四)應用文
- 二、就題目本身分類
  - (一)就語句分類：
    - 1.短題或長題
    - 2.正題或副題
    - 3.文言題或白話題
  - (二)就題目性質分類：
    - 1.抽象性題目
    - 2.具體性題目
    - 3.標題式題目
      - (1)問題式
      - (2)答案式
  - (三)就文法結構分類：
    - 1.字
    - 2.詞
    - 3.句
      - (1)單句
      - (2)複句
  - (四)就題目涵義分類
    - 1.單元題
      - (1)剖析義蘊者
      - (2)探究理則者
      - (3)辨理探原者
      - (4)陳述識見者
    - 2.二元題
      - (1)主從關係
      - (2)並立關係
      - (3)對立關係
    - 3.多元題

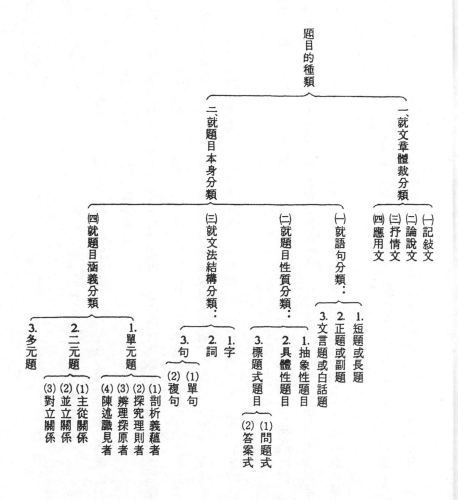

伍、命題的計劃

古人說：「凡事豫則立，不豫則廢。」教師在學期開始之前，必須先將該學期的作文題目，依據作文教學目標，學生生活經驗，發表能力，配合教學進度，時令節日，學校活動及命題原則等各項因素，事先擬就，才不致於臨時抓題，顯得散漫雜亂。

擬定計劃時，要與範文教材相配合，兩者取得聯繫。參考教材內容，擬定若干與之相關的題目，供學生作文練習。因爲依據課文的內容，指導學生寫作技巧，能培養其欣賞及綜合的能力。（不過教師一定要作適當的啓發，否則會限制學生的創造力及想像力。）例如：教完劉鶚的「黃河結冰記」，可以指導學生作一篇「野柳風光」，教完高一涵「三峽記遊」，可讓學生寫一篇「古木參天憶溪頭」的文章。

除了與範文教材配合外，對於全學年（或學期）中作文體裁的指導，應有全盤的計劃。例如記敍文中的傳記、遊記、小說、雜記等，各種體裁有系統的出現，能使學生的觀念完整而有條理。最好還能考慮到與其它各科教材相配合。事先將作文題目計劃好，若臨時有突發事件，也可以相機取材，酌情變化，提供學生練習的機會。

古人作文是先有文章而後命題，那是創作；指導學生時是先命題而後作文，這是習作。作文題目在上課時公布，以文字命題爲主，圖畫或實物命題爲輔。也可以偶爾一、二次事先公布，讓學生去搜集資料，參考有關書籍，充份發揮題義。

陸、命題的實例

命題是一種藝術，一個有創見的題目，能給人一種清新的感覺，且具有啓發性；老生常談的題目，會使人望而生厭，至於題目的材料，則小自吾人日常生活上的飲食居處交遊，大至社會上的形形色色，宇宙間的事事物物，皆可取之以命題，惟須不違反「適合學生生活經驗、學力、需要與興趣」的原則。以下節錄章師銳初先生「中學國文教學法」所列的命題學例，供作教師實際教學時之參考。

一、記敍描寫類

㈠自身——就學生自身的生活經驗、願望、遭遇、工作等方面覓取題材。

㈡家庭——就學生家庭的生活狀況、人事環境等等方面覓取題材。

㈢故鄉——就學生的家鄉風物、習尙、建設、史地資料等等方面覓取題材。

㈣學校——就學校的現狀、設施、師長、同學、作息、活動等等方面覓取題材。

㈤學業——就國文教學或其他學科修習方面覓取題材（如記事、報告等）。

㈥事實——就校內或學校所在地發生的重大事項作爲題材（如慶祝大會及球賽、旅行等）。

㈦時令氣象——就節令、氣候的現象取作題材（如新年、梅雨季節、納涼、中秋等）。

㈧名勝古蹟——就學校附近或遠足、遊覽所至的名勝古蹟取作題材（如謁延平郡王祠、陽明山觀櫻等）。

㈨人——就學生所習見習知的人（不論名人或平凡的人，如「我們的校長」、「一個賣獎劵的老人」等）取作題材。

㈩物——就學生所習見的物（不論人造物、自然物，如：「蕉園風光」、「一件紀念品」等）取作題材。

二、議論說明類

㈠修養——就與青年有關的事理取作題材，如「自治與自由」、「學貴有恆」、「勤能補拙」等。

㈡學業——就學生學業方面有可令其陳述意見的取作題材。如「本學期文選後序」、「讀史一得」，以及某篇精讀課文之「書後」等。

㈢家庭社會——中學生對所處的家庭社會各種情況，也各有他們的見解，可以取作題材，如「明孝」、「論賭博之害」等。

㈣時事——中學生對時局亦應有相當的認識，可擇當前所發生的國內外大事取作高年級題材。

㈤歲時——學生在佳節良辰，亦常有感想意見，可以取作題材，如「國慶獻辭」、「歲末抒懷」等。

㈥史實——從歷史事實、人物，對國家、民族有重大影響；或與後世有直接間接關係的取作題材（

命此種題，必須在學生已經熟習這些人物事實之後，方才可行）。

㈦文藝——文學流變，藝林珍聞，學生已於講習時熟聞的，也可取作題材，如「樂府詩說」、「梁任公在新文學運動上的地位」等。（評論文藝，非中學生力所能任，故必以講習所熟聞的爲限，性質僅等於記述，而且只能於高中後期嘗試爲之）。

㈧學術——學術上的問題，經講習以後，也可取作題材，如「六經皆史說」、「知行合一與知難行易兩說思想背景的異同」等（本項亦須是記述性質，高中高年級可嘗試爲之）。

三、應用文類

㈠書啓——書啓的用途最廣，可以任何人爲對象，任何事爲內容，而且以之爲題材令學生習作，除需留意格式外，可應用記敍、描寫、論說、抒情任何一種作法，最合乎實際需要。電報、廣告、便條，以及其他同具書啓性質的附此。

㈡公文——訴訟呈狀、批判，中學生無學習必要，但行政上普通的令、呈、函、咨、佈告、通知、申請書等，卻應略知其體式。好在它和書啓的性質很相近，除平時可就請假、開會等書件隨機作初步練習外，到了年級漸高，凡既經講習之體式，均可酌量試令習作。

㈢宣講文辭——講演、辯論稿等，學生在課外活動中常常要用到，餘如宣言及宣傳品，亦可尋找機會讓學生試作。

㈣新聞日記——校內或學校所在地臨時發生的事件，及學生自身的日常生活行事，都是現成的文章材料；前者可資以學習新聞報導和通訊的作法，後者可指導其日記的體式，使能經常寫作日記或週記，並酌取以爲習作題材。

㈤規約契據——各種規章、契約、票據的作法，也是生活常識所應具，可視內容難易及實際需要，按相當年級，於講習後，擇要令學生習作（如教室公約、班級會費收條等）。

㈥柬帖——柬帖雖然簡單，中學生亦得練習一下；遇有迎新、送別、同樂、聯歡等會，可指導學生試習。其有關儀注附此。

㈦慶弔——祝頌、哀祭之文，也是實際應用文體之一；但此類題目，以遇事實發生，而協助高中學生習作之。

㈧對聯——對聯爲國文所特有，平時令學生搜尋相反、相對的詞語及注意排偶句法，兼有作對聯的訓練作用，逢重大紀念節日，亦不妨協助高中學生習作之。

四、文藝小品類

㈠故事寓言——這類題目，較適宜於國中各年級，或令學生就講讀過的材料改演，或由教師講述後令學生寫作，或就聽人講過的記述，或由他們自己撰擬。

㈡小說短劇——令學生們或據講過的教材加以剪裁編排，如「汪踦殺敵」、「木蘭從軍」等；或令自出心裁嘗試創作。這類題目宜用於較高年級，前者須至國中高年級，後者須至高中後期方可使用。

㈢詩歌——各地有各地的民歌、兒歌，如令學生分別採集、記錄出來，倒可以編成一部有趣的集子，此在國中低年級已所優爲。新體詩看似不難，但要眞正讓人寫來有詩的情味卻不容易。國中生可令其就興之所至習作，不拘格式、句法，或取講過的舊詩詞試令改作。舊式詩歌尤不易學，高中高年級或可偶一爲之。

㈣小品文——雜記、雜說等均屬此類，以深遠的寄託、雋永的風味取勝，佳作不易，但因篇幅簡短、結構小巧，周遭的景物事象均可取材，不限文體，無所拘束之故，各年級均可習作。

以上所舉四類三十目，如能就此觸類旁通，取材覓題當可應付裕如了。其中未列抒情一類，則因情感本爲文章的靈魂；任何一類的題目都必須包含作者的情感，亦都可以抒寫作者的感情。情感的流露出於自然，其宜達仍須寄寓於事理之中，如果教師憑空命題叫學生特別習作抒情文，學生對此不若一般事理之必有相當經驗蘊蓄，難免對題目的要求無情可抒，或隱約模糊不能把握，那便會弄出無病的呻吟來。本章沒有把抒情文獨立討論，亦即希望教師們對於學生的抒情文習作，要聽由其在任何題目中有所觸發時自然爲之，勿以勉強從事。

柒、結語

我們用了這麼多筆墨來討論作文的命題，或許會令人望而生畏，單單一個命題就要花那麼多的心力，實在是太辛苦了。作文教學本來就不是一件輕鬆的事，每一個過程中，教師施教的方式，直接、間接都會影響學生的學習成果，所以不能不愼重。教師平日付出點點滴滴的心血，在翻開學生內容紮實的作文簿，讀到詞情並茂的文章時，所有的辛勞都將得到回饋。

【附　註】

註　一　參見章師銳初先生中學國文教學法。

註　二　參見台北市立金華女子國民中學國文科教學研究會編印之國文科教學參考資料。

第三節　作文指引

壹、前言

作文教學在國文教學中佔有重要地位，而作文「指引」又是作文教學中最重要的一環。範文教學活動中，對課文的構思、立意、取材、布局、遣詞造句及聯絡照應等寫作技巧的提示與解析，可謂同時給予學生寫作方法的指引。學生寫作能力的培養，即在多加利用範文教學，然而單靠這種指導，所獲得的語文知識和寫作技巧不夠完整，因爲這是零星片斷的指引，所以難窺全豹。作文命題的性質、寫作的方式也與精讀教學之範文有所不同；故作文前教師重點的提示，實有其必要，此亦關係著學生作文的成敗，章師銳初先生中學國文教學法云：「命題習作的指引，一方面固然是啓導當前所命題目的寫作方法，一方面也是拿所命的題目作中心，來整理學生所曾從精讀教學中逐次零星片斷所獲得的寫作方法和知識，藉使其能積久熟習而生巧，左右逢源。指引的作用既然如此，那麼我們可知『喚起舊經驗』（從精讀教學中所獲得的寫作方法知識）『開示新路徑』（對本題的意匠經營及寫作方法技術等），便是它的原則了。」（註一）

這一段話不但說明了作文指導的重要，也道出了作文指導的功用和原則，是以國文教師平時應就範文教學多作寫作技巧的剖析與提點，命題之後，給予學生討論提示，引起動機、誘發情思、擴大想像、聯想……久之，學生自然能體悟寫作技巧，增強寫作能力，作文教學的目標乃能因之而達成。

作文教學，除對各種文體的寫作指導外，其一般性的指引工作，大約可以分爲審題、立意、構思、運材、布局、措辭等六項，以下茲就此六點分別討論之：

貳、審題

許恂儒作文百法第一篇便是「審題法」。他說：「文之有題，如物之有主，審題者，審明題中之主義而加以判斷或引申是也。初學作文，每患不知審察題旨，東牽西扯，張冠李戴，如行路，然不知方向；如行兵，然失其主將；如不問病而施方亂投藥石；如不聽情而折獄，武斷是非，捫燭扣槃，隔靴搔癢，無一是處，遑論其他？此初學爲文之通病也。學生之在學校或家塾，講師必設題以課文者，爲欲學者認定一題爲主體，而發抒其意識耳，故學作文者第一當知審題，然後遵道而行，推而之於東海西海，無乎不準。本編開宗明義即標示此旨。以下各法，即從審明題旨之後，用種種方法以構成篇幅，譬如築室，基址既定，然後崇垣傑閣，亭榭樓台，惟吾意之所欲與材力之所及，匠心獨運，自成佳構也。」

由以上所述，可知審題是作文的第一件重要工作。關於「審題」的要點，茲分述如下：

一、審題的重要：題目是文章的綱領，亦爲寫作的依據。清唐彪讀書作文譜云：「凡一題到手，必不可輕易落筆，將通章之書，緩緩背過，細細紬理，看其總意何在？分意何在？界限節次何在？此最要訣也。」（註二）作文若未經審題，容易誤解題義，不合文體，超出範圍，犯了不切題或離題的弊病。例如：民國六十六年大專聯考作文題：「一本書的啓示」，有些考生大作文章，寫完一本書的感想，又再寫一本、二本，這便與題意「一本書」不合，是未審愼辨察題目的結果。「文因題生，題以文成」，沒有題目，有如「無的放矢」，如何能「言而中的」呢？題目既然如此重要，教師在解析題目或讀講範文時，應經常作審題的工作，則學生久而熟習之，如此便可做好謀篇的大端。

二、審題的方法：

㈠認清題義：此爲審題的第一步工作。題義不清則無從下筆，即令下筆也不知所云。題義可分字面意義與內含意義兩層；前者有如皮膚，語淺而其言易竭，後者譬如筋骨，言深而其說無窮，即吳因之所說：「作文先以看題透徹爲主，題有皮膚、有筋骨，吾捨其皮膚而操其筋骨，自有一般精深議論。」（註三）內含意義須探源闡微，才能看出文章之生命與力量。如六十三年高中聯考作文題目爲「推動搖籃的手」，字面意義是寫母親那一雙推動搖籃的手如何如何，可是遠不如就題目內含的意義——母親的偉大，對人類的貢獻，或用以爲象徵國家社會進步的原動力來發揮，較爲深入而動人。

㈡把握重點：作文章要把握重點加以發揮，就如醫生替人治病要對症下藥一般，不能把握重點而大發議論，將形成喧賓奪主、捨本逐末的現象。如：「勤能補拙說」，重點在「能」字，必須掌握勤之結果與「能」補拙之關係加以申論，文章才能中的而不失其旨趣。

㈢確定範圍：文章有其界限與範圍，題義所含的範圍可分三類：

1.單純的題義：題義範圍較小，只含某種意思，如以「夜讀」爲題，只能寫夜間讀書的情形或夜間讀書的利弊。「記兒時趣事」則不能寫成年人的趣事或幼年時不幸悲苦的遭遇。這一類題目的限制較多，需要多方搜集材料並加渲染，才能引人入勝。

2.兩面的題義：題目含有正反兩面的意思，如「學校可否實施體罰」、「中學生是否適宜男女合班」，可選定任何一方面作爲主旨，闡發爲文。

3.廣泛的題義：如「談讀書的方法」、「青年報國之道」之類，題目的範圍廣泛，所涵蓋的意思甚多；或把握重心多方下筆，或側重某一方面來著手都可以，但不可以漫無邊際地寫，否則就雜亂無章。

㈣辨認體裁

1.目的：看清題目文字後，緊接著要決定這個題目應用何種體裁爲宜，辨認清楚，行文時才能態度顯明，前後一貫。

2.方法：這要從題目的性質來辨認，大略可分爲：

(1)題義要使人理解事物或義理的，宜作說明文。

(2)如果屬於主見，使人信從的，宜作論辯文。

(3)如適合於自己抒發情感的，宜作抒情文。

(4)如果是指陳事物的情形或變化，宜作記敍文。

(5)如果屬於想見情景而有深刻印象的，適合作描寫文。

3.種類：一篇文章，往往包括兩種以上的性質。所謂體裁，是指其所包含的主要性質，把握此一性質，寫出的文章就是屬於這種體裁。辨認體裁會遇到以下兩種情況：

(1)題目本身已顯示出來，易於認定的：例如以「人生以服務爲目的」爲題，應做議論文；又「聰明與努力」一題，應做說明文，主要向說明方向進行。如「郊遊」一題，當然是記敍文，主要向記敍方面下手。這都是比較易於決定的體裁。

(2)題目本身未表示出來，難於認定的：如以「月夜」爲題，可以用記敍文來寫，描寫月光下所看到的一切；但也可抒情，寫出月夜的感觸。遇到這一類的題目，就需愼重選擇適當的體裁。

總之，文章千變萬化，沒有定格，因而文體往往兼具兩種或兩種以上的性質。如議論文，就事論理，必先敍事，則議論文中已有敍事文了；在說服過程中，陳述事理或物象的知識，使人便於了解，則議論文中已有說明文了；論理時，筆下常有感情，則議論文中已有抒情文了；目的在說服他人，也該含有應用文的意味。議論文如此，其他文體也多是如此，所以作文時，對辨認體裁，不得不下工夫。

(五)決定立場：作者的立場，必須確立，行文的語氣，才能適切合宜。或是以學生的立場，或是以社會份子的立場，抑或是人子的立場，同一個題目由不同的人來寫，內容就不會相同，此乃所持的立場不同所致。教師應指導學生以正確的立場來寫作。此外，作文必須確立目的，才不致於離題。無論是用以發表意見，或勸勉他人，若能先決定目的，則其所言者，將更爲肯綮。是以在審題之際，必須要注意以何種立場來寫？文章的目的何在？

以上所言，認清題義、把握重點、確定範圍、辨明文體、決定立場與目的，爲審題之方法，若能做好這幾點，作文的第一步驟乃告完成，方爲好的開始。

㈥審題實例：陳正治「二物並列的記敍文作法」中，曾以曾珠瑜的「山與海」說明審題的方法，十分清楚，茲舉以爲例，說明如下：

山和海　　曾珠瑜

「那一天，我到了一個依山傍海的小地方去，那裏有綠得溶化人心中積鬱的山，藍得撩亂人眼睛的海，我不禁由心田發出醉意。」

（曾珠瑜的這一段，簡單地把山和海的可愛提出來了。山和海可寫的事很多，如山和海的形成、資源、開發、探險、可愛等等，都可寫成文章。曾珠瑜所選的中心思想是山和海的可愛。）

「你看那山！它披著草綠色的外衣，像一位剛毅、堅強的英勇國軍，雄赳赳、氣昂昂地屹立著。我走上蜿蜒的小徑，看到山岩上長滿了不知名的野花，那淡藍色的小花瓣，像星星點綴在岩壁上，彷彿還在向我眨眼兒，南風襲來，整片的樹海，隨著風的旋律，翻滾著綠色的波浪；我的心靈也蕩漾著綠色的夢幻，那令人舒暢的綠意。走進深山裏，一股迷濛的山嵐，輕悄悄地拂了過來，我嗅出這屬於山裏才有的氣息，也許就是使人心靈昇華的靈氣吧！

一路上，不時傳來悅耳的鳥鳴聲，牠們盡情地歌唱，讚美這個世界。你聽——女高音的雲雀、黃鶯，女中音的痲雀、鵪鴣鳥，加上深沈的男低音烏鴉。牠們的歌聲多麼婉囀、清脆、嘹亮，彷彿唱出了一首優美的「山之頌」。我真羨慕在山間久居的人，他們有太多的享受，偶爾可以看到白色和褐色的小兔子，穿梭在林木之間；飛鼠、小狐狸在巨大的樹幹旁鑽出牠可愛的頭。在山裏，可以享受到無窮的樂趣，因為它具有美化、調和人們情感的力量；山裏蘊藏著大自然的寶藏，等待著我們去尋覓、發掘。此時，我對山又有了更加一層的讚美。」

（這兩段寫的是山的可愛。最先寫的是她在山下，看到山的外表，形容它像英勇的國軍，富有健壯美。接著寫出的是爬山時所看到的、所聽到的、所感到的、所想到的美。她一邊敘述，一邊抒情，這種寫法很動人。）

「當我遊山結束，走到山腳下，映入視野的是一片浩瀚而無窮盡的海洋。那海如此深沈，像葡萄酒那般醉人。我驚喜地跑到沙灘上，沙好細好白。意外地，我又發現了許多小貝殼，我把貝殼捧在手裏仔細地玩賞，細緻的螺紋、藍紫色的光輝，畫出多少個神秘美麗的歲月。

海水像藍水晶那般透明、晶瑩。我坐在大礁石上欣賞，風漸漸地增強，海也隨著風的節奏，激烈地滾出白色的浪花。風在怒吼著，你看他像一位政治家，正在滔滔不絕地訴說他的雄心大志。海浪一次又一次澎湃地打過來，不知經過多少歲月，礁石百孔千瘡，眞像一位飽經風霜的老人面孔。海浪拍擊礁石，激出雪白如香檳酒的泡沫，眞想用杯子盛起來，讓這些珍珠泡沫不破碎。」

（這兩段寫的是海的可愛。寫山是以它的可愛來寫，寫海也該寫它的可愛，如此才調和。先寫對海的感受，然後再寫沙灘上的美、海浪的美。寫作的方法也跟二、三段一樣，一邊敍述，一邊抒情，非常動人。）

「我愛山的典雅、靜謐；也愛海那種令人激動的美。朋友！你願意嗎？到一個有山也有海的地方去，讓壯麗的海打開你的心扉，讓山的靈氣潤濕你的心靈。那麼，你也會深深地熱愛山中特有的幽靜，以及在海邊聽潮音、撿貝殼的趣事了。」

（這一段是結尾，把山和海的可愛做個總結，並希望大家也去享受它們的可愛。）

由以上的文章可以看出，二物並列記敍文的中心思想，是以二者的共通點去訂定的。我們寫山的可愛，也該寫海的可愛，而不可寫到海的形成或海的資源。至於這一篇文章的結構可分爲三部分：

(1)開頭：簡單介紹山和海的可愛。

(2)中段：分別敍述。二、三段先敍述山的可愛。四、五段敍述海的可愛。

(3)結尾：把山和海合併抒情。

如果我們去掉開頭那一段，直接寫山的可愛，再寫海的可愛，結尾時，把它們合在一塊抒情或評論也可以。（註四）

三、審題的教學：所謂審題教學，是指教師指導學生如何「審題」。其方式可分爲以下五點說明：

㈠討論式教學：教師於命題之後，可讓學生以討論的方式發表意見，共同審辨題義。教師此時不參加意見，只在學生討論陷入歧異太大時，才予引導。最後由教師整理結論並予補充。這種方式的教學雖稍嫌浪費時間，但效果較由教師替代審題的灌輸式講解好得多，並且實施一段時間之後，可由每位學生自行審題，不致於佔用太多作文時間。

㈡提示和指引：討論式的審題方式雖然較生動而且有效果，然而它也有許多缺點。而其最重要者，乃是有許多學生由於知識和經驗缺乏，因之對於題目有混淆不清的觀念，而使討論的結果，旁岔分歧，離開正題太遠。此時教師應適時予以正確的提示和指引。

㈢範圍的解說：教師教導學生做正確的審題，若純粹實施觀念的灌輸，則學生不易理解，而其所得亦缺乏具體的意象，因此教師宜舉一兩篇範文爲例，將題文與範文對照說明，學生才易於領悟，教學目標亦較易完成。

㈣錯誤的訂正：這個方法通常出現在批改作文的時候。一般教師批改作文，多數改改錯字，加四個或八個字的評語，如此一來，除了錯別字訂正外，以作文教學而論，實在沒有效果可言。例如一個學生的作文被老師評了個「文不對題」，或「不知所云」之類的評語。他就一定能夠發現了什麼嗎？下一次他面對這種題目，還不是又舊病復發，因此教師在批改作文時，應注意學生是否犯了審題錯誤的毛病。如果是，則應詳加說明錯誤原因，使學生知道，不再重犯。

㈤類似題練習：每一種教學都可以做效果評量，評量的目的，不僅可以知道教學成功與否？教學目標達到與否？另外的功用在於發現學生的學習困難。我們作文科教學的評量，絕不是出同樣的題目叫學生重作一遍，或是要他們默寫範文，而是針對教學的重點，命一類似題予以重作。所謂類似題，即是性質相同，範圍相近的題目，例如原先的題目是「我的父親」，則類似題即是「我的母親」。由於命題不同，可以避免學生抄襲或受到限制，因爲性質相近，由此可以知道學生對於這一類型題目是否已能作正確的審題。

總之，審題乃是作文的第一步驟。審題周密正確，才能有適當的立意、靈活的運材、合宜的布局和通暢的措辭，所以說一篇好文章首要的條件就是正確的審題。審題指導是一切指導的重心，對教師而言，作文指導雖有許多項目，然而審題指導卻是其中最重要的一項。學生縱然具備了寫作好文章的其他條件，而一執筆卻犯了審題不清的毛病，那麼再多的長處也是白費了。一篇文不對題的作品，無論如何總不能說是好文章，因此在作文教學中，審題教學乃是最重要的部分，唯有審題教學成功，整個作文教學才有意義。

參、立意

所謂立意就是根據所命題義建立文章內容的中心思想，亦即是建立文章的主旨。以一棵樹來作譬喻：中心思想爲文章的主幹，各段落的大意爲分枝，辭藻爲花葉，全篇看去，樹幹統領分枝，分枝統領花葉，繁茂蓊鬱而有條不紊。

學生把題目審辨清楚以後，教師便應指引他們運用思考，分析事理，體察物情，確定這篇文章的主旨，以建立全篇文章的中心思想，然後指導學生從自己生活經驗中，去搜尋符合這個主旨的材料，再加以剪裁控制，組織成全文粗略的意識型態，造成一副骨架，以免雜亂無章，這就是作文立意的過程。學生作文，對「立意」應有幾點認識，茲分述如下：

一、立意的重要：我們不論做什麼事情都要有目的，作文也是一樣。中心思想是全文的重心，有了它，「作者不但可以據以尋求思緒，剪裁材料，而且可據以布置局勢，劃分段落。」（註五）文章若缺乏主旨，則內容空洞、言之無物。所以作文先要立意，就如工程先要定有計劃一般，依計劃按部就班，有條不紊的去完成。由此可知立意爲文章靈魂之所在，故需審愼。

二、立意的作用：作文能掌握中心思想，就不會東拉西扯，犯了題外生文的毛病。中心思想的作用，據李曰剛先生「作文技巧」一書所提者有三點：

㈠可以代表題義，同時闡發題義。

㈡可以決定內容，使作者行文時有所歸納。

㈢可以領導全文，使讀者知道全文精義所在。

三、立意的原則：立意之重要及作用已如上述，是以立意不可不審慎。立意時，宜注意下列原則：

㈠思想要純正：立意要合情合理，思想純正，以啓導人心；立論要正大，使人無懈可擊；也要避免陳腔濫調或抄襲他人作品。要能立人之所不能立，言人之所不能言，立意才算巧妙，然而不可流於詭誕，以譁衆取寵。

㈡內容要統一：一篇文章內，其主旨（中心思想）只能有一個，不能分歧爲兩個或兩個以上。誠如曾國藩所說：「一篇之內，端緒不宜繁多，譬之萬山旁薄，必有主峰，龍袞九章，但挈一領；否則首尾衡決，陳意蕪雜，茲足戒也。」（註六）是以主旨只許有一個，以免駁雜，破壞內容的統一而主題不顯明。例如以「讀書與救國」爲題，不妨以「讀書可以培養建國人才」爲中心思想；又如以「知恥近乎勇」爲題，可以用「雪恥自強」爲中心思想；又如以「時代青年的認識」爲題，可以「效法革命先烈們的精神」爲中心思想。

㈢主旨要明確：花朵需要綠葉相襯，以顯出它的嬌豔；同樣的，文章除主旨外，還需要闡明或表達主旨的輔佐意思，以襯托主旨，融成一篇完整的文章。作者可以從文題的前後、旁反等方向，扼要周密地闡發輔佐之意，使主旨明朗生動而有力。

㈣情感要眞摯：劉勰文心雕龍說：「心生而言立，言立而文明。」瞿昆湖說：「作文須要從心苗中流出。」（註七）唯有發自內心眞實的情感，寫出來的文章才會眞摯感人。又吳曾祺云：「立意之法，以吾所見，無舊也、無新也，惟視吾心所察焉已。」故所立之意，必出自肺腑，所立之論，雖爲陳舊，然發自內心，其意則常新。作文之時，要能把握立意的原則，以構思、取材、剪裁、布局，文章才能切題中肯，否則，就會產生捨本逐末，不知所云的弊病。

四、須切合題意

作文如果能把握中心思想，就不會有文不切題的毛病。例如：朱自清的「春」，他本著「發揚青春的精神」作中心思想而下筆，因此就不會忽然說到夏，忽然說到秋，忽然說到冬。

把握中心思想，隨機應變，雖說沒有固定的方法，但是卻也有規則可循。若從題意著眼，可分之爲四種：

㈠題意單純者：題目只含某項意思，就用某項意思來寫。例如「談國文的重要」，是單純的題意，只要說出國文在我們日常生活中的應用，對民族意識的加強，對文化的復興，都具有密不可分的關係；至於其他學科，在本文無須提及。

㈡題意兩面者：題目含有正反兩面的意思。譬如：「高中聯考應否廢除」，不論從那一方面發揮都可以。如果作者主張不應廢除，就須提出聯考的優點來，和個別招生容易招來的弊病；假使作者主張應該廢除，就須說出聯考的缺點，並強調個別招生的好處。

㈢題意廣泛者：題目所含的意義很廣，無論從那一方面發揮皆可。但是，若只側重某一方面來寫，較容易討好。比如：「談讀書」，只要有關讀書的問題，都可以提出來討論，諸如讀書的重要、方法、樂趣、苦痛等等，都可以談。但是如果都加以論述，勢必成爲長篇大論，在短短時間內，難以成篇；所以作者只要提出最有把握的一項，深入的論述即可。

㈣題意含蓄者：許多說明議論的文章，往往內容和主旨是一致的，而文藝性的文章則不然，像小說、詩歌，題目與主旨往往不是一回事。這是因爲小說、詩歌的含意多是間接的，而說明、議論的文章，含意則是直接的緣故。像列子的「愚公移山」，柳宗元的「種樹郭槖駝傳」就是意在題外的。

五、立意的實例：

孔子與弟子言志章　　論語公冶長

顏淵季路侍。

子曰：「盍各言爾志。」

子路曰：「願車、馬、衣、裘，與朋友共，敝之而無憾。」

顏淵曰：「願無伐善，無施勞。」

子路曰：「願聞子之志。」

子曰：「老者安之，朋友信之，少者懷之。」

這一篇文章的範圍有三部分：一是孔子的志向，一是子路的志向，一是顏淵的志向。

前文曾說文章的中心思想只容許有一個，我們看作者建立這篇文章的中心思想是什麼呢？大家都知道孔子常說「仁」，「仁」可以說是孔子要履行的目標，而季路、顏淵都是孔門的高足，當然也受孔子的影響，所以作者提出「仁」字爲本篇的中心思想。季路豪爽慷慨，願車馬衣裘與朋友共，是爲求「仁」。顏淵謙謹爲懷，只欲埋頭苦幹，願無伐善，無施勞，是不違「仁」。孔子修己以安百姓，人倫明於上，小民親於下，謂老者安之，朋友信之，少者懷之，是安於「仁」。枝幹雖分爲三，主幹還是一個。中心思想建立了，才能依著它去選擇材料。

總之，篇旨是文章所蘊藏的旨意，有些文章因爲穿插了許多故事以作陪襯，有些詩詞又用了一些象徵性的文字來象徵情意，因此，有時單從字面上去推敲是不太容易探究它的旨意。但是若從全篇文義，前人研究的著作，或作者生平的事蹟三種方式着手，就可以探討到文章的主旨。教師在範文教學時，對於範文的主旨，必須加以剖析提引，讓學生能夠深切的體會其中所蘊藏的事理及其中心思想所在。

肆、構思

一、構思的意義：中心思想確立之後，圍繞著題目所作的思考、取材活動即爲構思。構思乃透過想像力的伸展，網羅與題目有關的材料，首先要專心沈靜、集中思想，就主旨所在，深入體會，再以不同的材料表現不同的意思；以不同的意思闡述、襯托主旨，使主旨地位明顯，力量加強，與輔佐意思構成一完整的篇幅體系，此即構思工夫。

二、構思的方法：構思是作文必經的步驟，必要的工作，卻也是相當困難的事。學生練習寫作時，往往會覺得沒有材料可寫，不知如何取捨材料，找出重點，擬定綱要。關於構思的方法，陶希聖說：「這取材與構思的一步，又包含兩個方法，第一是集中思想，第二是敞開思路。在這中間，自然要把我所得的材料都記錄下來。就我的命題，專心致志，加以思索。我專心構思的時候，不去看別的東西，也不去聽別的音響。……我以概念為中心，對於材料的思索，和搜集材料的工作，廣泛而周密的展開。這初步的工作，就其窮搜極研的範圍來說，只有長度與寬度，我必須開放思想，甚至馳騁幻想，儘量向長度與寬度發展下去，我要把命題所包括的事項與問題，形式與內容，從歷史上探求原委，同時要從其各個方面，各種見地來集合其資源。」（註八）

這段話，將構思的過程和方法，說得很詳盡。可知在敞開思路方面，學者當儘量發揮想像力！然則，我們如何運用想像力於構思呢？以下列舉鄭發明「談運用想像力」一文為例，說明如下：

「季節的更換，使人們的生活，多少有些變化，在炎熱的夏天，會給人許許多多不同的感受，例如：可以到海邊去游泳；身體容易疲倦，精神不愉快；能夠品嘗鮮美的水果、冷飲；蚊蟲多，擾人睡夢；在花間、樹下行走；看天空雲影彩霞變幻，看植物的生長狀態……。這些愉快的感受和不愉快的感受，都可以拿出來當做寫作的材料。例如：作文以『天氣熱了』為題，可說明如下：

這篇作文可用抒情文寫，重點落在一個『情』字上。這種作品，文章的美與不美倒在其次，要緊的是看情感表達得眞不眞。有一則笑話：『一個老母親去世，她的兒子、媳婦、女兒、女婿都哭了。你看誰的哭最動人：兒子的哭，呼天喊地；媳婦的哭，人來客去；女兒的哭，眞心實意；女婿的哭，虛應故事。兒子、女兒的哭出於眞情。媳婦、女婿的哭是乾哭乾叫，乾哭乾叫怎麼能動人呢？』

天氣熱了，眼前的景、物、人、事、天象等都很平凡，下筆的時候要揀著那不平凡的部分寫，觀察無妨深些，意境無妨高些，興趣無妨廣些，變化無妨大些，倘若把讀者注意力吸引住，讀完之後，覺得你夏天生活好充實，你的寫作任務才算達成。

天熱了，在文章的開頭應該點明這一篇作文的時間是在夏天，不然讀者以爲『天氣熱了』是指春天，或是秋、冬的某一天，或某幾天天氣忽然熱起來。例如：

㈠風光明媚，氣候宜人的春天已經遠去了；夏季接著而來，天氣熱了。

㈡炎熱的陽光又普照大地，天氣也隨著熱起來。人們脫去了又厚又暖的衣服，換上又輕又薄的夏裝。

㈢幾聲蟬鳴，叫熱了天氣，也喚來了夏天。

㈣天氣熱就是夏天的特徵。

首段交代了，緊接著每一段都以『天氣熱了』這四個字作開頭，每段成立一個中心思想，根據中心思想描寫。現在舉幾個例子，以『充滿生機』爲中心思想，可以寫：

天氣熱了，大千世界裏的各種花朵爭芳鬥豔，迫不及待地，像是趕趟似地，各式納涼工具紛紛應時而生。小孩子打著赤膊，露出結實的肌肉，成群結隊登山越嶺，游泳潑水，唱山歌，捉蟋蟀……歡迎熱天來臨。萬物欣欣向榮，充滿生機，爲這茁壯的季節增添熱鬧的氣息。

以『陣雨』爲中心思想，可以寫：

天氣熱了，在寶島上，雨，有時像大發雷霆的暴君似地，夾雜著霹雷閃電，如瀑布般一瀉而下；又如千軍萬馬奔騰，傾盆而落。有時像少女般溫柔細緻，只是無聲無息，綿綿飄飄；有時卻像初生的嬰兒，飽了才能安眠，餓了又哭又鬧，那脾氣可眞令人難以捉摸。

以『媽媽神奇的雙手』爲中心思想，可以寫：

天氣熱了，媽媽的雙手更忙碌了，一會兒切西瓜，一會兒要製冷飲給我們解渴，還要準備清涼可口的菜肴給我們佐餐，晚上還要搓洗全家人一天換洗的汗衣……忙得團團轉。

除了以上的例子，你還可以用蚊蠅的活動、農夫冒暑荷鋤耕作、雷雨後玩水等爲中心思想來寫。

我們通常作文，除了肉眼所看到的事物以外，有的事物就非用心去想像不可。爲什麼呢？因爲我們的眼睛只能看到一些有形的物體，無形的物質光憑肉眼看不出，這時候就得用各人的智慧來想像出一些眼睛所見不到的事物了。

我們平常看到榕樹，只看見它的顏色怎樣的綠，枝椏如何的輕柔，至於它是不是也有感情，那就沒法子看出來了。在這個時候，想像就顯出它的重要來了。榕樹是圓形的，而且下面還有柄；在平常記憶中，什麼東西類似圓形、綠色，而又有柄的呢？於是『撐開的綠傘』便會在聯想中出現了。再替它們加上『好像』兩個字，連接起來就成為：『綠色的榕樹，好像撐開的綠傘。』

再寫幾句供你參考：

㈠荷葉上有兩顆渾圓而光亮的露珠在滾動，有如女孩的一雙眼睛一般活潑。

㈡夏天像是力行的少年。

㈢綠蔭樹下，鳴蟬聲中，我們讀書、畫畫，過著神仙般的生活。

不錯，種子是在春天撒下的，收穫則必須等待秋天，如果沒有長長的夏日培育，成嗎？鳥語花香的春天，天高氣爽的秋天，與寒風白雪的冬天是值得歌頌的，但是，每年的夏天，都能竭盡所能，使大地長滿茂盛的草木，處處洋溢生機，即使最荒僻的角落也有盎然綠色，怎麼不值得歌頌呢？

把心胸放寬闊，眼光要投向美好的一方，投向廣大的世界，去發掘善良的層面，生活必定感到快樂，筆尖流出來的文字也是至情至性的；專門挑壞處寫，心眼為之汚染，心竅閉塞，寫文章正經事都忘了，還能求進步嗎？」（註九）。

總之，欲突破構思的難關，進入寫作的順境，唯一而有效的辦法便是「苦思」。只有困於心，衡於慮才能開啓智慧之門，所以古人說「二句三年得，一吟雙淚流」（註一〇），「文章出苦心，誰以苦心爲」（註一一）。要文章有成，需從艱苦構思中求得。教師平日宜指導學生多揣摩他人作品，凡一題目到手，試爲苦心吟哦，列其綱要，日久，文思必通，下筆自然可以得心應手。

三、構思的方式：歸納起來，構思的方式可分爲三種：

㈠信筆塗鴉式：初學作文的學生多半如此。不假思索，提筆就寫，寫完上一句，再想下一句；寫完上一段，再想下一段，有一句沒一句的，寫到不能寫爲止。用這種方式作成的文章，材料冗雜，東鱗西爪，組織散漫，設意不密，使人看了有不知重心何在的感覺，縱使偶有佳句創意，也因通篇的不能貫串，主旨的隱晦不明，而不能稱爲一篇好的作品。

㈡胸有成竹式：此種構思方式爲先擬腹稿，把全部內容在心裏想好，然後鋪紙濡毫，一揮而就。如王勃爲文，「先磨墨數升，引被覆面而臥，忽起書之，初不加點，時謂『腹稿』」如此爲文甚爲理想，也讓人羨慕，但是卻非一般人能力所能做得到的。因爲人的思緒，往往很難把握，要將數百數千字的文章，全部記在心中，同時注意字句間的運用關係和照應；另一方面又要集中心思去寫，往往容易散失一些好的意思，甚至寫了上一句，就忘記下一句，所以除非很有天賦，文學素養深厚，否則是不宜用腹稿來作文的。而老師在指導學生習作時，也不宜鼓勵學生多用此種方式來構思。

㈢自由聯想式：這是較爲妥善，且爲學者專家所稱許的構思方式。在確立主旨之後，循著題目四面八方去聯想，把想到的一一記敍下來。或由事物的表裡、正反、因果、前後、大小……等方向去推蒐尋思；或從歷史事實，賢哲名言，俗諺俚語去摘取；或以自己的經驗傳聞來選材，加以整理之後，列出綱要，例如：

(一)……………………

1.……………………

2.……………………

(1)……………………

(2)……………………

(3)……………………

(二)……………………

1.……………………

2.……………………

3.……………………

(三)……………………

1.……………………

(1)……………………

(2)……………………

2. ……………………………

(四)……………………………

綱要節目所用的號碼，形式不拘，但以層次明確爲主。

四、構思的實例：我們現在以梁啓超先生「學問的趣味」一文，依照上述的綱要形式分析他的思路，作爲實例。

(一)我是一個主張趣味主義的人：

1.用化學分析「梁啓超」，裏面所含的元素全是「趣味」。

2.人必常常生活在趣味之中，生活才有價值。

3.中國人的口頭禪「近來作何消遣？」好像生活得不耐煩。

4.我一年忙到頭，爲的是我的趣味。

(二)怎樣才算趣味？

1.趣味的注脚。

2.賭錢、吃酒、做官等等，我不承認它是趣味。

3.趣味的性質——總要以趣味始，以趣味終。

(1)能爲趣味之主體者，莫如爲勞作、遊戲、藝術、學問。

(2)我非用道德觀來選擇趣味。

(3)我所以提倡學問，因爲它最合於我的趣味主義的條件。

㈢學問的趣味是怎樣一回事？

1.我不能回答這句話，趣味總要自己領略。

2.佛典說：「如人飲水，冷暖自知」。

3.對題目的解釋。

㈣要嘗學問的趣味，有下列幾條路：

1.無所爲：

(1)有所爲而爲的事，縱然可引起趣味，但不能長久。

(2)我爲學問而做學問，不爲什麼。

(3)爲體操分數而遊戲，遊戲便無趣味。

2.不息：

(1)鴉片煙天天吃便上癮。

(2)人類本能不常用，便會痲木生銹。

(3)人類爲理性動物，學問慾是固有本能之一。

(4)願諸君每天抽出一小時，研究你所嗜好的學問。

3.深入的研究：

(1)趣味越引越多。

(2)不帶有研究精神，趣味便引不出來。

(3)選一門作爲終身正業，逐層往裏面追，一定欲罷不能。

4.找朋友

(1)趣味比方電，要本身和學問相磨擦。

(2)需要有幾個共事共學的朋友搭夥，來磨擦彼此的興趣。

(五)結論：

1.慨歎這種不假外求，不會蝕本，不會出毛病的趣味世界，可惜沒有幾個人肯來享受。

2.引「野人獻曝」一語，勉勵聽衆採納建議，親自去領略冬天曬太陽的滋味。

這構思的綱要，記得愈詳細愈好，到了下筆遣辭的時候，只要把每個大綱細目加以充實，彼此聯貫起來，就擴大成一篇很完整的文章。（註一二）

這便是所謂的「自由聯想」構思，它的優點有：

(一)先列出重點綱要，使作者易於把握文思，作周密的聯想，不致於漫衍有所疏漏。

(二)由於綱要的擬定，文章顯得有層次、有條理、有輕重，較爲生動有力。

(三)不先預定每段的內容，任憑臨時觸機，靈感之至，寫時可以有意到筆隨之樂。文章也不致於呆板滯塞。

㈣用自由聯想來構思，在作文考試時尤爲適用。審題之後，將綱要詳盡而有層次條理地列出，着筆爲文時，只要就其綱要，充實聯貫，發揮闡述，或學例說明之，如此必不會有太大的偏差。

伍、運材

一、運材的意義：一篇文章的經營，在經過審題、立意和構思三個步驟之後，不但已經辨明了題目的意義、範圍和文體；同時也確立了文章的主旨。文章的中心思想是一種抽象的意念，如果直陳出來，也許只有三言兩語就說完了，一點都不能引人入勝。如何把這些抽象的意念，藉著各種寫作的材料，把它烘托得鮮明、生動，並且能觸動人們的共鳴，那就要靠運材的功夫了。

「運材」就是運用取得的材料，以配合自己所建立的文章主旨。立意和運材事實上是一體的兩面，運材是立意的具體化，用來表達文章的中心思想，因爲運材已進入了寫作實際活動的階段，是文章充實與否的關鍵所在，所以必得費心去經營。下面就「取材」與「剪裁」二步驟分別說明之：

二、取材的實例：按照主旨將所想到的材料逐一列述，而且力求詳備，此之謂「取材」。現在我們就以國中國文課本第二册中，周敦頤所作的「愛蓮說」一文爲例，來觀摩一下他所用的取材方法和運材技巧。

這篇文章因爲主要是發抒個人的心志，目的不在宣揚一種理論，所以不採用旁徵博喩的論說文形式，而只簡明扼要地說明理由。作者所取的材料，主要部分有三：

㈠菊，花之隱逸者也。
㈡牡丹，花之富貴者也。
㈢蓮，花之君子者也。

本文「運材」技巧是用對照和陪襯的辦法——以「衆」跟「獨」相對照，指出兩種不同的人生理想；以「菊」和「牡丹」襯托出「蓮」特有的品質。這使得在一篇短文之中平添幾層轉折，所蘊含的意義也就更豐富起來。

開始「水陸草木之花，可愛者甚蕃」；是全文總提，這句話裏已經暗含著花之可愛，因人而異。有世俗衆人之愛，也有高士獨特之愛；衆人之愛固然不可遍說，高士之愛，也非僅陶淵明一人，而下文祇提出「晉陶淵明獨愛菊」。就是因爲淵明和菊已經形成爲一種典型，代表一種人生理想。正可與「予獨愛蓮」作正面的映襯。「自李唐來，世人盛愛牡丹」則是反面的襯托。先說晉，再說李唐，最後說自己，表面上是照歷史的順序，自然的安排；實際也是反（世俗之愛）和正（獨特之愛），兩兩對比的。文句之間就扣得非常緊密。愛菊和愛牡丹的理由都不必在這裏說，（說了便成橫生枝節。）所以「予」字下一口氣連續把蓮的可愛說得清楚徹底：

「予獨愛蓮之出淤泥而不染，濯清漣而不妖；中通外直，不蔓不枝；香遠益清，亭亭淨植，可遠觀而不可褻玩焉。」這幾句一方面把蓮的特質描繪得意象生動，一方面句句都象徵「君子之德」。——出淤泥而不染，指君子的特立獨行，不受世俗的影響，不顧環境的惡劣。濯清漣而不妖，指君子自有高雅的情操，而不爲閹然媚世或苟合取容之態。中通外直，不蔓不枝，指君子的端方正直，然而休休有容，不同於固執褊狹的狷介之士。香遠益清以下，指君子高潔的品格，久而愈令人生敬，不敢加以

侮慢狎弄。（這些祇是略舉一端，原文象徵的意義當然比這豐富，可以更作其他的聯想。）

第二段拿菊、牡丹和蓮作正面的比較，同時指出它們各代表不同的人生方向。菊花不開在繁花競豔的春日，而在衆芳蕪穢的秋季孤傲自賞。它是花中隱逸的高士，也代表厭惡世俗隱者，逃離塵世，以求得自我節操的保持。跟這正好相反的則是富豔的牡丹，它所代表的是人對富貴的追求，希望在現實獲得成功和滿足的慾望。這正是大多數人所嚮往愛好的。但是並無眞實的價值。在這兩種方向之外，作者認爲蓮所代表的是更有意義的路向。因爲蓮既不受世俗的汚染，也不厭離世俗；它的花色清麗而不凡俗，品格高尙而不孤傲。它所象徵的是具有道德理想的君子。

對於花的品格衡定之後，作者才論及愛這些花的人。像陶淵明這種愛菊的人，後世非常少見，也就是抱持節操隱居以求其志的人不復可得。「蓮之愛，同予者何人？」是溫厚含蓄的說法，事實上這種具有道德理想的人極爲稀少，他卻不肯明說，而用疑問的句子暗示。這正表示作者的謙懷和寬容。下文「牡丹之愛，宜乎衆矣。」貶責的意味非常明顯，但是在語氣上也委婉不露。韓愈所謂「古之君子，其責人也輕以約」，大概就是這種情形。（註一三）

三、剪裁的認識：當作者敞開思路構思時，想像飛馳，各種意思和不同的材料源源而來，然而這些還沒有經過選擇的題材，其中必有不適合主旨或膚淺幼稚、陳腐俗陋的材料，所以作者要像沙裏淘金

似地，把許多無用的渣滓篩除掉，只留取足以闡明主旨、襯飾主旨，表現其精神的精華部分，此種撿別的工作即爲「剪裁」。作文時，對剪裁應有幾點認識：

㈠剪裁的目的：剪裁的目的在刪除一些不適切的材料，留下合宜的，用以表達、襯托主旨，使主旨生動有力，更爲突出，就如同一部電影的攝製，軟片拍攝完成後，還不能立刻上片放映，必得經過修輯、剪接、配音……等手續後，才算大功告成。好的文章應該達到「增一分則太肥，減一分則太瘦」的標準。福祿貝爾說：「我們對一樣事件的描寫，應該只有一個動詞來寫他的動作，一個形容詞來說明他的情景，一個名詞來說明他的性質。」這是說：縱然有好的材料，如果不能配合題旨，就應該割愛。

㈡剪裁的原則：

1.統一論點：材料必須和主旨相合，以保持全篇文章的統一性，不能夾雜與主旨論調相反的文字，如賈誼「過秦論」，旨在論秦以暴力得天下，不知行仁義以守其成，所以自取敗亡之禍，故不可有歌頌嬴秦功業的內容出現。韓愈「送孟東野序」中云：「物不得其平則鳴」，然其文又載「得其平亦鳴」（註一四）的例子，論點不能統一，相互矛盾，造成讀者的困惑，這是作者必須避免的缺失。

2.符合目的：在前述「審題」部分，我們說過作文要有目的，文章才有意義。剪裁的重點要視文章的目的而異，譬如抒情文的目的在發抒自己的情感，使人感動，引起共鳴；傳記文學的目的則在記敍人物，提供史實，或引人興趣。

3.詳略適宜：柴虎臣說：「詳略者，要審題之輕重爲之，題理輕者則略，重者則詳。詳者宜鋪敍，否則傷於淺促；略者宜剪裁，否則傷於浮冗。」（註一五），內容過於繁冗或簡略都不能稱之爲好文章，應詳略得宜，能顯示出主旨，亦使讀者有回味的餘地。誠如李曰剛先生所云：「文章的豐約，要根據實際的需要，有需要，則千言萬語亦嫌少；無需要，則三言兩語亦覺得多。例如蜀志劉備三訪諸葛亮，只說：『凡三往，乃見。』而在三國誌通俗演義則占第三十七回之後半及第三十八回之前半。一則需要急速的寫法，專敍最要緊的事，所以極簡；一則需要用緩慢的寫法，把許多關係事件，綿密地描繪，所以極詳，可說各盡其妙。明乎此，便知材料的剪裁了。」這已將材料的剪裁詳略要適宜說得很清楚了。

總之，運材的首要原則就是要注意「語必歸宗」。其內容要切合中心思想。一篇文章要氣脈流通，有時雖然議論橫溢，意思滂出，但仍須處處顧及主題。如枝葉扶疏，必本一幹，江海浩瀚，必出源泉。

我們在國文教學時，若能夠隨時把範文中作者運材的方法提示出來，指導學生評析和欣賞。或者更進一步，運用這種方法從事實際的創作。經過一段時間的訓練，學生在這方面一定會獲得很多的心得，這對於他們日後的寫作必將會有莫大助益。

陸、布局

什麼是布局？布局是指文章的組織或結構，也就是說，把剪裁所得的材料，加以安排，寫成文章，能夠首尾圓合，前後呼應，層次井然，使讀者易於理解和接受，這即是布局的工夫。不懂得如何布局，就好比有了鋼筋、水泥、磚塊……等建築材料，卻沒有技術去搭構房子的間架。最後材料仍只是材料，不能建造成華屋美廈。所以必須懂得布局的技巧，才能寫出動人心弦的文章。指導學生作文，對「布局」應有的幾點認識，茲分述如下：

一、布局的重要：

易經象辭說：「言有物，言有序」，可知古人為文，已知講究氣勢、章法。文章是用以表達思想感情的。人有思想、感情，欲傳達給別人，故有語言之產生。語言加以剪裁，加以精簡，加以美化，便成文章。文章能流傳久遠，必然是兼具形式之美與內容之美。因為它有外在形式上的美，故能吸引讀者去看它、去讀它。因為它有內在，內容上的美，才能使讀者看了以後，接受它、認同它。如六朝駢文，其架構、用詞，皆十分講究，雕章麗句，實駢文之最佳寫照，可是因其只注重外在形式上的雕琢，而無內容之美，故終於不得流傳久遠。又如墨子為文則質樸無華，重內容之美而不講究文字、架構之潤飾，雖然墨子有許多超越時代的理論，卻不得行之於當世。由此二例，我們可以肯定地說，內在美與外表美之完全結合，方是一篇好文章，一篇好文章，必須經過完美的布局。

範文教學時，教師可就課文各段各節的布局層次，隨機指導，以培養學生布局的觀念。譬如：作靜態的記狀，可順著觀察的進行為序；作動態的敍述，可順著事情的經過為序；作事理的說明或議論，可順其延展過程最合乎自然者為序。對作家來說，雖然「文無定法」，但學生初學寫作，知道一些「布局」的原則，却是十分重要。

二、布局的原則：

㈠統一原則：全篇的文義，必須維持一致。在各段中可以正說，也可以反說，卻不能違背中心思想；同時全篇的情調、語氣，也應該統體一致。

㈡秩序原則：布局要有層次，各個意念的展現要循一定的次序。材料的配置，也要妥貼穩當，沒有凌亂失次的毛病。

㈢聯貫原則：全篇從頭至尾要連貫一氣，句與句間、段與段間，相承相接，彼此呼應，使文義順暢妥當，沒有支離散漫，首尾衝突的缺點。

㈣重點原則：一篇之中，要安置重要的語句在適當的位置，以顯示全文主旨。這種語句，可以放置在篇首，也可以放置在篇末，看題目的性質和作者的藝巧而定。短篇文章，可以放置在篇首或篇末，先在篇首喚起讀者的注意和熱望。又在篇末重提前義，或照應前文，這樣可以給予讀者深刻的印象。如果作長篇，主要的語句，往往安置在每「段」的首或尾，其作用和在一篇的首或尾，大致相同。

除了前述四項外，文章的開頭、結尾也是要特別注意的。這同樣是沒有「定法」，只是在開頭的時候，總要自然不俗，像「光陰似箭，日月如梭」一類的濫調，是亟應避免的。結尾則以能照應到開頭，同時又給人餘意無窮的感覺最好。如果草草結束，文意不夠完美，是最壞的了。試看背影這篇文章，開端就說「我與父親不相見已二年餘。我最不能忘記的是他的背影」。這兩句既自然又簡潔；不但直接扣緊了題目，同時又立刻抓住了讀者的注意力，可說是一種非常好的開端方式。下面的回憶，是照事件進行的經過順序來寫的，逐段的層次都很分明，而以隱含著的「父愛」貫串起來，只是這「父愛」，卻要一直到作者看見父親的背影時，才豁然顯現出來。這一段非常重要，所以作者集中全力來描繪，給人的印象極爲深刻。最後一段，從回憶中再回到現實裏來，而以「在晶瑩的淚光中，又看見那肥胖的青布棉袍，黑布馬褂的背影，唉！我不知何時再能與他相見。」爲結尾，這樣一方面跟開頭的一句遙遙呼應，首尾可以聯成一氣；一方面文雖盡而意有餘，令讀者低徊不已。這種結尾，無疑是非常成功的。因此，背影這一篇，不僅在內容上眞摯動人；在布局上，尤其謹嚴，最值得注意學習。任何一篇文章，在布局上都有它的特色，讀時如不細心揣摩，就不容易了解文章的好處，而我們在作文的時候，如果忽略了布局，一定也寫不成好的文章。

三、布局的方法：文章的布局，沒有一定的規矩，要看作者的匠心與藝巧；然而初學作文者，應先要求文章順適，等規矩熟悉後，再談藝巧。

文章的組織方法，昔人有所謂「起承轉合」之說：「起要平直，承要舂容，轉要變化，合要淵永。」（註一六）起，即是文章的開頭；承，即承接開頭的文字加以闡發；轉，是另起新義，更深一層地探討；合，是文章的總結。教師指導學生習作時，可使學生略知此四法，將有助於文章的布局，不過，就一般布局而言，可將文章分爲開頭、正文、結尾三部分，茲說明如下：

㈠開頭的方式：清唐彪讀書作文譜說：「以古文言之……通篇之綱領，在首一段，首段得勢，則通篇皆佳。每段之筋節在首一句，首句得勢，則一段皆佳。文之重在得勢，而勢之理莫要於是矣。」文章開頭難，這是大家都有的感覺，往往滿腦子的意思，卻找不出端緒下筆；若是起筆合宜，下文則較順勢，易有佳構。好的開頭，能夠引人入勝，如李白春夜宴桃李園序：「夫天地者，萬物之逆旅；光陰者，百代之過客。而浮生若夢，爲懽幾何？」發端數語，即見其瀟灑風塵之外，能增加讀者的趣味。文章的開頭，常見的方式有：

1. 破題法：起筆即點破題旨，然後再舉事鋪敘。也就是「開門見山」、「直截了當」的道出題旨。如陶淵明歸去來辭：「歸去來兮，田園將蕪胡不歸？」王安石遊褒禪山記：「褒禪山，亦謂之華山……。」史記荊軻傳：「荊軻者，衞人也。」皆用破題法。

2. 譬喻法：借彼來喻此，然後引出正題，如劉禹錫陋室銘：「山不在高，有仙則名；水不在深，有龍則靈；斯是陋室，惟吾德馨。」魏徵諫太宗十思疏：「臣聞求木之長者，必固其根本。」是也。

3. 引用法：即引用他人的話作爲文章的起始，如史記酷吏列傳：「孔子曰：『道之以政，齊之以刑，民免而無恥。……』」李白與韓荊州書：「白聞天下談士相聚而言曰：『生不用封萬戶侯，但願一識韓荊州。』」。

4. 冒題法：開始不點出主題，而在題目的周圍先繞個圈子，引起讀者的情緒，待時機成熟，再點出主題，這種方法，又稱爲「埋兵伏將」法。如蘇軾李氏山房藏書記，先以「珠玉象犀……悅人之耳目，而不適於用；金石草木……適於用，而用之則敝」，引起「悅人耳目又適於用，用之不敝，取之不竭者，惟書」之主題。

5.問答法：以一問一答的方式起筆，如爲學一首示子姪：「天下事有難易乎？爲之，則難者亦易矣，不爲，則易者亦難矣。」又如韓非定法篇：「問者曰：『申不害、公孫鞅此二家之言，孰急於國？』應之曰：『是不可程也……』」。

6.敍時法：以記時間來開頭，如薛福成觀巴黎油畫院記：「光緒十六年春，閏二月甲子」，胡銓戊午上高宗封事：「紹興八年十一月日」；王羲之蘭亭集序：「永和九年，歲在癸丑」。

7.感嘆法：以感嘆語氣爲文之首，如袁枚祭妹文：「嗚呼！……」歐陽修五代史伶官傳序：「嗚呼！盛衰之理……」。

8.說明法：以解說題義來起筆，如蔡元培自由與放縱一文：「自由、美德也。」韓愈原道：「博愛之謂仁……。」

9.懸疑法：文章開始提出疑問而無答案，使讀者產生好奇，從而具有探求解答的心理準備。如：陶淵明五柳先生傳：「先生不知何許人也？亦不詳其姓字。」魏禧大鐵椎傳：「大鐵椎，不知何許人。」

開頭本無定法，千變萬化，隨人隨題而異。然一般說來，論辯文及說明文多用「破題法」，而記敍文和抒情文亦多用「冒題法」。

總之，不管使用何種方法，總要能引起讀者的興趣，喚起讀者的注意力，使人閱讀之際，產生一種「欲罷不能」的感覺，才算是最爲理想。

㈡正文的方式：正文是一篇的主幹，如果安排得妥當，全篇的結構就顯得緊湊有力。常見的正文布局方式有：

1.歸納法：先分說各項事實，不直指文旨，最後才作結論，是爲歸納法。如朱自清之「說話」（註一七），先闡述說話的重要、說話的種類、技巧……最後點出主旨：提醒讀者重視說話的修養。又如劉蓉「習慣說」皆是。

2.演繹法：一開頭便揭示文章的重心，然後逐層推演闡發，再下結語。如蔡元培之「新生活觀」，一開始即以「什麼是舊生活？是枯燥的、是退化的。什麼是新生活？是豐富的、是進步的。」其次再作進一步的闡述「舊生活退化的原因」和「新生活豐富進步的原因」；最後方言「希望人人皆行新生活。」

3.順敍法：即「由先而後」，按事物發生時間的先後，分段順序而寫，如陳衡哲「居禮夫人小傳」、柳宗元「永州八記」、戰國策「馮諼客孟嘗君」等。

4.追敍法：即「由後而先」，先寫當前的事，然後逐一敍寫過去的事。如陳正光「平易中見偉大」，陳源「哀思」（註一八），即爲追敍法。

5.正敍法：即「由因而果」，先寫原因，次寫經過，最後說出結果。如司馬遷「田單復國」，首段述復國之因，二至五段爲復國經過，第六段寫出結果。

6.倒敍法：即「由果而因」，先說結果，再述其原委，如歐陽修「瀧岡阡表」、穀梁傳「虞師晉師滅夏陽」先記戰爭結果，再說原因。左傳中有很多處使用這種筆法。

7.正反法：一段正說，一段反說，正反互用，賓主錯綜，以見文章的靈活機巧。如：董思白云：「正反乃文章大機關，不可不知也，且如論語中，夫子之論管仲，若正言之，則曰管氏不知禮，何等明盡，卻又曰：管氏而知禮，孰不知禮。」（註一九），已說得很明白。

8.遞進法：先由小處說起，然後及於重心，層層遞進，以明主旨。如丘遲「與陳伯之書」，逐層漸進，以達勸降目的。錢大昕「奕喻」由觀棋小事敍起，層層遞進，說明作人的道理。

正文是一篇文章的基幹，居全篇最重要的地位。無論是論說、抒情或記敍，都不是僅用三言兩語就能表達清楚的。一定要把蒐集來的資料，加以意匠經營，依照內容含意層次，或情景的變化，分成若干段落，順序，分別論說抒寫。至於怎樣安排順序？這要看題材而酌定，沒有一成不變的方式。然一般說來，論說文最常用的是「演繹法」、「歸納法」、「遞進法」。記敍描寫文所慣用的是「順敍法」、「追敍法」、「正敍法」、「倒敍法」等。至於抒情文的寫法，多半由作者的主觀去決定，就文章的內容、情節和語氣的轉變而安排，千變萬化，沒有成規可循。

㈢結尾的方式：文章的結尾和開頭是一樣重要的。陳腔濫調的結語會影響到全文。最好的結尾是自然簡要、含蓄而有力，讓讀者能有所尋思、回味。常見的結尾方法有：

1.總結法：將全篇文義作一結論。如朱自清「說話」一文：「總之，我認為我們要說得巧，要說得少。『言多必失』『多言多敗』」。又如任鴻雋「科學的頭腦」：「以上四點……是養成科學的頭腦的必要條件。從來大科學家研究科學，沒有不是依賴它們而成功的。」

2.照應法：結尾與開頭相呼應，前後貫串，給人圓合的感覺。如彭端淑「為學一首示子姪」便是。

3.引用法：引用格言、名言或成語，以作結語。如劉禹錫「陋室銘」：「孔子云：『何陋之有？』」。

4.疑問法：以疑問語氣來作結束，造成懸宕的氣氛。如韓愈「送楊少尹序」：「古之所謂鄉先生沒而可祭於社者，其在斯人歟？其在斯人歟？」又如：陶淵明「五柳先生傳」：「無懷氏之民歟？葛天氏之民歟？」。

5.感慨法：用感慨的口氣來作結尾。如蘇軾「留侯論」：「嗚呼！此其所以為子房歟！」歸有光「先妣事略」：「世乃有無母之人，天乎！痛哉！」。

6.補敘法：文意已結束，而恐有交代不清的地方，乃在文末補充說明。如韓愈「師說」：「李氏子蟠，年十七，好古文……余嘉其能行古道，作師說以貽之。」方苞「左忠毅公軼事」：「余宗老塗山，左公甥也……獄中語乃親得之於史公云」。

7.抒情法：以抒寫情意作結。如朱自清「背影」：「唉！我不知何時再能與他相見。」又如袁枚「祭妹文」：「紙灰飛揚，朔風野大，阿兄歸矣，猶屢屢回頭望汝也。嗚呼哀哉！嗚呼哀哉！」

8.問答法：文章結尾採用一問一答的方式，使人易於接受。如：孟子弈喩：「爲是其智弗若與？」曰：「非然也。」

我們常聽人說：「文章千古事，得失寸心知」；或「文無定法」等等。也有人認爲做文章講究理論格式是很可笑的事。然而對中學生而言，適當的指引是絕對必要的。我們更可以肯定地說：「國中、高中的作文教學中，理論和練習是並重的。」所以我們有必要將布局、章法告訴學生。文章的布局，就如同演戲，如何開場？接下去怎麼安排？怎麼收場？戲中有那些重要的角色等等，都要注意。在文章中，首尾是最重要的，如何設計一個引人入勝的開場白，和一個完美的結尾，關乎文章之好壞。最理想的結尾應該具備自然、簡要、含蓄、有力、餘味無窮等條件。一般說來，論說文結尾不宜太長，最好能簡要概括地把正文分別敍述的事項作一個總結，或是和開頭遙相呼應。記敍文或抒情文的結尾，不宜把話說盡，要含蓄，要暗示，要留一部分給讀者自己去尋思，去回味。所謂「弦外之音，繚繞不絕。」所謂「言有盡而意無窮」，才是最好的結尾。總之，任何一篇文章的結尾，要有水到渠成之勢，適可而止，不宜有一點勉強的痕迹，要順著前面各段所記敍的事物、景緻，所表現的思想、情感，順理成章，很自然地歸結到這樣一個結尾。

柒、措辭

一、措辭的意義

「措辭」的意思是：斟酌運用詞句。這是作文時遣詞造句的問題，也就是把構思所得的材料，用最妥當的詞句表達出來，成爲一篇文章。劉勰文心雕龍說：「句有可削，足見其疏，字不得減，乃知其密。」可見措辭之目的就是要做到無可削減的地步。作文指導的六項工作（審題、立意、構思、運材、布局、措辭）中，以措辭最爲艱深。懂得遣詞造句的技巧方能妙筆生花、文采奕揚。這種基礎的培養便靠「多讀」，多讀可以「儲材」也可以作「比較」，不致坐井觀天，爲窄隘的圈子所限，在比較之中，也能領悟作者遣詞造句的長處，進而學習其修辭的技巧。

二、修辭的功用

作文修辭可分消極和積極兩種作用。消極的修辭只是在使人理會，使語詞純正、安排穩密、次序通順，也就是在於「達」。論語：「子曰：『辭，達而已矣。』」（註二〇）所謂達就是意義明確，充分表達內在的情思，使讀者易於了解，不生歧義。積極的功用是求生動緊湊、典麗雅潔，能感動讀者，引起共鳴，這種功夫不是一蹴可及的，除了要對詞語有敏銳感受之外，平時就要留意賞析範文的修辭技巧、文法運用……等，再經長期練習，方能有效。

三、措辭的技巧

㈠遣詞：詞句是文章的基礎。作文要求詞語妥適、意義明確，平日就要多積蓄詞彙，才不會「詞到用時方恨少」。惟有經過深刻的體會玩味，才能活用詞中蘊含的意義，同時賦予變化、產生創意，在不同的情境或場合中，能運用最貼切的詞語表現心中的意思。如寫「落花」，晏殊的「無可奈何花落去」；晏幾道的「落花人獨立，微雨燕雙飛」；辛棄疾的「惜春常怕花開早，何況落紅無數」；李清照的「花自飄零水自流」，給人的感受便完全不同。最深刻的體會便是「心有戚戚焉」，與作者產生了共鳴。

除此之外，文章的用詞不可過於省儉，用詞過於簡略則文義隱晦不明；也不可過於古奧曲折，令人費解，摸不著頭緒。要求文章活潑有力，用詞就要創新，不可人云亦云，或用擬人法來表現，使之更為動人、親切，或改變詞性，將一個詞活用，如余光中詩：「在中國，最美最母親的國度。」「今晚的天空多麼希臘。」（註二一）這是將名詞當作形容詞用。另外，虛詞的運用是否得當，亦關係著全文成敗，虛字用得漂亮，可以表現作者的神情，使文氣流暢，文句生動活潑，如孟子梁惠王篇：「無傷也，是乃仁術也，見牛未見羊也。」「乃」字便用得極為傳神。

㈡造句：遣詞和造句本來是分不開的，遣詞要求明確，造句更應配合文章裏思想或情感的需要，力求明白順暢。在行文造句時，要注意幾點原則：

1. 句子的組成要合於文法或語言習慣。

2. 造句求平易，意思要清楚完整地表達，不使人誤會。

3. 長、短句宜錯雜兼用，若長句過多，則流於堆砌、沒有力量，短句過多則文氣急促不舒暢，所以沈虹野說：「文章之詞句，貴長短間行，體裁宜散整互用。」（註二二）

4. 句與句之間，意思要相互銜接，使前後一氣相貫，不可散漫離析，矛盾相生。

5. 句子的型式有敍事句、表態句、判斷句、有無句……等，使用時要與思想感情相吻合。

四、措辭的理想

措辭以「眞」、「善」、「美」爲其最高鵠的，作文時必須留意，這文辭是否「如實」地表達了自己的情志？這是「眞」；這文辭是否「確當」地表達了自己的情志？這是「善」；這文辭是否「優秀」地表達了自己的情志？這是「美」。文辭的眞善美，表現在字、句、篇、章上最爲具體。古人對字的鍛鍊，態度十分嚴謹。因此敎師指導學生作文、練字時，對字形、字音、字義都要加以選擇。字形方面，須注意：①要戒絕俗字、錯字、別字、簡體字等。所謂俗字如「亂」作「乱」、「果」作「菓」、「惡」作「悪」；錯字如「踏」作「蹹」、「祭」作「祭」、「廢」作「癈」；別字如「舞弊」作「舞幣」、「厲害」作「利害」、「收穫」作「收獲」；簡體字如「歷」作「历」、「團」作「囲」、「慶」作「庆」等。用俗字不雅，用錯字、別字，顯得淺薄；用簡體字表現庸劣，都應該切忌。②要避免怪異的字。在一篇平易的文章裏，忽然用上幾個怪異的字，實在是刺目得很。如曹據的詩：「豈不顧斯遊，褊心惡呦呶。」就因爲用了「呦呶」兩個怪異的字，把一首好詩蹧蹋了。③要避免聯用同偏旁的字過多。除了作賦，在形容風景人物時，不能避免要用同偏旁的字外，寫普通的文章，用得多了，眞像扳字典，給人看了，叫人厭煩。如張協雜詩：「洪潦浩方割」。沈約和謝城詩「別羽泛清波。」聯用三個水旁字，已看不順眼。至如曹植雜詩：「綺縞何繽紛」，陸機日出東南隅行：「璃珮結瑤璠」，五個字中竟有四個同偏旁的，叫人如何不生厭。④同一個字重複使用，要加以斟酌。在同一句中，或同一篇中，有些字是可以重出的，甚至愈重出愈顯出巧妙。如孟子梁惠王篇：「獨樂樂，與人樂樂，孰樂？」便是一個很好的例證。有些字是不可以重出的，尤其是形容詞和副詞，在同一段落裏，如果前後重複便覺得乏味。譬如包公毅所寫的救火之勇少年，當那個少年第一次爬上那個被燒的高樓時，下面聚著看的人都叫著：「險哉！險哉！」連著重複兩個「險哉」，更顯出大家情緒的緊張和少年的勇敢；當少年第二次再上那個高樓，搶救那婦人的孩子時，情勢是更危險了，而這時包公毅只寫道：「羣衆咸惴惴爲此少年危。」假如還照前面寫著：「羣呼曰：『險哉！險哉！』」一定使人有單調板重之感。⑤單詞（字）和複詞的排列，也要叅伍錯綜，調配和諧，大約單詞太多的句子，顯得散疏零落，不見緊湊；複詞太多的句子顯得累贅沈重，不甚飛脫。許多單詞中夾有複詞，便可以去散疏零落的毛病。譬如：「然或受野蠻人之攻擊」（蔡元培捨己爲羣）這一句裏「野蠻」和「攻擊」是複詞，其餘皆是單詞，假若改爲「然或受夷之擊」，全用單字，意思雖然相似，就不及原句疏密相間，錯落有致了。同樣，許多複詞中也要夾有單詞。譬如：「我對於花卉是普徧的愛憐。」（見謝婉瑩蒲公英）這一句裏「花卉」「普徧」「愛憐」這些複詞裏夾些單詞，所以看來很調和。假若改爲「自己對待花卉普徧愛憐」，意思雖同，可就累贅沈重得多了。字音的選擇也很重要，必須講求

「自然」、「朗爽」、「響亮」。相傳范文正公作嚴先生祠堂記收尾四句歌是：「雲山蒼蒼，江水泱泱，先生之德，山高水長。」他的朋友李泰伯看見，就告訴他：「公此文一出名世，只一字未妥」。他問何字，李泰伯說：「先生之德不如改為先生之風。」他聽著很高興，就依著改了。「德」字和「風」字在意義上固然不同，但最重要的分別還在字音上面。「德」字仄聲，音啞，沒有「風」字平聲那樣響亮。這是一個很好的例證。至於字義的選擇，難在意義的確定與控制。字有直指的意義、有聯想的意義，譬如救火之勇少年一文中，「馳突於絳雲之樓」，絳雲是紅色的雲，這是直指的意義；又由於錢謙益的絳雲樓被火燒掉是一件有名的事，於是看到被火燒的樓，就聯想到絳雲，這是聯想的意義。科學的文字大都限於直指的意義，文學的文字有時卻必須顧到聯想的意義，怎樣靈活運用、恰到好處，那就要看各人的學力和領悟了。（註二三）

五、教學的方法

遣詞要精確，造句要穩貼，先求清順通暢，再求雅潔精鍊，而至於盡善盡美，這種控馭文字的工夫，不是臨時指導所能見效，完全要靠平時著意施行，舉凡範文教學中詞彙、語句的分解剖析，文法、修辭的討論類比，以及應用練習、語言練習乃至課文朗誦等等，都是此種寫作措辭極重要的訓練。教師要指導學生平時多讀講、多聽取、多記憶、多體會，以至用心於日常語文使用中（如說話、寫信、講故事、作日記等）多多慎思明辨，以求進步，方可使學生辭句達到準確、穩貼的境地。此外，語氣、語態之決定（如直接或委婉，平實或深刻，嚴謹或輕鬆……之類），以及虛字的使用，教師也應

促使學生就寫作情境，細細斟酌，務使學生能把自己所說的話，一句一句寫得清楚。（註二四）

總之，遣詞造句是作文最基層的功夫，也是最艱難的工作，古人「爲安一個字，撚斷數根髭」（註二五）「一詩千改心始安」（註二六）都是說明措辭之不易。敎師在平日即應指導學生廣博閱覽各種書籍，以增廣見聞，多記取、多摘錄名言佳句，儲備詞彙，並從日記、書信、閱讀心得寫作中，練習運用修辭的技巧，以爲作文遣詞造句時的準備。

捌、結語

上述六項，是指引學生對所命的題目，有一條設計經營的路徑和著手的步驟。敎師在實施之前，應視題目的難易及學生的程度、寫作經驗和寫作時間等，酌予變化。而在學生作文的當時，敎師應「始終在場指導，舉凡學生所寫不出來的字，使用不妥的詞語，組織不成的句法，以及進行時所遇到的疑難，都要鼓勵他們提問，而助其解決。」（註二七）敎師能夠不憚其煩地指導，學生寫作起來也有信心，無形中培養了作文的興趣，這是作文敎學成功的第一步。

此外，作文草稿完成之後，應令學生多讀幾次，仔細地推敲琢磨，看看文法是否妥當？語氣是否聯貫？筆調是否順暢？文辭是否通順優美？有不妥善的地方，便加以修改，再認眞地用毛筆或鋼筆謄清。這其間，或許發現有更好更美的詞語或表達方式，也可以同時修改，使文章更臻於完善。

【附　註】

註　一　參見章師銳初先生中學國文教學法。
註　二　見清唐彪讀書作文譜卷六。
註　三　同註二。
註　四　見陳正治等合編作文引導第二冊。
註　五　見李日剛作文的技巧。
註　六　見曾文正公全集復陳右銘書。
註　七　同註二。
註　八　見陶希聖取材與構想。
註　九　同註四。
註一〇　見賈島詩。
註一一　見元遺山與張仲傑論文集。
註一二　同註五。
註一三　參見國民中學國文教師手冊第二冊。
註一四　見宋洪邁容齋隨筆卷四。
註一五　見清唐彪讀書作文譜卷七。
註一六　見范梈詩法。
註一七　見國中國文課本第三冊。
註一八　見國中國文課本第四冊。

註一九　同註五。
註二〇　見論語衛靈公篇。
註二一　見余光中詩選。
註二二　同註五。
註二三　同註五。
註二四　同註一。
註二五　見盧延遜詩。
註二六　見清袁枚遣興詩。
註二七　同註一。

第四節　各種文體寫作之指導

壹、記敍文寫作指導

一、記敍文的意義

記敍文可分爲記事文與敍事文兩種。記事文也稱爲記載文，又叫做記述文，是依據作者所見、所聞或所想像的情形，把人、事、物的形色、狀態、情景、性質、效用、方法，或社會狀況等等，記載下來的文章。敍事文，也叫做敍述文，是敍述人、事、物的動作、變化，而使讀者曉得事實經過的文章。

一般說來，記事文是屬於靜態的、空間性的描述，例如：「桌上堆著一本一本的書，都是我愛看的」，這是記事。敍事文則偏向動態的、時間性的描述，例如：「我正在一本一本翻著桌上的書籍，覺得很有趣」，這是敍事。以吳敬梓的「王冕的少年時代」一文爲例，這篇文章的第一段寫王冕的簡歷，第四段寫王冕在秦家的生活，是屬於靜態的描寫，第五段寫七泖湖夏日雨後湖邊山光、湖面荷花的各種景色，這是屬於空間的描寫，都可以說是記事文。而這篇文章的第二、三兩段，寫王冕母子共同商議，以及第二天前往秦家，一個留著放牛，一個含淚回家，是屬於時間的敍述，第五、六兩段寫王冕學畫荷花的動機、經過和成功，是屬於動態的描寫，都可以說是敍事文。劉鶚在「黃河結冰記」中，寫老殘洗完臉走向河隄，到悶悶地回到店裏睡覺爲止，是「敍事文」的格式，而文中的「河面不甚寬，兩岸相距不到二里，……」、「看那河身不過百十丈寬，……」這幾小段，便又是「記事文」的格式。像這種記和敍、動態和靜態混雜間出的情形，在記敍文中不乏其例，比比皆是。這種記、敍和其他各種體裁互相間出或包容，其實正是造成文章曲折變化的一個主要因素。所以就記敍文來說，我們不必強分「動」、「靜」，區別「記」、「敍」，只要概括地說是「記敍文」就可以了。（註一）

二、記敍文的類別

記敍文在內容性質上可分爲五類：㈠狀物的，是記敍動物、靜物的形態、性質等。㈡寫景的，是記敍自然界的景物，如山水、天象等。㈢記人的，是記敍人的狀貌、言行。㈣敍事的，是記敍事件的眞相、變化和因果等。㈤記遊的，是記敍旅遊中的所見所聞。以下分別說明這五類記敍文：

㈠狀物：狀物的記敍文，在寫作時往往運用各種技巧，如：以物比物，利用人們熟知的甲物比乙物，使乙物更容易被人了解。例如：「文章有時候像是樹，枝葉婆娑，很有姿態。」這是以樹比文章。另有以物比人者，則是將不能說話的物比做人。例如：「梨花一枝春帶雨」、「落花猶似墜樓人」，這是以花比擬美女，在寓言故事中更常將動物比做人。又有虛實互比者，即虛物、實物彼此互比，化抽象爲具體，加深讀者的印象。例如：以日光比笛聲、月色比簫聲……等。

狀物的記敍文可分爲四種：1.科學性的記物——這是從科學的觀點來記物。2.描寫性的記物——

這是從文學的觀點來記物。3.雜文性的記物——這是利用讀書札記的資料寫成的文章。4.詠懷抒情的記物——這是藉寫物來寄託自己的情感思想。

(二)寫景：寫景的記敍文，要使讀者看了有身歷其境的感覺才算成功，因此必須把握景物的特色來寫，不可隨便書寫景物的通性。此外，更應該注意：1.把握景物的中心，用流利暢達的筆調加以描繪。2.近景與遠景應分輕重：寫遠景的筆調要比寫近景的筆調來得淡薄。3.靜景的點染法：只寫靜的景物，容易單調，最好插入活動，使文章生動活潑。4.情景交融：寫景時最好能景中帶情，情和景打成一片。5.寫實與理想：不論寫實或理想都要合情合理，使人相信。6.把握景物的個性加以描繪，留給讀者深刻的印象。

(三)記人：記人的記敍文，必須注意：1.背景：寫出被記人的環境、時代等。2.形體：如果被記的人有特點可記，可以約略寫出他的特色。3.個性：凡足以表現言行個性的舉止最好記下來。4.襯映：這是以別人的事來襯映主角的個性。5.主客：記敍許多人時應分明主客，不要雜亂。

(四)敍事：敍事的記敍文，以事為主，以人為輔，應注意：1.因果：無論是先因後果或先果後因，都不可忽略了因果的關係。2.佈局：文章材料選定後，如何剪裁，如何安排，應加以考慮。

(五)記遊：記遊的記敍文，原是記事的一種，只是古今記遊的文章多而且好，所以另闢一類，山水景物雖各自不同，而記遊的文章大致有四種作法：1.以遊者為主體的——這是以遊者所經的路線，記出所見所聞的事物。2.畫定範圍的——這是先確定範圍，再分記範圍以內的事、物。3.以一物為中心的——先選定一物爲中心，再依左右前後的方向逐漸記述。4.以時日爲主體的——以時間或日期爲主，記述畫定的時日內所經歷的事物。

三、寫作的原則

記敍文寫作時，必須注意幾點：㈠要適切題旨。㈡要注意特色。㈢要確定觀點。㈣要決定剪裁方式。以下就從這四方面加以說明：

㈠要適切題旨：記敍文的材料，必須適切題旨。凡是跟題旨無關的材料都要捨棄。譬如說，有關承天寺的資料非常之多，它的來歷、建築、景觀等等，假使我們要描述，都應該寫進去才對。但是「記承天寺夜遊」一文，因爲旨在敍述蘇軾夜遊的一時感受，所以承天寺的資料雖然很多，但跟題旨無關的，便都得割愛了。同樣地，「居里夫人小傳」一文，既然偏重在敍述她的身世與人格，與此無關的材料也就不須多引用，以免文章夾雜不清。大致說來，記敍文的旨趣不外是：表現思想、傳達知識、激發情感、提供趣味。因爲題旨的不同，材料取捨的標準也就自然相異。蘇軾的「記承天寺夜遊」，旨在描寫夜遊的經過與感受，所以承天寺的建築可以略而不提；陳衡哲的「居里夫人小傳」，重在介紹她的身世，所以居里家世便必須詳盡。當然，一篇文章可以同時具備幾種性質，不過在寫作時總要有個重心才是。（註二）這個重心，就叫做題旨或旨趣，也就是一篇文章的中心思想。

記敍文的目的是記敍眞實事物，給人以深刻的印象，並不是描繪空中樓閣，使人不可捉摸，所以作者可就觀察所得，配合主旨，作眞實的記敍，這樣寫出來的文章才不會落入俗套。倘若對於所記述的事物只是浮光掠影的粗心一瞥，又如何能言之確切呢？

㈡要注意特色：寫作記敍文必須使所描述的人事活現突出，才能生動感人。要達到這個目的，必須觀察深刻，把握住所要描述對象的特色，然後以細微具體的筆調加以描繪。任何事物的形狀、性質總會有與衆不同的地方，這不同的地方，就是所謂特色。以人爲例，人人都是圓顱方趾，具有五官四肢，似乎沒有什麼不同，但是仔細觀察，芸芸衆生中，可以說沒有兩個人的長相會完全相同；甚至可以說沒有誰的眼睛和另一個人的眼睛會長得一模一樣。我們描寫人物的形狀時，就要注意到這些地方。否則，寫美女都是「眼如秋水」「眉似遠山」，寫山水都是「高峯聳立」、「波光瀲灎」，寫粗漢開口是引經據典的話語，寫父愛是「我的父親比誰都關心我」的一些陳腔濫調，那就無法予人具體的印象，而文章也就缺少動人的力量了。

以朱自清的「背影」爲例，旨在表現父愛。文中敍述作者和他父親一起到南京去，父親送他北上的經過。在南京他們一共逗留了兩天，父親送他上車的時間卻不過只有幾個鐘頭，然而作者對於父親送行的一幕，極力鋪陳，其餘的只用「到南京時，有朋友約去遊逛，勾留了一日。」幾句話就輕輕的帶過。個中道理就是因爲作者要表達的旨趣是父愛，而他在車站時所看到的父親背影，才是令他體會到父愛的媒介。作者從這背影來寫父愛，就是能夠把握住特色。（註三）

㈢要確定觀點：記敍文的材料，不但是從作者自己的經驗得來，還有從別人的傳說或書籍的記載裏得來的。材料的來源既然不一，或從甲方說，或從乙方說，當然觀點不能一致。將許多材料連綴成文時，如果也這樣混淆不清，文章就容易顯得雜亂無章了。因此，作者在文章裏應該有一個統一的觀點。在作文之前，就要確定寫作的立場，到底是站在主動的或被動的或旁觀的那一種地位。

記敍文通常以居於旁觀者的立場爲多，因爲這樣比較容易使人相信你所說的是事實，文章的影響力也可以大些（如：五柳先生傳）；其次是用主動者的觀點，因爲筆端帶著情感，寫來容易令人感到親切（如：哀思）。至於用被動者的觀點來寫的就比較少了。（註四）

一篇記敍文的觀點，不應該隨便變更，這只是一般的原則。在長篇的或複雜的記敍文裏，要將各方面的情形都表現無遺，有時卻也不能不變動。只是觀點的變動，仍然要使人摸清頭緒。吳敬梓「王冕的少年時代」是站在旁觀者的立場來寫的。第二段寫「看看三個年頭，王冕已是十歲了。」是就王冕母親的立場來寫的。到了第四、五、六段，寫王冕存錢讀書，看見荷池景象，學畫荷花等，顯然已從王冕的立場來敍述。觀點雖然一再變動，但我們讀了，仍然覺得通暢如流，沒有頭緒不清、難以了解的毛病。

㈣要決定選材方式：從記敍文的範圍來講，材料剪裁的方式，常見者有三種：一爲鳥瞰式，這種方式是著重在全面，作概括性的記敍。例如：朱自清「春」的第二段「山朗潤起來了，水長起來了，太陽的臉紅起來了。」作者以「山」、「水」、「日」對初春景色作概括性描述，便是運用鳥瞰式取材的手法。二爲剪影式，這種方式是著重在菁華片段的記敍。例如：朱自清「春」的第三、四、五、六段，所選用的材料是「花草」、「樹木」、「風雨」，作者對這幾點作片段性的描述，以烘托出初春之美，這便是運用剪影式的取材手法。三爲步移式，這種方式是隨時空的移動而記敍。例如劉鶚的「大明湖」記述老殘遊歷濟南勝景大明湖的經過，全文計分八段：首段記述老殘到達濟南沿途所見。第二段說明他到達濟南當晚的活動情形。第三段記歷下亭的景觀。第四段描繪由鐵公祠南望千佛山的特殊景觀。第五段繼續描寫千佛山的景象。第六段寫蘆花、夕陽所形成的奇異景致。第七段繼續寫鐵公祠的內外景觀。第八段寫回程中所見奇境佳趣。像這樣隨時空轉移，因所遇景物而描寫，便是步移式的取材手法。究應如何剪裁，動筆之前應作決定。

四、常用的作法

把握住記敍文的寫作原則後，接著尙須講求記敍的方法，記敍的方法，由形式來說，常見者有「順敍」、「倒敍」、「插敍」、「補敍」四種。

㈠順敍法：順敍法即是隨時間、空間的先後次序，平鋪直敍的將某事物的發展過程清清楚楚的記敍出來。例如陳衡哲的「居里夫人小傳」依照時間的順序來寫，「大明湖」依照遊歷的順序來寫。這種記敍文，大都在詞句方面不加刻意的渲染，章法方面也不十分曲折。

㈡倒敍法：倒敍法即是把事情最重要或最引人的部分放在開頭，將時間倒排；先寫結果，然後追敍原因和經過；先寫現在，然後追敍過去，也就是先果後因的方法。如蘇梅的「禿的梧桐」便是。這種寫法，是先把事情的結局告訴讀者，形式上比較富有變化，不致於平鋪直敍。

㈢插敍法：插敍法是將枝枝節節的事，插在正文中間敍述。例如朱自清的「背影」第四、五兩段便是。插敍部分，有時可能看似和本文無甚關係，其實或爲「烘托」；或爲「襯映」，應與本文主旨有關。

㈣補敍法：補敍法即是在記敍過程中，有幾件小事必須明白寫出，但不在正文中說明，而在文末補述出來的方法。如張騰蛟的「溪頭的竹子」最後一段便是。

一篇文章可以兼用兩種以上的方式，如順敍兼插敍、倒敍兼補敍之類；但是「順」、「倒」不能同時並用，而「補」、「插」有時可以兼施，必須視材料而決定。

（本文原載於國立臺灣師範大學中等教育雙月刊。民國七十五年一月曾轉載於國立編譯館主編之國民中學國文教師手册第四册「語文常識一、記敍文的作法。」）

貳、論說文寫作指導

一、論說文的意義

論說文是合議論文與說明文而成的，前者重在主觀的論證，使人信服，後者重在客觀的說明，使人理解。

議論文是發揮自己主張，批評別人意見，以說服別人爲目的的一類文章，而說明文則是解釋事物，說明意義，使別人得到事理或物象的知識的一類文章。

事實上，世間原就沒有完全客觀的說明，任何道理，由一個人說明出來，其中多多少少總會夾雜一些主觀的成分；而議論爲了使別人信服，也非提出比較客觀的證據和理由不可，否則你的說法就不會被人採信。「說明」離不開主觀，「議論」離不開客觀，可見用「主觀」和「客觀」來區別「議論文」和「說明文」，並不十分妥當。所以「議論文」和「說明文」的區分，也不過是一個大概的說法，很難有明顯的界限，倒不如把它們看成一類，就稱爲「論說文」。

二、構思取材的方法

論說文雖是主觀的發抒一己之見，建立自己的主張，也要客觀的把握論證，以達到駁倒與己相反的理論之目的，所以取材必須充分而確實，也就是要尋取能支持論證或說明內容的材料。論說文材料的來源，約略可分爲三方面：

㈠書本：選取書本的材料，要注意的是一般人都熟悉認可確信不移的，並且確實可靠。

㈡經驗：經由個人的體驗是最眞切實在並直接的材料，作者多方體察，方可豐富論說文的生命。

㈢傳聞：傳聞往往虛實相摻，最怕以訛傳訛，作者如要運用傳聞來論說佐證，一定要再三思索，擇實而用，才不致有「道聽塗說」之嫌。

除了取材要精當之外，在提筆寫作前尙須注意構思的方法，一般說來可循「六W」主義來運用思考：（註五）

1. Why：「爲什麼作這文？」據此思考題意，以明瞭作這篇論說文的目的，方能確立主旨於正軌。

2. What：「文中要寫的是什麼？」依此原則，作者可以確立本篇論說文的範圍，則寫作時便很容易把握對人、事、物的運用。

3.Who：「誰在作這文？」同一題材的論說文，在不同的作者抒論下，所能掌握的角度大小有別，因此作文之前，必得確立作者的身分爲何？才不致失卻立場。

4.Where：「在什麼地方作這文？」作者必須注意文章發表的場合，以及關懷的對象，如此所發抒的議論才能「恰如其分」。

5.When：「在什麼時候作這文？」論說文的內容若與節慶有關，或者針對時事而發，則不容忽視文章發表的時節，以免落入「風馬牛不相及」之譏。

6.How：「怎樣作這文？」這是建立文章的結構，在下筆之前必得作好的工作，依據文題來決定引論、本論、結論的內容，一切安排妥適，即可動筆寫作。

三、組織的形態

論說文組織的形態，一般言之，可分爲引論、正論、結論三部分，茲分述如下：

㈠引論

這是一篇文章的開端，常運用說明的方法，將題目加以適當的解釋，有時是揭示論點，有時是用來表示爲文的動機，有時是解釋事物的意義或由來。引論的文字一定要簡潔、明瞭、不要浪費太多筆墨，一般最常見的方式有正起、反起和問答起三種。（註六）

1.正起：就是從題意的正面寫起，大致又有以下七種手法：

(1)先提示全篇重心者：這種方法亦即開門見山法，讀者一看便知道全篇重心，然後再用演繹法加以論辯。例如：蘇洵「六國論」：「六國破滅，非兵不利，戰不善，弊在賂秦。」

(2)先說出全篇綱領者：這種方法亦即在一個大題目之下，先劃出一個小範圍來說，必須先點明問題的一方面，或者將別人的意見，先予以反駁。例如：胡適「讀書」：「『讀書』這個題目，似乎很平常，然而我卻覺得這個題目很不好講，我今天是想要根據個人的經驗，同諸位談談讀書的方法。……讀書有兩個要素：第一要精；第二要博。」

(3)先引用別人見解者：這種方法亦即在文章開頭，先簡略的申述一下別人的見解，然後再下論斷，不過必須注意精簡，不可喧賓奪主。例如：顧炎武的「廉恥」：「五代史馮道傳論曰：『禮義廉恥，國之四維；四維不張，國乃滅亡。』善乎管生之能言也。禮義治人之大法，廉恥立人之大節。……況為大臣而無所不取，無所不為，則天下其有不亂，國家其有不亡者乎？」

(4)先敍成議或事實者：這種方法亦即在文章開頭，先簡述一件事實。例如：王安石「孔子世家書後」：「太史公敍帝王則曰本紀，公侯傳國則曰世家，公卿特起則曰列傳，此其例也。其列孔子為世家，奚其進退無所據耶？」

(5)先設譬喻或例證者：這種方法亦即在文章開頭先作譬喻或例證，然後引入正題。例如：孟子「舍生取義章」：「魚，我所欲也；熊掌，亦我所欲也；二者不可得兼，舍魚而取熊掌者也。生，我所欲也；義，亦我所欲也；二者不可得兼，舍生而取義者也。」

(6)先解釋題義者：這種方法亦即在文章開頭先以簡要的詞語，說明題旨。例如：韓愈「師說」：

「古之學者必有師，師者所以傳道、授業、解惑也。」

(7)先憑空發論者：這種方法即在文章開頭，先有一段論述，而後引入正題。例如：蘇軾「留侯論」：「古之所謂豪傑之士，必有過人之節；人情有所不能忍者，匹夫見辱，拔劍而起，挺身而鬪，此不足爲勇也；天下有大勇者，卒然臨之而不驚，無故加之而不怒，此其所挾持者大，而其志甚遠也。」

2.反起：就是從題意的反面寫起，而後再翻入正面，此即所謂「翻騰法」。在反說的時候，故意留下些破綻漏洞，爲後來作正論時駁擊之依據。例如：

(1)反駁別人意見者。例如：王安石「讀孟嘗君傳」：「世皆稱孟嘗君能得士，士以故歸之，而卒賴其力以脫於虎豹之秦。嗟乎！孟嘗君特雞鳴狗盜之雄耳，豈足以言得士！」

(2)從反面入手者。例如：佚名的「愛國論」：「上古之時，無國家社會之組織，而人民安然樂處；故老子主無爲，擊壤之歌以爲帝力於我何有？是人民無國家固也足以生存，我何用愛祖國乎？然而不然。……」

3.問答起：就是在文章的開端先發疑問，或假設和人問答，以發表自己的見解；這種方法，起源於子書中師弟的問難。其後像東方朔的「答客難」、揚雄的「解嘲」、班固的「答賓戲」、韓愈的「進學解」，都加以採用。例如：彭端淑「爲學一首示子姪」：「天下事有難易乎？爲之，則難者亦易矣，不爲，則易者亦難矣。人之爲學有難易乎？學之，則難者亦易矣；不學，則易者亦難矣。」

(二)本論

這是一篇文章的骨幹，因爲這是文中最重要的辯證部分，所以有人稱之爲「辯證」。辯，就是辯駁；證，就是證明。因爲我們無論是議論人物或論辯事理，絕不能憑空臆斷，總得拿出證據來，而尋找證據也要合乎法則。所以作論說文，一定要明白辯證的方法，也就是邏輯。論說文中所用的辯證法，完全是採用理則學中推理的方法。通常應用的有演繹、歸納和類比三種方式：（註七）

1.演繹法（又稱三段論式）：它是由全體而及於部分，全體如此，部分當也不能例外；即根據已知的普遍的原則，來推論那原則所包括的特殊事件。它常由三個命題構成，就是大前提、小前提、斷案。例如：

凡是中國的國民都應當愛中國，……大前題
你是中國的國民，……小前提
所以你應該愛中國。……斷案

這是演繹法正常的排列法。人們通常說話作文，爲求方便，往往變更其順序，有時亦可省略命題，只要意義明白即可。變更順序的方式有以下五種：

(1)
凡是中國的國民都應當愛中國，……（大）
所以你也應當愛中國，……（斷）
因爲你也是中國的國民。……（小）
斷案翻到小前提前面

(2)
你應當愛中國，……（斷）
因為中國的國民都應當愛中國，……（大）
你也是中國的國民。……（小）
斷案翻到大前題前面。

(3)
你應當愛中國，……（斷）
因為你是中國的國民，……（小）
而凡是中國的國民都應當愛中國。……（大）
斷案翻到小前提前面。小前提又翻到大前提前面。

(4)
你既是中國的國民，……（小）
而中國的國民都應當愛中國，……（大）
所以你也就應當愛中國了。……（斷）
小前題翻到大前題前面。

(5)
你既是中國的國民，……（小）
你就應當愛中國，……（斷）
因為凡是中國的國民都應當愛中國。……（大）
大前題翻到斷案後面。

省略命題的方式也有五種：

(1)
你既是中國的國民，……（小）
你自然應當愛中國。……（斷）
省大前提

(2) 凡是中國的國民都應當愛中國，……（大）
所以你應當愛中國。……（斷）
省小前提

(3) 凡是中國的國民都應當愛中國，……（大）
你也是中國的國民呀！……（小）
省斷案

(4) 凡是中國的國民自然應當愛中國……（大） 小前提和斷案並省

(5) 你不能不愛中國……（斷） 大小兩前提並省

此外，演繹法是以大小兩前提爲立論的根據，如果前提中有一個不正確、不穩固，則辯證就陷於錯誤，例如：

凡是聰明人都有光明的前途，……大前提
張先生是個聰明人，……小前提
所以張先生一定有光明的前途。……斷　案

這便是一個錯誤的辯證。因爲事實上聰明人不見得都有光明的前途，有天賦而不努力的人，是不會有光明的前途的。這個大前提不正確，根據它來推理，所以斷案也就靠不住了。我們作文如採用演繹法，一定要注意到這一點。

2. 歸納法：它的推理式恰和演繹法相反；是由許多個別的特殊事件，去求得一個普遍的原則。例如：「夏桀的政權被打倒了，商紂的政權被打倒了，秦始皇的政權被打倒了，英王查理一世的政權被打倒了，希特勒的政權被打倒了。桀、紂、秦始皇、查理一世、希特勒等政權都是殘暴的，所以凡是殘暴的政權一定被打倒。」

這個「凡是殘暴的政權一定被打倒」的普遍的斷案，是用許多特殊的例子歸納起來所得的結論。這種辯證式的結論，是由兩個前提集合而成；每一前提都是已有經驗的累積。因此，用歸納法一定要遵守兩個條件，一個是有普遍的原則，絕沒有反例；另一個要有明確的因果關係。

3.類比法：（又稱類推法）它是利用已知的事例，去推求其他相類的事例。例如：抗日戰爭，有三民主義的信仰，有領袖的領導，有振奮的人心，有旺盛的士氣，有青年踴躍從軍，……獲得最後的勝利，……已知的事件。反共抗俄的戰爭，也有三民主義的信仰，有領袖的領導，有振奮的人心，有旺盛的士氣，有青年踴躍從軍……相類的事件，所以必然獲得最後勝利。

應用類比法時，須注意兩個事例的屬性，爲主要的必然的類似，不是皮相的或偶然的類似；類似點愈多，愈爲可靠，愈逼近愈好。如果兩事例的屬性，有一處矛盾的地方，類比法便無法進行，終不免陷於謬誤。

㈢結論

這是文章的最後部分，在論辯文中佔有重要的地位；如果寫得有力，很可以使全文生色，而增加論辯的效果。它的作用不外：揭示全篇重心，照應全文主旨，補敍作文動機，或提示讀者注意等等。以下分項舉例：（註八）

1.揭示全篇重心者。如：賈誼「過秦論」：「秦以區區之地，致萬乘之權，招八州而朝同列，百有餘年矣！然後以六合爲家，殽函爲宮；一夫作難而七廟隳，身死人手，爲天下笑者何也？仁義不施，而攻守之勢異也。」

2.照應全文主旨者。如胡適「讀書」：「理想中的學者，既能博大，又能精深；精深的方面，是他的專門學問，博大的方面，是他的旁搜博覽。……爲學要如金字塔，要能廣大要能高。」

3.補敍作文動機者。如：韓愈「師說」：「李氏子蟠，年十七，好古文，六藝經傳皆通習之，不拘於時而學於余，余嘉其能行古道，作師說以貽之。」

4.提示讀者注意者。如：朱浮「與彭寵書」：「勿以前事自疑，願留意老母少弟，凡舉事無爲親厚者所痛，而爲見仇者所快！」

5.引用名人佳言者。如：顧炎武的「廉恥」：「頃讀顏氏家訓，有云：『齊朝一士夫，嘗謂吾曰：我有一兒，年已十七，頗曉書疏，敎其鮮卑語及彈琵琶，稍欲通解，以此伏事公卿，無不寵愛。吾時俯而不答。異哉！此人之敎子也！若由此業，自致卿相，吾亦不願汝曹爲之！』嗟乎！之推不得已而仕於亂世，猶爲此言，尚有小宛詩人之意，彼閹然媚於世者，能無愧哉！」

6.運用例證譬喻者。如：蘇軾「刑賞忠厚之至論」：「詩曰：『君子如祉，亂庶遄已。君子如怒，亂庶遄沮』。夫君子已亂，豈有異術哉！時其喜怒，無失乎仁而已矣。春秋之義，立法貴嚴，而責人貴寬，因其褒貶之義，以制刑賞，亦忠厚之至也。」

四、寫作的原則

寫作論說文應該特別注意以下幾個原則：（註九）

㈠界說要明確：所謂界說，是指確定文字的含義和討論的範圍。一個作文題目，有時包含多種含義與範圍，寫作時要先確立界說，方能把握主旨與立場。若是界說不清，詞語亂用，必定會觀念混淆，使人莫知所云，甚至誤解叢生，流弊無窮。譬如說，有個作文題目叫「論科學救國」，你在執筆之前，就先要確定「科學」的含義。科學的含義可分為廣義的和狹義的兩種。廣義的可包括人文社會科學，狹義的則專指自然科學（尤其是與民生、國防有關的）。假使你不先界定科學的含義，一下子就廣義的科學來立說，一下子又就狹義的科學來申論，觀念就會混淆，令人莫名其妙了。

㈡宗旨要確定：作論說文，必先立定主意，把握一個宗旨。例如「論科學救國」這個題目，應該先要界定科學的含義，又要注意到「救國」這個前提，然後才能探討科學與救國之間的關係。明白了二者之間的關係以後，可以就肯定的觀點來闡明科學足以救國的道理，也可以就否定的立場來反對科學足以救國的說法。但不管採取那一種觀點，那一種立場，都必須前後一致，不可自打嘴巴。要是自己也沒有一個固定的立場，宗旨駁雜，主旨游移，那麼既談不上辨別是非，剖析精當，更談不上要闡明自己的論點，堅定別人的信念了。

㈢論點要圓融：構思推理時，要注意合乎「能立」和「能破」的原則，要能把握事理的實在性與必然性，一方面能積極的建立自己的主張，一方面能駁倒對方的理論，二者兼顧周全，論說才算完備。

㈣條理要分明：凡是闡明事理的文章，一定要有條理。像羅家倫的「運動家的風度」，先把許多不同的意見一一列舉出來，然後再提出自己的意見；像 國父的「恢復中國固有道德」，先說明固有道德是那些，然後逐項說明爲什麼要恢復它，都是依照事理自然的發展，所以寫來有條有理，容易被人接受。要是前言不對後語，辭句蕪雜枝蔓，條理既不清晰，事理自然也就難以闡明了。古人說：「辭忌枝葉。」這眞是作論說文的要訣。

㈤證據要充分：寫作論說文，除了取材必須眞實外，還要證據充分，才能堅定讀者的信念。證據有「直接」和「間接」兩種，直接證據是取用眼前已有的材料，書本、報章、雜誌等都是材料資源。例如：羅家倫在「運動家的風度」一文裏，好幾個地方引用了論語上的話來說明運動家要有風度，又引用了羅斯福和威爾基競選總統的故事來說明運動家要有服輸的精神，所引用的都是直接證據。間接證據則是作者自己推理而得，用來輔助直接證據的不足。例如：梁啓超的「最苦與最樂」一文，以不盡責任爲最苦和以盡責任爲最樂兩個論點來互相反證，就是間接證據。

㈥措辭要得體：論說文目的在使讀者接受我們的解說與論見，務必要措辭得體，下列五點宜特別注意：

1.要簡鍊明白，不可繁瑣：論說文切忌枝節瑣碎，要做到文字簡鍊、詞意明白，才能使讀者一目了然，體悟深入。

2.要心平氣和，而不漫罵：破他時不可譏諷顯斥，使人難堪，立己時如發現錯誤，也不可固執己見。態度總要剴切溫厚、誠懇謙和，才能使人心悅誠服。

3.要講究文采，而不枯澀：論說文也要有華麗的文采，靈活的辭令，來豐富它的生命，多作巧妙的譬喻，警策的論斷，使辭理相當、明澈動人。

4.要語氣肯定，切忌含糊：寫論說文是下判斷，下判斷的語氣，是「是非法」的語氣。評斷是非之時，務必要肯定，不能模稜兩可。

5.要善用辭藻，不可辭勝於理：論說文以理、以意爲骨幹，辭藻是它的肌膚，以朗暢的文辭來輔佐精微的論理，不可辭勝於理，捨本而逐末。

以上所討論的是寫作論說文時所要把握的原則，平時若能多看、多讀、多想、多寫，使理論與實際配合，寫作能力就會進步、熟練，進而能縱橫變化了。

（本文原載於國立臺灣師範大學中等教育雙月刊。民國七十五年一月曾轉載於國立編譯館主編之國民中學國文教師手册第四册「語文常識二、論說文的作法。」）

參、抒情文寫作指導

一、抒情文的意義

所謂抒情文，就是作者將因外物而產生的種種情感，用主觀而眞摯的態度，抒寫出來的文章，簡單地說，凡是發抒情感的文章，便稱爲抒情文。

人是有情感的，無論是誰，都希望把情感抒發出來，使別人分享自己的快樂；或博取別人對自己的同情與關懷，所以只要我們心中所感、所願、所思、所欲的一切，都可表達爲文。至於表達情感的方法，就是將抽象的感情，寄託在具體的事理或物象上，才能將情感具體的表現出來，文章才會深切感人。如果捨棄事理與物象，只是抒情的話，那麼作者的情感便無從把握，而讀者也無法感受、理會。

二、抒情文的種類

抒情文是以發抒感情爲重心，但感情不是從參考書籍上憑空擷取的，而是從作者內心的感觸，情意的盪漾，自然吐露出來的，所以抒情文題材的來源，通常不外乎觸景、感事、懷人和弔古四類，現在分別說明於下：（註一〇）

㈠觸景抒情：這是由於看到自然景象或時間、空間的變化，而引起興趣的文章。例如有個題目是「下雨天眞好」，這「眞好」的情緒，是因雨天而引起的，我們就可藉雨景來抒情，使讀者有眞切的感受，我們看到景物，常會發生各種不同的情緒，而且同是一樣的景物，所給予各人的觀感，也因人而異。例如同樣是秋日的一株黃菊花，多愁善感的李清照就寫出「簾捲西風，人比黃花瘦」的詞句。因爲她爲離情所苦，所以看到了菊花，就想到自己比菊花還要憔悴。蘇東坡看見秋菊，卻說「菊殘猶有傲霜枝」。這是因爲他一生雖然屢遭貶官，但仍然不屈不撓，所以當他看見殘菊，便想到能耐風霜，不畏風寒的傲骨，正和自己不趨炎附勢的高潔孤芳相似。像這種抒情的詩句，都充分表現了作者主觀眞摯的情感，寫出作者與衆不同的個性，所以寫來份外感人。

㈡感事抒情：這是根據自己的所見所聞，或親身經歷喜怒哀樂各種情感而寫成的文章。如孔子過泰山側，有「苛政猛於虎」的感想，白居易的「燕詩示劉叟」則是有感於人子的不孝。如果有個題目是「大拜拜」，我們就可從「拜拜」這件事，來抒寫那種熱鬧與歡樂的氣氛。甚至是你對拜拜的批評和感想，也是抒情的範圍。

㈢懷人抒情：這一類文字，多半抒寫「恩愛」、「生離」、「死別」，或「親情」的感傷，部分的書、札、表、奏和祭文等，都是感人的抒情文。也可以用他人的行爲品德作重心，來抒寫個人對他的感情。如「我的小學同學」，就可描寫小學同學的天眞可愛，在兩小無猜的歡樂上，儘量抒發情感。

㈣弔古抒情：這是屬於作者偶而追思古人，感慨前朝往事的。例如：蘇軾的「赤壁賦」，杜甫的「八陣圖」等便是。弔古的文章，通常是經歷各種人事滄桑的成人，才易興起這種感情，因此不切合國中生的經驗，這類題目不宜多出。

三、寫作的原則

抒情文重在情感的抒發，爲求能眞切感人，雋永有味，寫作時必須把握以下幾個原則：

㈠要觀察細心：情感本身必須經過陶冶錘鍊，才値得表現在文章裏。對事物的觀察愈仔細，情感的表現愈深摯。例如：朱自清描寫他父親的背影時說：「可是他穿過鐵道，要爬上那邊月台，就不容易了。他兩手攀著上面，兩腳向上縮，他肥胖的身子向左微傾，顯出努力的樣子，這時我看見他的背影，我的淚很快地流下來了。」作者細膩的描寫，的確將慈父愛子的感情，委婉地表達出來。就像畫家在繪畫時，要細心地觀察，抓住被畫者每一個細微的表情或動作。

㈡要體驗深刻：除了對事物的觀察要細心之外，對事理的體驗也應該精微深刻，方足以寫出哀切動人的文字。例如：「孤雁」一文，作者（佚名）寫著：「孤雁於是急急地鼓著翅膀，破著喉嚨，只是叫喚。」又如白居易的「燕詩示劉叟」，藉羽翼長成就學翅高飛的燕子，來比喻那長大成人即背親遠去的不孝子女。都是因爲作者的體驗深刻，故描寫能具體，感人也更深。

㈢要態度客觀：不加思索，直率表露的情感，總不如曾經深思醞釀，仔細回味寫出來的文字深沈有力。因爲事過境遷，再細加回味的文字，才能將豐富的感情，融化在具體的意象或事理中，令讀者產生共鳴。例如：袁枚的「祭妹文」寫道：「紙灰飛揚，朔風野大，阿兄歸矣，猶屢屢回頭望汝也。」如果袁枚在悲痛不已時，必然無法冷靜地寫出當時的情感。因爲他抒寫時，經過一番深思醞釀，所以能利用周遭的景象，來表現他悲淒的感情，感人的力量也更深切有力，所以要使抒情文能動人，最重要的是作者要隨著情理的發展，自然地發抒情感，這樣才能扣人心弦。

㈣要情感眞摯：古今抒情文中，像李密的「陳情表」、諸葛亮的「出師表」，都是因爲情感眞摯，而傳誦千古。要以誠摯表現在文章上，必須用具體的事物代替抽象的感覺，要說內心的話而不套用陳腔濫調，以求言之有物。

㈤要表現個性：每個人的天賦、教育、環境、學養、閱歷、時代，皆有不同，因而情感的抒寫，也有所不同，但能顯現作者的個性者，才是上乘的抒情文。例如：岳武穆的「五嶽祠盟記」、林覺民的「與妻訣別書」，都是作者個性的表現和眞情的流露。

㈥要時空對比：也就是運用對比抒情的手法，這又可分爲時間對比和空間對比兩種。例如：袁枚的「祭妹文」有一段說：「前年予病，汝終宵刺探，減一分則喜，增一分則憂。……嗚呼！今而後吾將再病，教從何處呼汝耶？」這是拿過去和現在作時間的對比。另一段「羊山曠渺，南望原隰，西望棲霞，風雨晨昏，羈魂有伴，當不孤寂。」這是用個人和大自然作空間的對比。

㈦要情景交融：也就是寫作文章時用景來作陪襯。例如：李商隱「登樂遊原」的「夕陽無限好，只是近黃昏」。前句是「景」，後句是「情」，是情景交融的作品。

㈧要情理調和：理想的抒情文，最好能避免雜入理智，流爲說教。例如：曾國藩的「與諸弟書」，雖然充滿手足之情，但是議論的成分較抒情爲多，並非眞正的抒情文。

四、常見的作法

梁啓超在「中國韵文所表現之感情」一文裏，把抒情文的作法，說得很精闢，他將發抒感情的方式，分爲以下三種，這也是一般抒情文常見的作法：

㈠奔迸的表情法：這一類的情感，是要忽然奔迸出來，一瀉無餘的。也就是所謂的奔放法，又叫做明寫法。我們知道，情感越眞，便越發神聖，此時，語句和生命是迸合爲一的，這種生命，是要親歷其境的人自己創造，別人斷乎不能替代的。例如：岳飛「滿江紅」：「怒髮衝冠，憑欄處，瀟瀟雨歇。擡望眼，仰天長嘯，壯懷激烈。三十功名塵與土，八千里路雲和月，莫等閒，白了少年頭，空悲切！靖康恥，猶未雪；臣子恨，何時滅？駕長車，踏破賀蘭山闕。壯志飢餐胡虜肉，笑談渴飲匈奴血。待從頭，收拾舊山河，朝天闕。」前段是抒發滿腔悲憤和感慨青春虛度，後段是敍述恢復失地，湔雪國恥的決心。又如李紳「憫農詩」、陸游「示兒詩」之類，讀者可以看出這是作者抒發內心的眞情。

㈡迴盪的表情法：這是一種極濃厚的情感，蟠結在胸中，像春蠶吐絲一般，把它吐出來，這種表情法，看它專從熱烈方面盡量發揮，和前一類正同，所異者前一類是直線式表現，這類是多角式表現，這一類所表現的情感，是有相當時間，經過數種情感交錯糾結起來。文學上所表現的，以此類情感爲最多。這一類的表達法，可分成各種不同的方式，其要如下：

1.曼聲：

(1)螺旋式：這是一層層遞進的說法。

(2)堆疊式：這是用語無倫次的說法，將胸中的感情，彷彿很費力的吐出來，吐了還有。

(3)引曼式：胸中無限深情，索性不寫，只是長言永歎一番。

2.促節——吞咽式——在飲恨的狀態下，情感方發洩到口邊，又咽住了。

例如：李煜「望江南」詞：「多少恨，昨夜夢魂中，還似舊時遊上苑，車如流水馬如龍，花月正春風。」便是使用迴盪的表情法。

㈢含蓄的表情法：含蓄法，又叫做暗寫法，是將情感蘊藏在字裏行間，最多只表露一部分，其餘的讓讀者去揣摩想像的寫法。這類表情法，向來文學批評家皆認爲是文學的正宗。它和前兩種不同；前兩種是熱的，這類是溫的。這種寫法，又可分成下列幾類：

1. 感情正在很強的時候，卻用很有節制的詞句去表現它，令人在極平淡之中，慢慢的領略出極雋永的情趣與韻味。例如：「昔我往矣，楊柳依依；今我來思，雨雪霏霏。」

2. 不直寫自己的情感，乃用環境或別人的情感烘托出來；寫別人的情感，專從極瑣碎的實境中表達出來，全用客觀的態度，從片斷的景物表示全相。例如：杜甫的羌村三首之三云：「羣鷄正亂叫，客至鷄鬭爭，驅鷄上樹木，始聞叩柴荊。父老四五人，問我久遠行。手中各有攜，傾榼濁復清。莫辭酒味薄，黍地無人耕，兵革既未息，兒童盡東征，請爲父老歌，艱難媿深情，歌罷仰天歎，四座淚縱橫。」均是以瑣碎之場面，寫「死去憑誰報，歸來始自憐」的情感。

3. 作者索性把情感完全藏起不露，專寫眼前實景或虛構之景，把情感從那裏浮現出來。有些簡直單舉一物卻不言及感情，而作者之感情，卻自然流露出來。例如：元稹行宮：「寥落故行宮，宮花寂寞紅，白頭宮女在，閒坐說玄宗。」

4. 作者雖然把感情本身照原樣寫出來，卻把所感的對象隱藏過去，另外拿一種事物來做象徵，純象徵派的成立，起自楚辭，篇中許多美人香草，純屬符號而已，此類在詞中寄托之情，時常見到，但在散文中並不多見。

上述四種方法，有時在一篇文章中可以兼用二、三種，不管韻文或散文都適用。此後，無論新立多少有關作法上的名目，總大致脫胎於此。

五、措辭的方法

抒情文的措辭，以情感眞摯爲主，但是如果巧妙的運用表達技巧，將使文章更生動感人，因爲抒情文不能沒有眞實的情感，也不能不注意措辭，有華美的文辭色彩，更能吸引人，激起讀者體會作者情思。換句話說，寫作抒情文也必須講究修辭的方法，所謂修辭，就是調整語文表意的方法，設計語文優美的形式，使其精確而生動地表示出「作者」的意象，以引起讀者共鳴的一種藝術。在修辭法中有些是特別適用於抒情文的。例如：

㈠委婉：就是不直講本意，而用委婉閃爍的言辭，曲折地暗示出本意來。例如：「你在尋什麼呢？」「尋找我頰邊失去的顏色！」它是委婉地運用失去的顏色暗示「老」字。

㈡誇飾：這就是過甚其詞的形容，作者就事物的形狀，或發洩的情感，描繪得超過實情。這種筆法是不宜於論辯文或說明文寫作的，但在抒情文中，如果使用得當，卻可增加文學感人的力量。所以不必管眞實的事物如何，儘可由我主觀的加以誇大舖張。國父在「黃花岡烈士事略序」中，曾形容烈士的犧牲壯烈爲「草木爲之含悲，風雲因而變色。」無情的草木風雲也因而含悲變色，這就是誇大的寫法了。這類例子在詩歌中更是觸目皆是，如李白的「高堂明鏡悲白髮，朝如青絲暮成雪。」也是用了誇飾的作法。（註一一）

㈢呼告：就是用對話的方式呼喊。例如：「女郎，你爲什麼留戀在海邊—回家吧！女郎！」後二句使用的就是呼告的方法。

㈣設問：在作文時，忽然變平敍的語氣爲詢問的口吻。例如：「我認識我自己嗎？我看不見自己，因爲我只向別人眼中搜索讚美。」這一段是對自己有了懷疑，而引起的詢問。

㈤驚歎：就是以各種語氣詞，強調內心強烈的情感。例如：「好哇！走吧！我餓死了。」

㈥類疊：就是以一個字詞或語句，重複地使用著。例如：朱自清的「春」：「盼望著！盼望著！東風來了，春天的腳步近了。」

㈦跳脫：是由於心意的急轉，事象的突出，使一個語句的中間忽然斷了。例如：「我又是想！唉！屋裏爲什麼這樣冷靜啊！」這種方法，在形式上雖然殘缺不全，不過，若運用得當，可以加強語氣。

㈧聲情：就是運用適當的語詞，從聲音中表現出情感。例如：李清照的「尋尋覓覓、冷冷清清、淒淒慘慘戚戚。」這十四個疊字，以齒音占大多數，而齒音的字，有清厲之義，所以這首詞運用得巧妙，全在這些聲母相近的字聯在一起，於是讀起來，令人覺得聲情中所表現的，兼有淒慘怨慕的感情。

總之，抒情文的措辭，應該是「情盡乎辭」，求情辭相稱，如「情溢乎辭」，則期婉約含蓄。至於「辭溢乎情」，總不免是病，應該引以爲戒。

（本文原載於國立臺灣師範大學中等教育雙月刊。民國七十五年一月曾轉載於國立編譯館主編之國民中學國文教師手冊第四冊「語文常識三、抒情文的作法。」）

肆、應用文寫作指導

一、應用文的意義

論說文是闡明事物眞理的，所重在「理」；記敍文是描摹事物情狀的，所重在「象」；抒情文是抒發內心感觸的，所重在「情」；應用文是將以上各種體裁應用到一定的格式裏，所重在「用」。人們日常生活中所需應用的文字，不外是應對、應酬、應付人和事的需要，所以應用文者，就是人們日常生活中，爲應對、應酬、應付人和事所需實用的文字。

民國七十二年教育部公布國文課程標準，將應用文列爲國民中學和高級中學選修科目，並明示其教學目標、選材原則、教學要點及教具運用如下：

㈠國民中學選修科目應用文課程標準

1. 教學目標：

(1)指導學生明瞭普通各種應用文之作法，以適應生活之需要。

(2)指導學生習作各種應用文，以達到格式正確、遣詞得當之要求。

(3)指導學生由學習應用文中，養成書寫端正楷書及標準行書之習慣。

(4)指導學生由學習應用文中，養成謹嚴平和之態度。

2.選材原則：

(1)選材必須顧及生活需要與學習興趣。

(2)所選之教材，應按各種內容、性質、文字深淺，作有系統之編排。

(3)選材注意事項：

①思想純正。

②文字簡練。

③事理易明。

④結構易辨。

⑤篇幅適度。

3.教學要點：

(1)本科教學，不僅在指導學生明瞭普通各種應用文之作法，尤重於實際之應用。

(2)教學時，宜先指導學生預習，並作筆記，對用語、事由、格式等作法，均須明白解釋，並令學生應用練習。

(3)學生優良之習作，除隨時傳閱、揭示或陳列外，學校每學期應酌予舉行比賽，以資觀摩。

4.教具運用：

(1)各種應用文之意義表解。

(2)各種應用文之實例說明表。
(3)各種應用文之格式範例。
(4)有關之視聽教具。
(5)有關應用文教學之參考書籍。
(6)其他。

(二)高級中學選修科目應用文課程標準

1. 教學目標：

(1)指導學生繼續練習各種應用文之格式與作法，以提高其寫作能力。
(2)指導學生由學習中，養成待人處世之正確態度。

2. 選材原則：

(1)選材必須顧及生活需要與學習興趣。
(2)選材應具語文訓練、品德陶冶之價值。
(3)選材應與國民中學應用文教材密切聯繫。
(4)所選教材，應依其內容、性質、文字之難易，作適當之編排。
(5)選材應注意下列各點：
①思想純正。

②文字簡練。

③層次分明。

④格式正確。

⑤篇幅適度。

3.教學要點：

(1)教學時，對各種應用文之格式、用語等作法，均須舉例說明。

(2)本科教學，特重各種應用文之習作。

二、寫作的原則

寫作應用文，要把握下列幾項原則：

㈠要適合時代精神：應用文是日常生活中所需應用的文字，所以其內容必須適合時代的精神。就像從前的官僚語氣、階級觀念、虛僞俗套不再沿用。所以寫作應用文義理要和平，語句要謙恭，態度要誠懇，安排要妥貼。

㈡要符合現行格式：應用文依其種類，有各種的格式，如書信有書信的格式，不能和便條混淆；契約有契約的格式，不能和公文錯雜。尤其，應用文的格式，應該以現在所通行的格式爲依據，凡依法令或習慣，已經廢棄的格式，不能作爲根據。

㈢要認清特定對象：寫應用文第一要認明對象，然後才確定彼此之間的關係，必須要做到「關係分明」。

㈣要把握實際事實：應用文要以實際的事爲內容。如買賣契約，除須載明雙方當事人的姓名外，更須說明標的物的名稱、規格、數量、價格等，而且確實是買賣，不是抵押或典質。

㈤要文字淺顯通俗：應用文是大衆應用的文章，寫出來就必須大衆易讀易懂，所以應用文所用的文字，必須淺顯而通俗。生僻的典故，艱澀的文句，都絕對不能應用，各種專門術語，非必要時，也應儘量避免。至於題解、對聯等，雖然大都是文言文而且講求對仗和聲韻，但是也只要典雅爲已足，而不必強求古奧。

三、應用文的種類

應用文的分類，說法不一，據教育部公布之高級中學選修科目應用文課程標準，教材分配規定如下：⑴第一學期：明信片、書信、條據、啓事、對聯、題辭、會議記錄之寫法。⑵第二學期：電報、規章、契約、慶賀文、祭弔文、公文之作法。另外，國民中學選修科目應用文課程標準，教材配置規定如下：⑴第二學年第一學期：便條、名片、柬帖、啓事、廣告、電報、書信之寫法。⑵第二學期：實用書信、規章之寫法。⑶第三學年第一學期：題辭、對聯、契約之作法。⑷第二學期：公文之作法。

其他，有分爲八類的：㈠書信便箋類，㈡規則章程類，㈢契據證約類，㈣贈文題詞類，㈤訓詞演講類，㈥啓事廣告類，㈦會議文書類，㈧實用楹聯類。又有分爲九類的：㈠公文，㈡契約，㈢規章，㈣會議文書，㈤書信，㈥便條名片，㈦電報，㈧柬帖，㈨啓事廣告。也有分爲十類的：㈠便條名片，為十二類的：㈠書信，㈡公文，㈢電報，㈣規章，㈤契約，㈥柬帖，㈦對聯，㈧題辭，㈨慶弔文，㈩啓事，㈡廣告，㈢便條。其實要再詳細分類，也未嘗不可。但是我們使用應用文只要有一定格式，合乎時代需要，而加以了解、應用就可以了。至於分類的詳略，是仁者見仁，智者見智，沒有甚麼硬性規定。

㈡電報，㈢啓事招貼，㈣柬帖，㈤書信，㈥契約，㈦公文，㈧規章，㈨慶弔文，㈩對聯題辭。更有分

據以上所述，可知應用文已列為高級中學與國民中學選修科目。凡選修應用文者，教師將作深入之指導。但未選修者，國文教師宜作簡要之指導，以備部分學生就業之所需。以下試就應用文中的書信類、公文類、便條類、名片類、單據類等常用的五種，略述其作法，並各舉實例，期能指導未選修應用文的學生，使其略識寫作方法。

㈠書信

1. 書信的結構

在日常生活中，當我們不能和人當面談話時，常利用書信向對方表達自己的意思和情感，因此書信的應用十分普偏。書信的種類有新、舊兩種格式，目前一般書信繕寫，大多採用新式，不過也有兼用兩種格式的。以下分述新式和舊式書信的結構：

(1)舊式書信的結構：舊式書信結構，大體可分三個部分：（註一二）

①第一部分：這一部分，又可包括下列三項：

㈤名字、稱謂：這是書信開頭最重要的一項，稱謂必須根據雙方的關係來決定。在稱謂的上

面，對自己的親屬尊長，不加名字。如「父母親」、「伯父母」、「舅父母」等。對其他長輩或平輩，可加他的字或號（沒有字號可加名）。如「某某吾師」、「某某吾兄」等。對晚輩則加名。如「某兒」、「某某學弟」等。這些稱謂上面，絕對不可連名帶姓地寫在一起。

(乙)提稱語：寫在名字、稱謂下面，是表示請對方讀信的意思，要按雙方的關係來措詞。如對祖父母、父母用「膝下」、「膝前」；對其他長輩用「尊前」、「尊鑒」、「鈞鑒」等；對平輩用「大鑒」、「台鑒」、「惠鑒」、「左右」、「足下」等；對子姪用「知之」、「知悉」等；對其他晚輩用「如晤」、「如握」等。

(丙)開頭的應酬話：種類不一，有表示思念的；有敘述離情的；有頌揚德業的；有祝福起居的。有的切時；有的切事，要看實際的情形而定。

②第二部分：書信的第二部分，敘述要告訴對方的情事，當然各人可憑自己的意思來寫。不過，應該注意的是：把握正確的基本態度，抒情敘事，力求簡要明白；對人對事，應該下筆得體。

③第三部分：這一部分，包括下列五項：

(甲)結尾應酬語：主要是配合第二部分作結束，以表示自己的關懷與希望，不外是候覆、請保重、請指教等意思。若沒有必要，也可以省略。

(乙)結尾敬語：因書信的性質及雙方的關係措詞。一般來說，對長輩可用「敬此」、「謹此」，對平輩可用「耑此」（專此）、「匆此」。

㈣問候語：也依雙方的關係措詞。如對祖父母及父母，可用「敬請　福安」（「福安」兩字換行頂格書寫，表示敬意。以下類推。）、「叩請　金安」。對其他長輩，可用「敬請　鈞安」、「恭請　崇安」等。對師長可用「敬請　道安」、「恭請　教安」等。對平輩可用「敬請　大安」、「順頌　時綏」等。對晚輩可用「順問　近祺」、「即問　近好」等。

㈠署名、記時：在一封信裏，這項是不可少的。末了的署名，固然是告訴對方誰寫的信，同時也有表示負責的意思。寫信的月日，關係著這封信的時間性，應該附記在信末，在署名方面，親疏之間也有分別。對家族及關係親近的人，只寫名不寫姓。此外就都寫全姓名了。在署名的上面，要按雙方的關係加上自己的稱呼。如對祖父母用「孫」、「孫女」；對父母用「兒」、「女」；對師長用「受業」、「學生」之類。署名底下又有一個敬辭。如對尊親用「敬稟」、「叩上」等；對其他長輩用「謹上」、「敬上」等；對平輩用「敬啓」、「謹啓」等。對晚輩用「示」、「手書」等。

㈢附候語：假如自己跟對方的家屬、親友相識，你要附帶請安，可在問候對方之後，另行附上「某伯前祈代請安」、「某兄處請代致候」等。假如自己的家屬、親友跟對方相識，要你代為問候，可在信後附上「家嚴囑筆問候」、「某兄囑筆問好」等。

⑵新式書信結構：新式書信的結構，主要也可分為三部分：

①開頭：新式書信和舊式書信開頭最大的差別在於稱呼，也就是稱謂，一般多採用口頭上的稱呼，例如：稱父母就直接的稱「爸爸」、「媽媽」。

②正文：此爲書信的主體，沒有定式，也無定法，原則上與舊式書信相同。

③結尾：這一部分包括信末問候語、署名、敬辭與時間。在問候語方面，可以依舊式書信的寫法，不過，也可以只寫「祝　安好」，或依實際情況祝福對方「健康」、「快樂」、「一帆風順」等。至於末尾署名，一般多與稱呼互相呼應，與舊式書信大致相同。時間一項當然也不可缺，署名部分，亦與舊式用法相同。

2.書信中的稱呼

稱謂是發信人對受信人的稱呼。在書信中，可分爲稱人和自稱兩種，必須切合雙方的身份與情誼，不可弄錯，否則可能會得罪對方或給人不良的印象，甚而影響寫信的效果。

(1)一般的稱人

①信中提到對方的尊長親友時，加一個「令」字。如：「令尊」、「令友」。已故長輩或平輩，加一個「先」字，如：「令先伯父」、「令先兄」。

②稱人父子、夫婦、兄弟，可用「賢」字。如：稱人父子爲「賢喬梓」，稱人夫婦爲「賢伉儷」，稱人兄弟爲「賢昆仲」。

③稱人的妻室，加一個「尊」字，如：「尊夫人」、「尊嫂」。

④稱人商店、眷舍，加一個「寶」字。如：「寶眷」、「寶號」。

⑤稱人住宅、學校加一個「貴」字。如：「貴府」、「貴校」。

(2)一般的自稱

①提到自己的尊長加一「家」字，如：「家父」、「家母」、「家兄」。說到自己已死的尊長，宜將「家」字改爲「先」字，如：「先父」、「先母」。

②提到自己的卑幼或親戚時，加一個「舍」字。如：「舍弟」、「舍妹」、「舍親」。

③提到自己的兒孫或店號時，加一個「小」字。如：「小兒」、「小女」、「小號」。而稱自己已故的晚輩，宜將「小」改爲「亡」字，如「亡弟」、「亡兒」、「亡孫」。

④說到自己的師友及居處，加一「敝」字，如：「敝友」、「敝校」。

(3)世交的稱謂

稱人	自稱	對他人稱	對他人自稱
太夫子 太師母	門下、晚		
夫子（或老師、吾師） 師母	生（或受業、學生） 生	令業師	敝業師
太世伯（叔）父 太世伯（叔）母	世再姪 世再姪女		
世伯（叔）父 世伯（叔）母	世姪 世姪女		
仁（或世）丈	晚		
學兄（或兄、姊） 學長	世弟（學弟或弟） 世妹（學妹或妹）	貴同學　令友	敝同學　敝友
同學（或學弟、學妹）	小兄 愚姊	令高足	敝門人
世講（或世台、世兄）	愚		

3. 書信的繕寫格式

舊式書信在繕寫格式上有許多規矩，現在大多不再沿用，下面只提出三項來介紹一下：

(1)起首：普通信紙頂頭都有一道橫線，起頭第一行寫對方的字號、稱謂時，第一字須頂著橫線寫，不可高出線外，也不宜離線過低。如果信紙上沒有橫線，便要自己斟酌，上下留出一部分來，不可在全張紙上都寫滿字。

(2)擡頭：這是表示尊敬的方式，凡是提到對方，或自己的尊長時，都要擡頭，現在沿用的有平擡、挪擡兩種。平擡是換行書寫，高低跟其他各行齊；挪擡是在原行空一格書寫。在白話書信中已不講究這些，不過挪擡還是常見的，如：胡適「我的母親」一課，就是挪擡方式。

(3)行款：舊式書信很重視行款。因爲擡頭的緣故，往往一行沒寫到底就擡起來了，這叫做弔腳。一封信裏，不能全篇都弔腳，必須有幾行到底才行。其次，單字不成行，每行必須有兩字以上。凡是自稱或提到自己的卑屬時，不宜剛巧在一行的開頭，要盡可能避免。

最後，附帶說明信封的繕寫格式：

中式信封，多數在中間印有長方形的格子。格子右面，寫上郵遞區號，對受信人的地址、處所，必須寫得詳細確實，以免無法投遞。格子中間，寫受信人的姓名、稱呼、收啓等字樣，從格子上端，寫到下端，字體可稍大些，排列勻稱。應注意：這裏的稱呼，如「某某先生」、「某某女士」等，是送信人（郵差）對受信人的稱謂，不是寫信人對受信人的稱謂，不可誤用。至於收啓的字樣，要按雙方的關係來措詞。普通對祖父母或父母用「安啓」；對其他長輩用「鈞啓」；對平輩用「大啓」「台啓」等；對晚輩用「收」、「啓」等。格子左邊，寫自己的住址、姓名及郵遞區號。姓名下面，通常用「緘」或「寄」字。對尊長，可在「緘」、「寄」上加一「謹」字表示敬意。假如是明信片，格子中間的收啓字樣，就只能用「收」，不能用「啓」；自己署名底下，也只能用「寄」，不能用「緘」。因爲明信片沒有封套，怎麼「啓」？又怎麼「緘」呢？

假如是託人轉送（不投郵）的信件，要在格子右邊寫「煩交」、「敬請轉交」一類的話，表示禮貌。而中間收信人的姓名稱謂，不能用發信人直接的口氣，而是發信人對轉信人的口氣。如託人轉給父母的信要稱「家父」、「家母」。給兄弟的信要稱「某某家兄」、「某某舍弟」，託轉信人轉給他自己的父兄，則稱「令尊」、「令兄」。如果專派人送信，稱呼和郵寄一樣。

4. 書信寫作舉例：

例(1)：舊式書信結構

（稱謂）（提稱語）
○○學兄大鑒：瞻企
清標，時切神往。
（開頭應酬語）

（正　文）

懇頒
鴻裁。佐我不逮。耑此　敬請
（結尾應酬語）　（結尾敬語）
大安
（問候語）　（自稱）　（時間）
學　弟　×月×日
○○　啓
（補述）　（署名）（敬辭）
伯父母大人前祈代請安

例(2)：舊式書信舉例

夫子大人函丈：憶別
絳帳，歲華頻更，雲山遠隔，立雪無從，回首
春風，彌深神往。敬維
道履綏和，
崇祺休暢，為無量頌。生於民國六十五年自母校畢業後，即應彰化縣花壇國民中學之聘，濫竽國文教席，敝校遠離鬧市，景色宜人，黌舍寬敞，學風淳良，實為讀書教學之理想環境。惟當年在校之時，因年事尚輕，不知奮勉，蹉跎歲月，一旦登上講壇，頗有力不從心之憾，然後知古人所謂『書到用時方恨少』、『教然後知困』云云，誠體會有得之言也。雖然，生尚能秉承
訓誨，努力進修，庶幾無辱於
師門，無負於學子。講餘有便，仍乞
教語時頒，俾益庸愚，無任盼禱之至。肅此。敬請
崇　安
師母大人前祈代叱名請　安

受業張同塵拜上　九月十八日

例(3)新式書信結構

（稱呼）

親愛的爸爸、媽媽：

（正　文）

祝

安好

（問候語）

（自稱）兒 ○○ 敬上 ×月×日

（署名）（敬辭）（時間）

例(4)：新式書信學例

芬妹：

　　昨天接到來信，知道一切。你本學期又得到嘉新水泥公司的獎學金，全家人都很高興，希望你能繼續保持這分榮譽，一直到畢業。

　　聽說你們學校附近又增加許多飲食攤，你一向嘴饞，媽和我都在躭心你會吃壞肚子。你一個人在外頭求學，生活起居，都必須靠自己照顧，身體如有不適，那就麻煩了。據我所知，攤子的衞生設備很差，是細菌繁殖的溫牀，你還是少去光顧爲妙。姊曾經有過慘痛的教訓，以致現在患了輕微的肝病，我不要你重蹈我的覆轍。

　　天氣轉涼了，早晚要多添些衣服，以免感冒，而煩勞爸媽掛念。課餘有便，盼常來信。

爸媽和弟妹都很好，勿念。臨筆匆匆，不盡所懷。順祝

近　好

姊湘靈手書　十一月廿九日

　　再者：媽非常盼望你能在元旦假期回家一趟。如無特別事故，務請如期抵家，並順便給　媽買一件上好的旗袍料子，好讓她老人家驚喜一次。又及。

㈡公文

1.公文的意義

公文是處理公務的文書。凡是政府機關或公共法團所有的一切文書，都得稱爲公文。因爲政府機關或公共法團，其所有文書，不論是遞送於外，或周轉於內，無一不是因處理公務而制作，這是廣義的公文。

狹義的公文，是指政府機關、公共團體以及人民爲處理公務，表達彼此間的意思，根據法律（如公文程式條例）的規定，依照一定的程式和名稱，而作成的文書，才稱爲公文。

公文既是處理公務之文書，依此意義，公文必須具備兩個要件：一是必須爲有關公務之文書，二是文書之處理者至少須有一方爲機關。如果純粹屬於私人性質的文書（文書收受的雙方都是私人），即使具有公文的形式，也不能稱爲公文。

2.公文的功用

公文的功用，大體上可分爲兩方面：

(1)就文化價值而言：公文是流傳史料的文書記錄。

(2)就一般行政效用而言：公文是宣達政令，推行公務的重要工具。

3.公文的分類

現行公文分類，依公文程式條例之規定，有令、呈、咨、函、公告、其他公文等。依其行文系統，可分為上行文、平行文、下行文三類。每類公文均包括若干性質不同的文書。

(1)上行文：為下級機關向所屬上級機關及其他高級機關所為意思表示之文書。

①呈：呈有呈送奉上之意，凡向上司用文書有所陳述謂之呈。依現行公文程式條例規定，僅限於對　總統有所呈請或報告時用之，其使用範圍較從前縮小甚多。

②函：函原稱公函，現行條例省去「公」字。下級機關對上級機關有所請求或報告時使用，函在公文中使用範圍最廣。舊時上行文之呈，平行文之咨，下行文之令，多歸入其領域。

(2)平行文：為同級機關相互對待所為意思表示之文書，以及人民與機關間之申請與答覆時所用的文書。

①咨：咨有咨詢商洽的意思。咨文舊為同級機關往來時所用的文書，現行公文程式條例規定惟總統與立法院、監察院公文往復時用咨，其餘同級機關皆用函。

②函：同級機關或不相隸屬機關間行文時，以及民衆與機關間之申請與答覆時使用。

(3)下行文：為上級機關對所屬下級機關所為意思表示之文書。

①令：令之本義為發號施令，故含有強制性。受令機關奉令後即應遵行，不得延宕。依現行條例所規定，用途有四種：(1)公布法律及行政規章。(2)發表人事任免、調遷、獎懲、考績。(3)總統發布命令。(4)軍事機關、部隊發布命令。

②函：上級機關對所屬下級機關有所指示、交辦、批復時使用。

(4)公告：原稱布告，爲對公衆宣布事實或有所勸誡時所用的文書。其用途有四：一爲曉示，用於官吏就職及行政上有所興革，向民衆公告。二爲宣告，用於公布國家或地方所發生重要事件詳情等。三爲示禁，即對於妨害國家或社會的事物，出示禁止。四爲徵求，凡應行政需要，徵求人力、物力，或徵求人民意見等使用。

(5)其他公文

①書函：書函舊稱箋函、便函。凡機關或單位間，於公務未決階段，需要磋商、陳述、徵詢意見、協調、通報，或下級機關首長對上級機關首長有所請示、報告時使用。以信紙書寫，僅加條戳即可，手續比公函更簡便。

②表格化公文：可用表格處理公務的公文。包括(1)簡便行文表。(2)開會通知單。(3)公務電話紀錄。(4)移文單、退文單等是。

③簽：舊稱簽呈，爲幕僚對長官或下級機關首長對上級機關首長處理公務時表達意見，以供了解案情，並作抉擇的依據。是人對人，而不是機關對機關。

④通告：又稱通報，凡機關內某一單位須將某一事項通告本機關全體同仁週知時使用。

⑤通知：機關內部各單位間有所洽辦或通知時使用。對外行文如內容簡單時亦可用通知，多係對人。

⑥證明書：簡稱證書。爲機關學校社團對某一個人有所證明時使用，如在職證明書、畢業證書

等。

⑦手諭：爲長官對屬員書面訓示或傳知時所用者，無一定格式。

⑧報告：爲應用甚廣的特殊公文，性質與「簽」同，惟「簽」僅限於公務上使用，而「報告」則多用於私務。凡機關、學校、人民團體，僚屬陳述私人偶發事故，請求上級了解，或請代爲解決困難，宜用「報告」的形式。學校學生對校方有所申請或陳述時，亦宜用「報告」。

（上述「簽」「報告」爲上行文，「通告」「通知」爲平行文，「手諭」爲下行文，其餘則一體適用。）

4.公文的結構

所謂公文的結構，就是把公文施行的原因、依據、目的，本正確的立場，合法的程式，用簡明適當的文字來表達，使其構成一篇完整的公文。關於公文的結構可分爲九部分。除公布令、任免令、公告外，其餘各類大都如此，茲說明如下：

(1)機關名稱及文別：此爲表示發文主體，使人一望而知爲某一機關之來文，及來文的類別。機關名稱應寫全銜。

(2)年月日及字編號：任何公文，在發文時皆應記明年月日及編列發文字號，此於現行「公文程式條例」中有明文規定。記時的作用，是作爲法律上時效的根據。編號的作用，在便於檢查。對於收文、發文雙方都有必要。

(3)受文者：此爲行文的對象，應寫在發文者之後。亦應書寫全銜。

(4)副本收受者：此欄列於受文者之後，係於公文涉及其他有關機關或人民時，使用與正本完全相同的副本，副本收受者應於公文中標明。

(5)本文：即公文的主體，其結構視需要分爲「主旨」、「說明」、「辦法」三段，或僅採用一段、兩段均可。除「主旨」外，「說明」及「辦法」之段名亦可變通爲「經過」、「原因」或「建議」、「擬辦」等名稱。在本文內，應將行文的原因、內容、目的作簡淺明確的敘述，以下簡單說明其要點：

①主旨：爲全文精要，用以說明行文的目的與期望。此段文字敘述，應力求具體扼要。簡單公文，盡量用此一段完成。能用一段的，勿硬性分割爲二段、三段。

②說明：當案情必須就事實、來源或理由，作較詳細的敘述，不宜於「主旨」內容納時，用本段條列說明。

③辦法：向受文者提出的具體要求無法在「主旨」內簡述時，用本段列舉。本段標題，可因公文內容改用「建議」、「請求」、「擬辦」等更適當的名稱。

(6)附件：公文如有附件，則應在本文中或附件欄註明，以促使受文者注意。附件在二種以上時，應冠以數字，並在本文之後詳載其件數，以便稽考。又附件亦應蓋印。

(7)署名：本文敘述完畢，無論上行文、平行文、下行文均應由發文機關首長簽署，如「部長○○

〇」、「局長〇〇〇」，以示負責。若機關首長出缺由代理人代理首長職務時，本應由首長署名的公文由代理人署名，但須在職銜上加一「代」字。機關首長如因請假、公出、受訓等事故而不能視事，由代理人代行首長職務時，其機關公文除署首長姓名並註明不能視事原因外，應由代行人附署職銜、姓名於後，並加註「代行」二字。

(8)印信：機關公文蓋用印信及首長簽署，目的在防止僞造、變造，以資信守。但是如果每一公文均如此辦理，則不易判明行政責任，亦無法達到分層負責的目的。若一律不用印信或簽署，則又因公文性質內容不同而未盡妥適，故現行公文程式條例改採折衷辦法，規定機關公文可視其性質，靈活使用。

(9)副署：副署爲依法應副署的人，在公文首長署名之後，加以副署，以示與首長共同負責。按照憲法規定，凡　總統所發布的命令，均須由行政院院長副署。又如某一公文的內容性質涉及於行政院所屬有關部會時，除　總統主署外，應有行政院院長及有關部會首長的副署，否則此一公文即失去其效力。又不需副署的公文，亦不得任意加以副署。

以上九種，爲一般公文中所常見，惟「副本收受者」、「附件」、「副署」三種並非每一公文所應具備，當視實際需要，權宜使用，不可拘泥。

5.公文寫作要點

公文是一種必須講求效力與效率，並且必須具備特定要件的文書。寫作公文，要把握下列幾項要點：

(1)要用法定的程式：政府既有特定的程序和格式公布施行，在同一個政府之下的任何機關或法團及人民，都應該遵照實行，不容稍有歧異。

(2)要用通行的體例：公文富有紀律性，各種公文都有一定的體例。任何人撰寫公文，都必須合乎體例，而不能別出心裁或標新立異。

(3)要用恰當的詞句：恰當的詞句，才能發揮公文的效能。因爲公文一經發出，不容易追回更改，所以對詞句的運用，要特別注意。

(4)態度宜嚴正和平：寫作公文，旨在辦事，所以不可苟且敷衍，應本嚴正的態度，和平的心氣，就算有爭執，也當對事而不對人。

(5)語氣宜不失身分立場：寫作公文，如同寫作書信，必須認清彼此關係，語氣才不致有誤，上行公文，語氣宜謙遜恭謹，報告應眞實可信，建議應具體能行，有所請示，應將可供判斷及採行的辦法儘量提出，不可毫不負責，一任上級憑空裁決，以便將來委卸責任。平行公文，語氣須不亢不卑，時時顧及對方環境與立場。下行公文，以長官的身分，有所指示命令，當然應有果斷的決定，但文字上絕不可流露驕傲的語氣，即使下級辦理事務有失當之處，也應當平心靜氣，予以指正。

(6)文字應簡淺明確：公文爲辦理公共事務的工具，所以文字應以能達意爲目的。「簡」即文句少而意義足，使撰擬、寫印、閱讀均能省時。「淺」就是不用奇字、奧義、僻典。「明」就是不用隱語、誇張、諷刺。「確」就是精確眞實，含義明晰。

6.公文寫作舉例

例(1)：函

一、發文機關和文別

二、年月日及編字號

三、受文者

四、副本收受者

五、全文

（含附件）

六、署名

○○○

中華民國○年○月○日
○字第　○　號

受文者：

副本收受者：

主旨：

說明：

辦法：

一、

二、

○○○長○○○

例(2)：一段式函的作法舉例（下行文）

台灣省政府函

○年○月○日
○字第 ○ 號

受文者：省屬各級機關

主旨：訂頒「台灣省各級實施職位分類機關六十二年度職位普查計畫」一種如附件，請依規定辦理，並轉行所屬照辦。

主席 ○○○

例(3)：二段式函的作法舉例（平行文）

行政院函

○年○月○日
○字第○號

受文者：立法院
副本收受者：財政部
主旨：函送銀行法修正草案，請查照審議。
說明：
一、財政部○年○月○日字第○號函以現行銀行法係於民國二十二年三月公布，施行至今，已四十年，其間由於社會經濟環境的重大變遷，原法規定事項，對國家經濟計畫的實施與工商各業的發展，均已不足因應實際需要。爰經成立修改銀行法專案小組，完成銀行法修正草案，請核轉立法院審議。

二、經提出○年○月○日本院第○次會議決議：「修正通過，送請立法院審議」。
三、附銀行法修正草案一份。

院　長　○　○　○

例(4)：三段式函的作法舉例（上行文）

行政院人事行政局函

○年○月○日
○字第○號

受文者：行政院

主　旨：擬訂『行政院暨所屬各部會處局署員工自強及康樂活動實施要點』，報請　核定後通函各機關實施。

說　明：

一、中央機關員工自強及康樂活動，自實施以來，一般反映甚佳，對增進員工身心健康，加強單位間聯繫，及培養團隊精神，均具成效。
二、本局六十七年度預算業已列有此項經費，擬仍照往例繼續辦理。
三、為期今後辦理有所準據起見，特訂定本要點。

辦　法：

一、參加對象：包括本院所屬一級機關員工，並邀請國民大會、總統府及其他四院各一級機關員工參加。

二、活動項目：分各種球類比賽、橋藝比賽、棋藝比賽、書畫攝影展覽、登山健行活動、員工運動會等。

三、活動時間：每會計年度開始時，由本局按照預定計畫，分項分月進行。

四、經　費：在本局所列康樂活動經費項下支應。

五、附擬訂實施要點一份。

局長陳〇〇

㈢便條

1.便條寫作要點（註一三）

所謂「便」，就是簡便的意思，便條也屬簡短的書信，它是利用一張紙條，以簡明的文字，來表達自己的意念。前人稱便條爲短箋、短書、小牋、小簡、小柬、小札、小字條。凡借書、還物、訪晤、招邀、赴約、辭宴、辭行、餽贈、送禮、稱謝等細事，爲免書牘的繁複，就以便條表達其意，是因爲它簡單、便捷的關係。

便條寫作必須把握的要點如下：

(1)遣詞用字須簡明扼要，所有應酬語、客套語均須省略。

(2)內容祇寫普通事件，不可談機密問題，因它不用信封。

(3)便條只能用於知友，對新交或尊長，非不得已，最好不用。

(4)格式、字體、筆墨均可不拘，但字跡不宜潦草。

(5)「稱謂」、「結尾敬辭」、「署名敬禮」、「時間」四項，與書信同。

(6)必要時，可加蓋私章，以示負責。

2.便條寫作舉例

(1)拜訪

> 湘靈姊：今晨來訪，適逢　外出，未晤爲悵，明日下午三時當再詣府，請　賜稍待，因有事須面商也。
>
> 妹 憶杭拜留 三月十五日

(2)借款

> 邦麗姊：刻因急用，敬懇　惠借新臺幣陸仟元，約於五日內歸趙不誤，倘荷　允諾，請即交小兒攜回爲盼。順祝
>
> 刻　安
>
> 妹 俞台蓮上 六月九日

(3)借物

刻需文史哲出版社印行之中外學術名著叢刊一套，
請 惠借一用，一旬後璧還，決不致有所汚損也。
此上
龍光兄
弟 鳳梧啓 即日

(4)還款

前蒙 借款濟急，隆誼至感，現如數奉還，即希點
收爲荷。此致
麗燕姊台照
妹 望鄉謹上 十六日

(5)還物

前承
惠借錄音機，至深感謝，現已用畢，特令小女送
還，即希 檢收爲荷。此上
文淵吾兄
弟邦夫敬啓 即日

(6)饋贈

玉蓮姊：小女珍華新自美國寄到減肥聖藥數盒，
茲奉上一盒，敬希 莞存，早晚各服一粒，短期
內或有奇效也。
妹海汶謹上 五月六日

(7)謝饋贈

承 贈佳釀，正弟所需，隆情盛意，卻之不恭，
謹拜領，並申謝悃。此覆
桐岡兄
弟南園拜覆 七月八日

(8)邀宴

茂泉先生夫人：勝新太郎先生伉儷已於昨晚自橫濱來臺，茲定於本月十六日（星期六）下午七時在寒舍略備薄酌，恭候　台光，勿卻是幸。

高俊雄謹約　八月十日

(9)覆赴宴

辱承
寵召，曷勝欣幸，謹當如　約前往，奉陪末座，先此致謝。敬覆

廣德兄

弟澤民拜覆　二月十三日

(10)辭宴

辱承
寵邀，毋任欣幸，本當敬陪末座，以答　雅意。惟以昨晚忽染微恙，刻仍感不適，不克趨陪，方　命之處，敬祈　鑒諒。此上

邦衡兄

弟伯庸頓首　四月五日

(四)名片

1.名片寫作要點（註一四）

名片，是印有姓名、籍貫、住址或職銜的卡片。通常用來通報姓名、自我介紹等，必要時，也可以在上面書寫詞句，藉以代替便條。因爲它的面積不大，能夠容納的字數很少，所以用語必須比便條更爲簡潔。名片有正反兩面，印有姓名的，是正面；空白的，是反面。如果要說的話多，正面寫不下，可以寫在反面。在反面寫完時，習慣上用「名正肅」三字，不再簽名。名，是名字；正，指正面；肅，是「敬拜」的意思。「名正肅」，是說自己的名字在正面，向對方致敬。

2.名片寫作舉例

(1)辭行

正面（式一）

> 弟 今晚離此，行色匆匆，不克走辭
> 謹此 奉達。
> 弟 ○○○ 鞠躬 即日
> 即請
> 刻安
> ○○兄
> 浙江

正面（式二）

> 妹 今晚乘車南下，行色匆匆，不克走辭，
> 深以爲歉，謹此奉 聞，幸祈
> 鑒諒。
> 即日
> 妹 薛家鳳敬上
> 留陳
> 王穎小姐

(2)介紹教職

（正　面）

敬呈
××中學
○校長○○
弟○○○謹上×月×日
地址：×××
電話：×××

（背　面）

友人張國志兄之　公子○○君畢業於
國立臺灣大學，擬任教席，茲介紹晉謁
，請賜延見，量材聘用，爲感。
○○兄
名正肅

(3)訪晤未遇

（正　面）

留呈
○○○先生
弟○○○拜
安徽宿縣

（背　面）

頃間趨訪，適値
駕出，未晤爲悵。下午三時容當再謁，
懇請
稍候爲感！
名正肅
○日○時

(4) 致送賀禮

（正　面）

臺北市銀行古亭分行經理

妹張敏敬賀

四月九日

專送

高正明女士

臺北市羅斯福路三段四十三號

電話：三二一〇三八一—六號

（背　面）

欣逢

令堂大人六十榮慶，因事不克趨賀，歉甚。

茲奉上水蜜桃一盒，藉頌

福壽康寧，敬希

哂納是幸。此上

正明姐

名正肅

(5) 領謝賀禮

（正　面）（式一）

承賜水蜜桃一盒。敬謹領

謝

四月九日

妹高正明再拜

回塵

張敏女士

（正　面）（式二）

領水蜜桃一盒

高粱酒一瓶

謝

四月九日

妹高正明再拜

回陳

張敏女士

(五)單據（註一五）

1. 借據說明及舉例

借據是信守文書之一，有對內、對外兩種。對內的借據，可寫本機關的名稱，也可不寫；對外的借據，必定要將對方機關的名稱，或對方的姓名擡頭書寫。對內的借據，可蓋請借人的私章，或請借單位的戳記；如果是某單位請借，最好附蓋該單位經借人的私章，以便查考。對外的借據，必定要寫明請借機關的名稱，機關首長的姓名，並且在寫年月日的地方加蓋印信，表明是爲公借用。現在舉例如下：

例(1)：（對內）

借　支

○月分薪津新臺幣○○元整。

此　據

○○○（蓋章）具　○年○月○日

例(2)：（對內）

預　支

出差旅費新臺幣○○元整。

此　據

○○○（蓋章）具　○年○月○日

例(3)：（對內）

茲借到 雙扉辦公桌○張、藤椅○把、木質圓凳○張。 此據 ○○○（蓋章）具　○年○月○日

例(4)：（對外）

茲借到 省立○○高中童軍帳篷○頂。 ○○國民中學校長○○○（蓋章） 經借人○○○（蓋章） 中華民國　年　月　日

例(5)：（對外）

茲借到

○○○先生圓飯桌○張、靠背椅○把。

此據

○○縣商會理事長○○○（蓋章）

經借人○○○（蓋章）

中華民國　　年　　月　　日

2.領據與收據的說明及舉例

領據與收據同屬於信守文書。它們的格式很相像；通常對上多用領據，對平行或下行則多用收據。領據、收據，無論對內對外，都應把對方的機關或姓名寫出來。如果是向上級請領或對外經收款項，應由機關首長、主辦主計、主辦出納及經手人連署蓋章，並在書寫年月日的地方加蓋印信。如果是向下級收款（如學校向學生收費），雖不必蓋本機關的印信，但是仍應由機關首長、主辦主計和出納及經手人連署蓋章；至少也得由機關首長和經手人蓋章，以表示負責。分別學例如下：

(1)領據

例①：（向上級機關領款）

茲領到 ○○市政府撥發○○年度設備費新臺幣○○元整。 此　據 ○○國民中學校長○○○（蓋章） 主辦主計○○○（蓋章） 主辦出納○○○（蓋章） 經領人○○○（蓋章） 中　華　民　國　　年　　月　　日

例②：（向上級機關領物）

茲領到 臺灣省政府教育廳發下脫脂奶粉○大桶。 此　據 ○○縣○○國民中學校長○○○（蓋章） 經領人○○○（蓋章） 中　華　民　國　　年　　月　　日

(2)收據

例①：

茲收到 ○○國民中學○○學年度聘約壹紙。 此據 ○○○（蓋章）具　○年○月○日

例②：

收據
茲收到 ○○股份有限公司贈送本校第○屆運動大會獎品錦旗○面、毛巾○打。 此據 ○○縣私立○○中學校長○○○（蓋章） 經收人○○○（蓋章） 中華民國　年　月　日

……校運收字第　　號……

存根
收到 ○○股份有限公司贈送本校第○屆運動大會獎品錦旗○面、毛巾○打。 中華民國　　年　　月　　日

【附註】

註一　參見國中國文課本第四冊。
註二　同上。
註三　同上。
註四　同上。
註五　參見國中國文課本第三冊。
註六　參見李曰剛先生作文的技巧。
註七　同上。
註八　同上。
註九　同註一。
註一〇　同註六。
註一一　參見譚竟成作文方法之研究。

註一二　參見國中國文課本第二冊。

註一三　參見張仁青編著應用文。

註一四　參見國中國文課本第六冊。

註一五　同上。

第五節　作文批改

壹、批改的意義

作文批改是國文教師的一件重任。學生習作的詞句作法以及思想材料有不妥之處，要爲之修改，但又不可任憑自己恣意的批改，要使學生見了覺得批改並不甚多，卻一處處都有化腐朽爲神奇的功力，這實在是件繁苦的事，從效用上看，學生對一篇經過教師認眞批改的作文，如能透徹理解而加以體味熟讀，於寫作學習方面的獲益，也許比熟讀一篇文章更大。

現在，我們來認識一下批改的意義。所謂「批」，指的就是「批示」，批示又包含了「批評」與「指示」兩方面。「批評」什麼呢？就是褒貶學生文章的優劣得失；「指示」呢？就是指明學生文章的得失所在。至於「改」，指的就是「修改」，修改也可分爲「修」與「改」二方面：修，就是修飾文辭拙劣不善者；改呢？就是改正其錯誤不當之處。

梁啓超教學生作文，曾經講過一個故事：八仙之一的呂純陽，有一天碰到一位氣質不凡的青年，很想超度他成仙，但不知他是否貪財？心想試試他，就用手點化了一塊小石頭成金子，問那青年要不要？青年說：「不要」，呂純陽又將一塊大一些的石頭點成了金子，問他要不要？他仍表示「不要」

。呂純陽大喜，不料那青年卻說：「那些金子都是有限的，我希望要你的手指頭。」

由以上的故事，我們可以領悟出作文的道理。學生初學作文時，必須經過教師的批改與指導，才能化石頭成金子；不過那個「點石成金」的手指頭，終究是老師的。我們最終的目的，是要學生自己練出這一套本領，而在獲得這一套本領之前，就靠教師批改學生作文時所下的功夫了。下面就介紹教師「批改」作文時應有的幾點認識：

貳、批改的功用

批改的功用有消極作用的修改，即只求文章的清順。另外有積極作用的修改，即為達到精益求精起見，要求教師批改達於善美的境界，作為學生範例。一篇習作之中，文義詞章的優劣瑕瑜，必定參差互見，因此，消極、積極作用的修改，總會兼而有之。不過，我們應該知道，文章必須先求清順而後求其善美，凡是根本尚未清順的，只要修改到清順就夠了，不必過於求善求美；否則，超過學生領悟體會的能力，反而接受不了，無益於事的。

參、批改的內涵

關於批改的工作，有五點需要注意，（註一）茲分述如下：

一、書法錯誤：書法錯誤有二種情形，一種是因兩個字彼此有相似關係，於是將這個字誤寫成另外一個字，這種情形叫做「別字」。例如將「丐」誤寫成「丏」，或將「叚」誤寫成「段」等都是這種情形。另一種情形是寫出了一個本無其字的字來，這叫做「錯」字。例如將「歸」寫成「帰」、「偷」寫成「偸」等便是錯字。

二、詞語失當：就是文章的用詞，語法不當，而導致文章不通順。詞語失當又可以分三類：

㈠詞語意義與作用的錯誤：例如有些詞語字面似是相同而含義卻不一樣的，如觀念與概念、造就與成就、技術與技倆等。另外詞語的使用錯誤，多屬於虛詞方面。例如：「呢」和「嗎」，同是句末語氣詞，但作用各不相同，容易混淆。

㈡字面意義或作用似屬相同，而語言習慣上卻不能互相通用：中國字有許許多多同義字，在訓詁學上它們都可以互訓，如不細作分析，單由表面上來解釋，它們在意義上都極爲相近，甚至完全相同。但是使用在文章當中，或由於語言的傳統習慣，或由於表現出來的意象，常常發生絕對不可以通用的情形。例如「視」和「看」，都有用眼睛看東西的意思，但對眼睛有疾的人，我們稱爲近視眼，就沒有說成近看眼的。

㈢意義本同，因地位身分性質不同而異：這種現象如果不用錯，可以使文章清楚而恰如其分，就拿「死」一字來說，就有許多不同的用法，如天子死叫「崩」，諸侯死叫「薨」，大夫死叫「卒」，士死叫「不祿」，庶人死才叫「死」等。這就是因爲身分不同，而用法有異的例子。

三、章句經營無方：關於章句經營無方，可分爲六類：

㈠文法不通：文法有如句子的五官，當一個人的五官不整齊，無論怎麼看，都會感覺彆扭，不順眼；同樣的，文法不通的句子，讀起來亦會感到拗口，難以理解。例如：「無論求學做事，一定非要有決心、恆心。」又如：「這幾篇文章是我最喜歡。」這兩句話都是文法不通，唸起來不順。另外閩南語常會犯「有」的毛病。例如：「電視上也有說」，應改爲「電視上也說了。」又如：「他說話很大聲」，聽來似乎沒錯，實際上卻犯了文法不通的毛病，應改爲「他說話的聲音很大」。

㈡體現不切：體現不切可說是思想或運材上的毛病，或是不能把握題旨，本來要說東卻說到西去了。寫文章的第一要務，便是決定中心思想，中心思想決定了以後，文思才不會像脫韁的野馬，無法控制，才不致於下筆千言，而離題萬里。例如以「初夏」爲題，卻大作起「夏」的文章；或以「秋」爲題，而大寫穀類對人類的貢獻。這都是體現不切，未能把握中心思想所致。

㈢語氣不合：語氣不合即所說的話和所要描述的人或事不相稱。例如：兒子寫信給父母說：「天氣漸漸的冷了，毛衣趕快寄來，切勿遲誤，勞神之處，容後面謝可也。」這那裏是子女跟父母說話的語氣呢？

㈣體式不純：體式不純亦即語句的型態錯亂，或是文言、白話出現於同一篇文章，或記敘與論說夾纏等等的毛病。尤其中學生剛學過文言文，在寫作時，常喜歡賣弄文墨，故意用上幾句文言，以求典雅，其實反而弄巧成拙，讓人讀來啼笑皆非。例如：「一切治國的道理，均於是乎在」，這就是文白夾雜的句子。現在的學生甚至喜歡在白話文中用「之、乎、也、者」等字，均屬於體式不純的毛病。

(五)組織不良：組織即文章剪裁，安排的工夫。文章如果繁簡失宜，剪裁失當，它的意義便不完整，讀起來也就不對了。例如：「十月十日是中華民國誕生」，這句解釋性的判斷句中，「十月十日」是主語，「是」是繫詞，「中華民國誕生」是謂語，從文法上看，判斷句的謂語須和主語同位，因此「中華民國誕生」之下必須加「的日子」句子才完整。

(六)浮詞累贅：無論說話、作文、寫任何東西，都應該簡明雅潔。如果盡說些不相干或重覆的話，便會語句不明，令人生厭。學生寫作時常會犯這種毛病。例如：「他是一個勤苦、誠實、坦白、熱情、純潔、赤誠、節儉的好學生。」這句話形容一個人的好處，用了七個形容詞，實在太囉嗦了，徒然惹人厭煩。如果改爲「他是一個勤儉、誠懇、富有熱情的好學生」就不那麼累贅了。又如：「他們在路上一邊走著路，一邊吃著東西，一邊談著話。」這句話的句尾都有多餘的部份，顯得很累贅，如改爲「他們一邊走，一邊吃，一邊談」就好多了。

四、陶煉工夫拙劣：這是指整段、整篇文章而言的，關於這方面的毛病可分爲四種：(一)強事堆砌，繁蕪而枝蔓錯亂。(二)意具材乏，疏簡而生硬枯澀。(三)形式呆板，毫無生氣。(四)鋪敍直率，趣味索然。

五、格調氣味腐惡：中學生對於這方面常犯的毛病有二種：第一種是格調的腐敗：也就是濫調套語，造成新體八股。第二種是氣味的惡劣：如文章中有刻薄、輕佻、鄙俗、狂妄、纖巧、猥褻等種種毛病時，便會造成氣味惡劣。

肆、批改的評語

一、評語在作文教學上的價值

㈠評量寫作成果：一種比賽結束後，除了宣布成績外，並且要指出優點、缺點，以使比賽者加以改進，並確定努力的方向。作文的評語亦當如此，目的在使學生了解其努力的成果與得失。

㈡激發作文興趣：作文評語，對學生寫作動機，具有激勵的作用。學生都有好奇心、好勝心，教師如能用心批改他的作文，給他建設性的意見，指出他的優點，讓大家共同欣賞，必可激發學生的信心，培養他更大的創作慾望。

㈢增進教學效果：講解、寫作、批改是三位一體的。事後的批示、訂正，是事前指導的延續和複習。有些評語「以教代評」，結合了課堂上的寫作原理，更有助於教學效果的提高。

㈣提供欣賞觀摩：評語雖短，但每一則都是一個獨立的主體，有主旨、有思想、有情趣，透過這些語句，學生不但可以欣賞到文辭義理的優美，而且由於教師書法的工整、行文的謹慎，學生也獲得了「欣賞觀摩」的效果。

二、評語的作用

㈠消極作用：此指對文辭章句本身的拙劣錯誤，或見解態度不當，功力不足，分別加以指示批評而言。如「不要用土語、俚諺及鄙俗的字」即是。

㈡積極作用：此指對文章優美或學生進步的表現，加以激勵贊賞，對其不妥善、不正當的部分，指示如何改善而言。

評語的作用雖可分爲積極和消極兩種，但一句評語中，往往兼含此兩種作用。

三、評語的種類

評語可分爲總批和眉批兩種。

㈠總批：是在作文批改完畢後，綜覽全篇形式內容或寫作態度，作一概括指示或說明。通常在作文後面，所以又叫大批或尾批。

㈡眉批：這是敎師批閱作文時，隨改隨批，寫在作文紙頂端的一種批示，又叫頂批或細批。如文中意思欠妥，又不便刪除時，可用眉批使學生領悟。用詞欠當、文法不通、詞語有毛病……等，都可在眉頭加以批示，使其明白。此類評語，前人評閱作文極爲重視。

四、評語寫作的原則

㈠內容方面：

1. 具體性：評語的目的，主要在指示學生改進寫作技巧。因此，前人所用的「氣勢」「神韻」「韻味」等辭，因爲不夠具體，應極力避免。

2. 眞實性：有些老師評語寫上「墨花四濺，筆彩橫飛，令讀者目眩神迷，有山陰道上應接不暇之勢」之類的贊辭，徒然使學生自以爲文章已躋身大家之林，而目空一切。所以評語應以眞實合度爲主，獎抑不可逾分。

3.親切性：評語的取材，應適合學生生活經驗，用語應富色彩，使學生能接受。

4.激勵性：使用評語，要注意其激勵作用。對於壞的，也不能全說壞，以免沮喪其學習精神，打擊其興趣。因此應儘量使用建設性的評語。

5.淺顯性：評語要「深入淺出」，做到「人人能懂，人人愛看」的地步。如此，必可增加其效力。

(二)措辭方面：

1.文字要明白，詞語要簡短，語法要順口，詞彙要適度，字體要正確。

2.短句比長句好，有力比無力好，變化比雷同好，正楷比草書好。

3.興味要濃厚，多使用新穎獨創，有啓發性和諮商性的語句，以取代直敍式肯定句，多寫出內心感覺，以觸發學生心靈共鳴。

4.不要使用土語、俚語或粗鄙不通的話，不套用陳腔濫詞。文藝氣息太濃，或歐化語法，同樣也不適合。

伍、批改的方式

作文的批改方式，常用的有三種：

一、教師批改：就是教師在作文簿上直接批改，這是目前中學作文批改最常用的方法。教師批改又可以分爲三種情形：㈠精批精改。㈡精批略改。㈢因人批改。

二、學生自改：當學生作品思路不清、不知所云，或是文章過於惡劣，教師無從下筆批改時，便發還讓學生自行改正，或命令他重作，或者只是做符號的訂正，而由學生自己修改，等學生修改後，教師再收回來略爲批改。

三、共同批改：在學生作品之中選一篇具有代表性的佳作，抄在黑板，而由學生共同修改、批評。教師則從旁作綜合的修改和批示。

陸、批改的符號

作文批改有幾種符號，教師可以斟酌使用，視實際需要而增減，下面節錄章師銳初先生中學國文教學法中所載的幾種符號，以供參考。

 勾線——詞語宜互易位置的。

××× 交叉線——文字錯寫、別寫及詞語、典實誤用的。

、、、、、、 密點——思想見解純正精當，或情事敍說眞切生動，以及前後聯絡照應靈妙的。

888 雙圈——造句修辭優美的。

333 半圓圈——文句通順，而意思膚闊空泛，不甚切合題旨的。

｜　粗直線——思想或態度不正當（荒唐、乖張、刻薄、佻㒓、猥褻之類）及措辭不倫不類的。

△△△　三角——論理背謬或內容不眞不實的（不合事理事實）。

∠∠∠　斜角——見解幼稚庸俗，或錯誤不正確的。

～　曲線——誤解題義，或離溢題目範圍不能把握的。

⋮　粗點——句法太拙劣，或陶煉不妥善的。

≈　雙曲線——詞語措辭不當（欠缺、多餘或部分失次等）及文法或文句體例不合的。

？　長問號——詞語意義不明、不達、不完足、不順適的。

！　長歎號——理路不清、或文義前後衝突、及無關聯，失照應、凌亂或脫節的。

＃＃＃　斜井號——浮詞累贅及抄襲濫調套語的。

‖　雙直線——語句或文義重複的。

＼　斜線——文句中有詞語脫漏的。

柒、批改的原則

關於批改的原則，有十二點需要注意：（註二）

一、批改時要客觀。

二、要保存學生的原意，切忌全改。

三、批示須重於修改。
四、批改時字跡切忌潦草。
五、批改時符號應該簡明統一。
六、批示時應力求明確、具體。
七、批示時應多鼓勵、少貶責。
八、指示應重於批評。
九、應多令學生自動訂正。
十、因學生程度不同而作不同的批改。
十一、按時批改，按時發還，不要積壓。
十二、批改以後，應再將共同的弊病，再提示一次。

批改時除了須注意上述的十二項原則外，還要注意記載批改的年、月、日，以及記錄習作的成績，使學生及老師都能明瞭進步或退步的情形。

總之，批改不要忘了寓教於改的目的，在批改中，以指導、刺激、鼓勵的方式，來培養學生寫作的興趣，提高學生寫作的能力。

捌、批改後記分

一、記分方式

㈠以等級評分：所謂以等級評分，就是用甲、乙、丙、丁來評定作文的優劣。

㈡以分數評分：所謂以數字評分，就是以實際的數目字如六十分、七十分、八十分、九十分等來評定作品的好壞。

關於這兩種方法的優點、缺點，我們簡單的說明如下：以等級評分的優點是：

(1)教師評分時，可因不作詳細比較而節省時間。

(2)可使學生不過分計較成績。

至於其缺點則爲過份籠統，不能精確的比較優劣。以數字評分，則有四種優點：

(1)較爲具體：可使學生確實知道自己的成績。

(2)較爲詳細。

(3)較有代表性。

(4)較爲方便，可以直接配合考試成績作綜合登記，以此作爲學生的平時成績。

至於其缺點是評分容易引起學生過份計較分數。

二、記分標準

等級評分太籠統，數字評分會引起學生計較成績。尚有另一種方法，即蔣伯潛所主張的不記分數在作文簿上，以另紙計分。因爲文卷上明記著分數發給學生之後，學生的注意力往往被分數吸引走了，不再仔細看批改的文字，而且對分數斤斤計較，喜歡與人比較高低，其實分數往往不能代表學生眞正的作文程度和文章的好壞。其不正確和不可靠的原因有下面三點：

㈠文章的優劣係多種因素綜合的結果，這許多的因素有些屬於內容方面的：如見解的敏銳、情感的豐富、思想的連貫等；有些是屬於形式方面的：如用詞的適當、造句的完整、標點的正確等。不但因素複雜，且各因素在總成績內所應佔的份量又不易確定，因此要評判其優劣頗爲困難。

㈡易受敎師主觀的影響，因爲敎師性格各不相同，對文章的愛惡也不一樣，有喜歡通順流暢者；有喜歡內容豐富者；有喜歡詞句優美者；有喜歡文字秀麗者。再加上每個敎師給分標準寬嚴不一致，因此同一篇文章，經過幾個敎師評閱，其結果可能不大相同。此外敎師評閱時的情緒也極有關係，當他心情愉快時，會覺得每篇文章都是好的；反之則不然。所以，即使是同一篇文章，由同一敎師在不同的時間下評閱，結果也往往相差極大。

㈢就學生來說，看到高分數心裏暫時高興，看到低分數時心裏暫時不愉快，對於提高習作的效果，毫無益處。並且一次作文的成績，決不能代表他眞正的作文程度。

因此，分項評分可說是最切實可行的一種辦法。敎師可先將學生習作所應注意的問題，分爲若干項，每項目擬定應佔分數的百分比，這樣學生就可看到自己作文各項成績的多寡，明白所犯的錯誤，作爲改進努力的依據，而敎師也可根據這個統計，作爲公開指導的材料和改進範文敎學的參考。下面便舉例說明中學作文評分標準，以供參考：

項目	高一百分比	高二百分比	高三百分比	國一百分比	國二百分比	國三百分比
意思切題	30%	25%	20%	35%	30%	25%
詞語準確	10%	10%	10%	10%	10%	10%
句法妥順	10%	10%	10%	25%	20%	15%
層次清楚	10%	15%	20%	10%	10%	10%
立論正確	10%	10%	15%	5%	5%	10%
措辭適當	10%	10%	15%	5%	5%	10%
標點清楚	10%	10%		5%	5%	5%
錯別字不超過若干字				5%	5%	5%
繕寫書法	10%	10%	10%		5%	5%
全文字數在若干字以上					5%	5%
總分						

玖、檢討的方法

習作批改之後，檢討的方法如下：

一、共同批改：每一次作文，選一篇抄在黑板上或油印分發，讓學生共同批評改正，使一個人寫作技術上的得失，變爲大家共有的經驗和認識。

二、個別指導：文章改好以後，個別給予指導解說，這樣有許多好處：

㈠文字上的批改無論怎樣精，指點總不及口頭的詳細。

㈡在個別談話中，教師不但可以指出一篇文字上的缺點，還能進一步對症下藥，告訴學生許多閱讀寫作的方法。

㈢學生也可提出問題向老師請教，並且得到老師個別的關懷，會引起學生感激之心，對於他的學業，具有極大的鼓勵作用。雖然這樣費時不少，但全班學生，至少要有一次接受個別指導的機會，這是必需的、值得的。

三、總檢討：綜合全班學生的文章，在學期開始第一次作文，以及學期結束時最後一次作文，分別舉行作文檢討。在檢討之先，教師應有檢討的準備，即在作文簿中檢出若干優美的詞句、內容充實者列爲一類；照應不清、聯絡不明者列爲一類；套語濫調、誤用詞語者列爲一類；段落不分、重複累贅者列爲一類；同時並將所有錯別字列成一表，分別指出改善之處，因爲這是極現實的資料，尤其取材於學生本身，是好、是壞、是優點、是缺點，指陳糾正之間，都容易使學生發生濃厚的興趣，從而產生高度的效果。

以上三種檢討的方法是非常重要的，若教師僅批改學生的文章，而不加以檢討的話，學生進步的程度將會減低。因此，教師在全學期中，應衡量情形，儘可能的挪出時間，運用以上任何一種方法來檢討，當可收到較高的教學效果。

拾、批改的實例（註三）

一、推動搖籃的手　　國中一年級　陳怡文

有一（雙）充滿溫暖與愛心的手，從小就看著我，抱著我，（撫）摸著我。推著搖籃，細心（地）照顧我。那雙手，不知道費了多少心血，才把我養育長大，到現在已有十二年零九天了！

這十二年多來，（她）（無刻不在）照顧我的飲食起居。讓我學習各種技藝，以便將來

手不能「看」著你，所以應該去掉它。

求簡潔，故刪去「了這麼」三個字。

添加「無刻不在」使語句更圓滿。

原文（修改）	評改說明
謀生之用。這雙手曾經（也曾）打過我，但它是爲我好才打我（完全是出於「恨鐵不成鋼」的慈愛心懷），我非常喜歡它。	原句句法不夠婉轉，修飾後，句子有力多了。
隨（受到歲）月的摧折（，）一雙細（嫩）白柔軟（細）的手，已變爲粗燥（糙了）的手，像一位身歷（經）百戰的老將（戰）士，經歷百戰，不怕困難的直立在那兒。	「經歷百戰」與上面相同，避免重覆故刪去。
不（！它）仍在那兒培育著我，無（撫）摸著我。那雙手就是我母親的手。它（她）希望我將來有些成就，它（她感到）就安慰了。如果我將來（日後有）成就的話，都要功歸於那雙無（撫）摸。曾（過）我，打過我，抱著（過）我，充滿愛心與溫暖的，推動搖籃的那雙偉大的手！	「它就安慰了」句子不通，添加「感到」二字，文句就順暢了。「將來」改成「日後」可免去重覆的毛病。

層層逼進，到最後才揭示主題，使全文籠罩著一分引人的氣氛，這就叫「高潮法」，它可以使人對於主題——那雙推動搖籃的手，產生強烈的印象。可惜的是，你的文章不夠精練，效果因此減弱不少。

說明：

這篇評語對原文的結構技巧闡述得十分清楚，末句提出的意見也很持平，其「寓教於評」的精神也很值得參考。

求簡潔，去掉「是一個」「的女孩子」七個字。

這兒少了一個動詞，語句也嫌太平淡，所以改動了一下。

語句不順，所以稍作改動。

早熟晚熟都是屬於個別差異，並非不正常。

避免重複，刪去。

加上這一個反詰的語句，文字就有了起伏。

二、浮生偶記

國中二年級　葉淑貞

我是一個愛看書的女孩子，書對我來說就是我的精神食糧。一般人在讀書時往往都〔是想得到〕會一些知識或者是讀書心得，但是我所得到的並不是這些，〔卻〕而是〔藉此引導〕思想的〔成〕增長。〔有人也許〕會說，人長大了〔，〕思想自然也就增長了，讀書哪裏會〔滋潤〕增長思想呢？但是依〔對〕我個人來說，確實是如此的。

也有些人認為思想不要〔可〕太早熟，否則可能不正常。我想我可能就是那不正常之〔的〕人，因為我想的事情，他們都沒有想到，而且我和他們並沒有思想的交流。更有趣的是他們〔一〕看到我打開窗子，面對藍天綠樹沈思時，他們就說我有問題。〔可是他們怎知道我正在吸取思想的甘泉呢？〕

思想是有系統的深度思考，好學深思就可以獲得，你已經把握了它的本質。

然而思想是什麼呢？我也不太了解，（。）但我只認爲想得多且是（而）正確就是了。這雖然並不是好（很值得誇耀的）收穫，但是對我來說（，這）顯然夠了，不是嗎？是的，是夠了，致（至）少我的心裡並（總是）不會太（感到）空虛（的）。

思想「成長」以後，必然會對事物做更深入的分析探討，而且得到較正確的結果。思想越成熟，越能自成體系，不輕易動搖。思想的成熟除多看書以外，還需要多聞、多見、多與人討論。自己閉門思考，可能會使你的思想陷入迷津，或封閉在象牙塔內，不但無益於它的成熟，而且使妳所見，越趨偏狹。

說明：

這篇評語著重在思想的啓導，原文作者是國中二年級的一位女生，文靜、喜歡文學、愛好閱讀、耽於沈思，評者是她班上的國文老師。她透過了作文的評語，使她獲得更深一層的認識與體驗，這種評語，必然會滿足她求知的慾望，對她的理念世界的成熟，也一定很有幫助。

拾壹、結語

以上就「批改的意義」、「批改的功用」、「批改的內涵」、「批改的評語」、「批改的方式」、「批改的符號」、「批改的原則」、「批改後記分」、「檢討的方法」、「批改的實例」等十項，作了簡單的介紹，以便作爲同學們的參考。我們都知道批改文章除了作消極的批評外，重要的是積極的修改，因此，教師在下評語之時必需非常的愼重。除了注意內容的具體，措辭的簡明等等之外，最重要的是，評語除了指出文章的得失之外，對學生還有鼓勵誘導的作用，因此不能全著眼於文字，還得注意到這文字的作者。初學寫作時，總是壞的多、好的少，若一味從壞處著眼，勢必會打擊學生的寫作興趣，而非交白卷不可，所以如何「循循善誘」，全靠老師的斟酌權衡了。

【附　註】

註　一　參見章師銳初先生中學國文教學法。

註　二　參見台北市金華女子國民中學國文科教學參考資料。

註　三　本實例採自賴慶雄著作文評語示例

附：國文科（作文）行為目標教學活動設計實例

單元名稱	今日臺北（命題作文）	班級	二年　班	人數	
教材來源	自　編	指導教師	陳品卿	時間	一〇〇分鐘
學生學習條件之分析	①學生對遊記體文章已有數次的習作經驗，不過卻易犯記流水帳式的毛病，而且僅止於寫景，內容常流於單調貧乏。②學生不久前剛學過「大明湖」一課，對記敍文略有認識，而且也知道借景抒情的重要。③適逢光輝十月，學生對台北的所見、所聞、所感必多，對今日台北的地位、進步、繁榮，當有所認識。				
教學方法	視教學需要酌用問答、講述、討論、欣賞、發表等方法。	實習學生	高秋鳳		
教學資源	台北圖片、國文課本第二冊、修辭學、揭示板、總統府圖片。				

教	
單元目標	具體目標
甲、認知方面 一、知道如何審題、立意、運材及布局。	一—1　能說出題目的涵義。 一—2　能說出本文題所適用的文體。 一—3　能獨立思索與題意有關的問題。 一—4　能選取適當的寫作材料。 一—5　能妥善的安排材料。 一—6　能把握題旨依序發揮。

學目標	
	一—7 能確知寫作的綱要。
二、了解遊記體文章的作法及易犯的毛病。	二—1 能說出遊記體文章的作法。 二—2 能避免遊記體文章易犯的毛病。
乙、能力方面	
三、會運用適當的文句及標點符號表情達意。	三—1 能運用適當的文句表達思想情意。 三—2 能避免用錯別字及簡體字。 三—3 能正確使用標點符號。
四、會運用譬喻、映襯及借景抒情的手法。	四—1 能運用譬喻法寫作。 四—2 能運用映襯法寫作。 四—3 能運用借景抒情的手法寫作。
丙、情意方面	
五、培養欣賞優美作品的能力。	五—1 能正確指出作品的優、缺點。 五—2 能了解評語的意思。 五—3 能欣賞他人優美的作品。
六、培養愛國情操。	六—1 能體認今日台北的重要地位。 六—2 能說出台北需要改進的地方。 六—3 能說出今日台北的進步與繁榮實況。 六—4 能說出如何愛家、愛國。

時間分配			
節次	月	日	教學重點
1			①檢討欣賞②作文常識指導③引起動機④審題⑤啓發寫作思想⑥搜集寫作材料⑦擬定大綱⑧寫作技巧指導⑨各自習作。
2			各自習作。

教學目標	教學活動	教具	時間	評鑑	備註
能體認今日台北的重要地位。 能說出如何愛家、愛國。	甲、準備活動： （附）課前準備 ①教師於課前準備教材，並命學生搜集有關台北的資料。 ②配合十月慶典，師生以「光輝的台北」爲主題，共同布置教室。				此項活動視教材內容或實際需要，決定是否進行。
能正確指出作品的優、缺點。	第一節 一、檢討欣賞： ㈠成果評量：針對前週的作品作全班性的評鑑，並提出共同的優缺點及錯別字。	作文簿	10.		共同批閱，每學期

能欣賞他人優美的作品。 能避免用錯別字及簡體字。	㈡共同批改：教師提出較有代表性的文章，讓全班同學共同批評、訂正。	揭示板或放映機		可學行一、二次。
	㈢輔導欣賞：①教師揭示同學的佳作，讓全班共同欣賞，並請學生指出作品的優點。②教師報告前週文章寫得較好的同學，鼓勵學生相互傳閱。	揭示板或放映機		
能說出遊記體文章的作法。 能避免遊記體文章易犯的毛病。	二、作文常識指導： 本次講授重點為「遊記體的寫法」內容大要： 遊記體的文章，大致有四種作法： (1)以遊者為主體的—這是以遊者所經的路線，記出所見所聞的事物。 (2)畫定範圍的—這是先確定範圍，再分記範圍以內的事物。 (3)以一物為中心的—先選定一物為中心，再依左右前後上下的方向逐漸記述。 (4)以時日為主體的—以時間或日期為主，記述畫定的時日內所經歷的事物。	遊記體文章作法舉例表	5.	教師可將作文常識酌分為若干單元，於每一次作文課時講授（每次講授內容最好能配合該次的作文題目）

能體認今日台北的重要地位。	三、引起動機： ㈠從即將來臨的「光輝十月」的台北景象引起。	台北圖片	3.
能說出如何愛家、愛國。	㈡請學生說明今日台北的地位。 ㈢板書作文題目「今日台北」。 乙、發展活動：		
能說出題目的涵義。	四、審題： ㈠指名學生說明題目表面的意義及內在的涵義。		2.
能說出本文題所適用的文體。	㈡指名學生說明「今日台北」適宜用何種文體寫作。		
能獨立思索與題意有關的問題。	五、啓發寫作思想： 教師以問答法啓發學生的寫作思想。 問題學例：	問題卡	4.
能說出台北需要改進的地方。	(1)你能說出台北有那些地方需要改進嗎？ (2)台北的公共汽車情形如何？		
能說出今日台北	(3)台北的環境衞生好不好？爲什麼？		

的進步與繁榮實況。	(4)大雨過後的台北是什麼面貌？ (5)今日台北跟往日的台北有什麼不同？他進步的地方是什麼？			
能選取適當的寫作材料。	六、搜集寫作材料： (一)分組討論：每組同學將自己所收集之資料向全組同學報告後，並討論是否切題。 (二)教師巡視各組，給予必要的指引。		6.	此過程，可以共同討論、分組討論或個別收集等不同方式進行。
能確知寫作的綱要。 能妥善的安排材料。	七、擬定大綱： (一)分組擬定大綱：各組員討論擬定。 (二)材料組織：各組員將所收集的材料依照所擬定的大綱作妥善的安排。		5.	本過程亦可以共同討論、分組討論或各自擬定等方式進行。

能運用譬喩法寫作。	八、寫作技巧指導： ㈠譬喩法的指導： 以周敦頤愛蓮說一課的文句爲例，說明譬喩法的功用及使用技巧，使學生能在本次作文中運用。	國文課本	5.	配合大明湖一課指導寫作技巧。
能運用映襯法寫作。	㈡映襯法的指導： 以朱自清匆匆一課的文句爲例，說明映襯法的功用及使用技巧，使學生能在本次作文中運用。	國文課本		
能用借景抒情的手法作文。	㈢借景抒情的指導： 以大明湖一文爲例，使學生了解借景抒情是使文章更有內涵的方法，進而能在寫作中運用。	國文課本		
	丙、綜合活動：			
能把握題旨，依序發揮。 能運用適當的文句表達思想、情意。	九、各自習作： 學生各自習作，教師巡視行間，必要時給予個別指導。		10.	

第二節

能正確使用標點符號。	十、各自習作：學生繼續寫作，教師巡視行間，必要時個別指導。		50.		
	十一、繳交作品：下課後由班長負責將全班作文簿收齊，交到教師處。（附）批閱訂正與檢討欣賞。		下課時		
能了解評語的意思。	十二、批閱訂正：(一)教師批閱 教師利用課餘時間批閱，在下次作文課前發還學生。		下課後		
能避免用錯別字及簡體字。	(二)學生訂正：學生收到作文簿後將評語及批改處仔細看過，並訂正錯別字。〔註〕本過程在課後時間進行。				
	十三、檢討欣賞（略）〔註〕本過程在下一次作文課時進行。				

第四章　課外閱讀

前　言

依據民國七十二年七月教育部頒布之國中與高中課程標準，國文教學的工作，包括「範文教學」、「中國文化基本教材」、「作文教學」、「書法教學」、「語言訓練」、「課外閱讀指導」等六方面，這六項工作必須等視並進，國文教學的工作才算做得完備週到。其中「課外閱讀」部分，可增強學生「閱讀」及「寫作」的能力，應與「範文教學」、「作文教學」兩部分密切配合，以彌補課文的不足。

所謂課外閱讀，是指閱讀課本以外的書籍或文章而言。至於範文教學過程中指導學生在課外預習，查閱有關的參考資料，看來似乎也是屬於課外閱讀的工作，但那只不過是範文教學中的一種「精讀」行爲，算不得眞正的課外閱讀。這裏所說的課外閱讀，乃是指依照課程標準所列之「教學目標」、「教材大綱」及「教學重點」，指導學生閱讀課外讀物，以增進其語文能力及欣賞文學作品之興趣而言。

臺灣省教育廳學辦在職教師進修，我應聘擔任國文科教師進修班的「課外閱讀指導」。爲了授課的需要，於是搜集一些資料，整理編寫，集爲講義。內容包括：教學目標、教學意義、閱讀態度、選材原則、選材範圍、編配實例、指導方法、筆記指導、教學評鑑、課外讀物簡介及課外讀物書目之介紹。因爲課外閱讀之範圍廣泛，其內容可以包羅萬象，且新書如雨後春筍般地不斷出版，所以本書只是提供一分教學領域的指引而已。教師如能隨着時代的進步，經常閱讀新書，提供學生出版的消息，引導其進入文化、知識的寶庫，使學生由知之而好之，由好之而樂之，那就是課外閱讀教學的成功了。

第一節　教學目標

一、國民中學

依據民國七十二年七月教育部公布之國民中學國文課程標準，其中有關課外閱讀之教學目標如下：

「肆、指導學生閱讀有益身心之課外閱讀，培養其欣賞文學作品之興趣及能力。」由此觀之，課外閱讀的目標，可分析其要點如下：

㈠引導學生閱讀有益身心之課外讀物：學生常會在課餘之暇，不經意地讀到一些有害身心之讀物，如：怪力亂神、言情小說等等。教師最好適時地選擇，介紹有益讀物，指導學生欣賞閱讀，以增進其身心健康。

㈡培養學生欣賞文學作品的興趣：課外閱讀的目的之一在培養學生欣賞文學作品的興趣，對於文學作品，從內容上能欣賞它的意境，從形式上能欣賞它的修辭方法，進而體會各種不同的寫作技巧，以增進其閱讀興趣。

㈢訓練學生閱讀及欣賞的能力：訓練學生閱讀與寫作能力是國文教學的主要目標。範文教學只是基礎訓練，課外閱讀才是開拓閱讀與寫作能力的重要方法。據了解，凡是寫作能力高的學生，大多是對課外閱讀興趣濃厚，博聞強記，並能欣賞其中佳妙者。所以要想增強語文訓練，教師必須要指導學生課外閱讀。

二、高級中學

現行之高級中學國文課程標準，其中有關課外閱讀之教學目標如下：

「伍、輔導學生閱讀有關思想及勵志之課外讀物，培養其思考判斷之能力與恢弘堅忍之意志。」

由此觀之，高級中學課外閱讀之目標，可分析其要點如下：

㈠課外讀物之內容，應能培養學生純正的思想。

㈡課外讀物要能啓導人生意義，培養學生敦品勵學的觀念。

㈢課外讀物要能理論精闢，培養學生思考判斷的能力。

㈣課外讀物要配合國家政策，喚起學生民族意識，並恢弘其堅忍的志節。

第二節　教學意義

「學習」是人類成長必經的過程，而讀書、就學又是學習的主要方式。我們能養成正確的處世觀念，學校教育厥功甚偉。在學校裏，國文教學方面，課外閱讀給予學生的影響，並不遜於範文教學，所以身爲國文教師者，平日除課堂教學外，對於課外閱讀的指導也應該列爲重點實施。

所謂課外閱讀是指在規定的課程以外，利用課餘時間另行取材學習，以爲正課之輔助及補充。在學校裏，國文科課程是由老師引導學生探究「中國語文」的一段路程。老師宜指導學生依據各人不同的時間、環境、性向去涉獵更多的書籍，藉此提高其閱讀及表達的能力。

閱讀是充實知識，開拓眼界的基礎。「讀書破萬卷，下筆如有神」，有了豐富的知識作基礎，才能寫出動人而有內容的文章。目前國文科除作文外，幾乎全爲範文教學，標準本所選的範文，每册不過二十篇左右，用功的學生在短期內即可讀畢，閱讀興趣較濃厚的中學生，課餘之暇，面對坊間書肆琳瑯滿目之新舊書刊，往往無從選擇，一般學校之圖書室限於經費或其他種種因素，也不易充分發揮其功能，在盲目摸索，無從辨別的過程中，學生難免接觸到一些言情小說、色情刊物或思想偏激的書，開卷閱讀，年深日久的，不但未蒙其利反而身受其害，成爲社會的隱憂。

中學生對課外讀物如何取捨，教師是最適當的指導人，如能根據學生不同的個性、能力，有計畫地指導，不但可以減少不良讀物對學生之戕害，積極方面也能增進其身心健康，逐步培養成熟的人格。

課外閱讀誠然重要，但是由於學生課業繁多，時間有限，可讀之書又浩如烟海，如何能在短暫的時間內作有效的運用，才不致貪多務廣，反生流弊，這不僅是學生們應當注意的，也是國文教師肩上的責任，因此加強課外閱讀指導是刻不容緩的事。

課外閱讀的意義已如上述，若就其功能而言，課外閱讀可以多方面增益學習，茲學數端爲例，說明如下：

一、補助課內讀講之不足，增加學生的見聞——在學校裏所學的只是國文方面部分甚至狹窄的知識，加以時間匆促，學生只能略窺中國語文的皮毛而已，倘若想在學生時代打下根深蒂固的基礎，進而了解中國語文更深刻的內涵，就必須不斷地閱讀，以廣見聞。

二、養成學生自由閱讀的興趣，能力與習慣——教師如果經常有計畫地引導學生去接觸一些課外的參考書籍，有價值的文學作品和各種研究資料，開啓學生的心智，久而久之自然能產生興趣，養成其自幼愛好閱讀的習慣。一篇文章內容是否生動？思想是否活潑？情感眞實與否？情節的曲折變化、想像力的豐富運用……等等，教師應從各方面指引學生欣賞，使其由欣賞中進而體會文學之優美，得到讀書的樂趣。

三、減少學生閱讀不良書刊的機會——現代是知識爆發的時代，新的刊物、作品，良莠不齊，充斥市面。學生沒有較正確的選擇能力，此時，教師的身分應像一個篩子，幫助他們把一些不良的作品，過濾、篩除。適時地引導學生走向閱讀、欣賞之正途，並使其產生興趣，如此，自然可以減少學生受到不良刊物之害。

四、發展學生不同的個性與能力——學生有個別差異現象，這是不爭的事實，所以教師應「因材施教」，例如：有些學生喜歡文藝作品，有些學生喜歡自然科學、社會科學……等等，各有所好，優良的教師知道應視其個性與能力分別加以指導，使學生天賦的潛能，分別得到充分地發展。

第三節　閱讀態度

讀書既是爲了充實自己，應付生活上的各種難關，因此在指導學生閱讀前，首當培養其課外閱讀的態度。有了正當的態度，在閱讀進行中，才能不怕困難，不懼失敗，腳踏實地，一步一步做去，如此自有開花結果的一天。學生課外閱讀應有的態度，玆擧要列述於下：

一、先使心神虛靜——心神虛靜是讀書第一要件。近思錄內說：「性靜者可以爲學」，又謂：「爲學本無盡境，唯篤實沈靜之士，始能入其深」。由此可知，讀書之道首先在使心神虛靜，然後鑽研推敲，才能有所獲益。大學云：「知止而後有定，定而后能靜，靜而后能安，安而后能慮，慮而後能得。」就是這個意思。

二、立定具體目標——做任何事，必先確定目標，然後朝此方向，努力前進，才有完成理想的一天，讀書亦復如此，有了目標才可增強興趣，集中精神，以收事半功倍之效。

三、注意正常課業——課外閱讀，必須與正常課程密切配合，才能相得益彰，兩蒙其利。

四、抱著懷疑精神——讀書的目的在尋求眞理，對於書中所言，最好抱著合理的懷疑精神，不可一味地盲從接受。古人云：「學貴知疑，大疑則大進，小疑則小進，疑而能問，已得知識之半。」所以指導學生從事閱讀，必須下一番思辨的功夫，促其經過博覽、思考、領悟三步驟去處理，如此，那本書才是我的書，那種學問才是我的學問。孟子云：「盡信書，不如無書。」即是此意。

五、需持之以恆——「讀書第一要有志，第二要有識，第三要有恆」，有志，就不會厭倦；有識，就不致讀錯；有恆，才能不間斷，孜孜矻矻，日積月累，終有所成。在讀書過程中，如遇著艱難問題，就要振奮精神，忍耐厭煩，去熟讀深思，細心玩味。高深學問不是一朝一夕可成，必須不斷地研究，才能領悟到書中的眞味。

第四節　選材原則

一、國民中學

依據民國七十二年七月教育部公布之國民中學國文課程標準，有關課外閱讀之選材原則，除應注意範文教學中所列各項教材編選原則外，尚應注意下列四點：

㈠事理易明。
㈡詞彙易解。
㈢語句易讀。
㈣結構易辨。

二、高級中學

有關高級中學課外讀物之選材原則如下：

「課外讀物之選材，除中外名人傳記，古今明白通暢之書牘、札記外，應酌選近代純正優美之文藝作品，及有關敦品勵志之論著。」

國中與高中課外閱讀之選材，除依照課程標準所示原則外，尚應注意以下幾點：

㈠適合學生的能力：選擇課外讀物須適合學生的程度和理解能力，艱深的內容非一般中學生所能理解，便無法達到預期的教學目標，故選擇課外讀物首須適合學生的能力。

㈡適合學生的需要：讀物內容若爲學生生活中所需要或關心者，學生便樂於閱讀，且易收效。例如暑假期間準備與家人一同出國旅遊者，介紹其閱讀「海天遊踪」一書，學生有強烈的動機和需要，讀過之後的體會自然不可同日而語。

㈢配合學生的興趣：興趣是學習的重要因素，具有趣味性的課外讀物必爲學生所喜愛，反之，冗長無味的讀物必令學生厭煩，但是一個國二男生和高一女生的閱讀興趣必有差異。因此，教師宜事先了解不同對象的不同興趣，才能選出適合中學生的課外讀物。

㈣多與範文教材相配合：課本中的範文是學生必須精讀深思的教材。課堂講解範文時，教師如果能再介紹一些相關的資料或讀物，必能滿足學生的求知慾，閱讀的效果也能立竿見影。例如：講述胡適的「母親的教誨」一文，可以介紹學生在課餘讀其「四十自述」；講述羅貫中的「孔明借箭」，可以介紹學生讀其「三國演義」。課外讀物與範文教材相配合，不但可以免除管窺之弊，更可以收到相得益彰的效果。

㈤與時代相配合：報章文字及近代人之文藝作品，其中也不乏純正優美之精品，或爲新觀念之啓發，或與最近發生的時事相呼應，而且用詞、語法，均能與學生的生活相結合，易於接受，產生共鳴，可以酌情選取。

㈥文字淺顯流暢：課外閱讀全由學生自學，如果文字艱深難懂，不易查考，學生讀來味同嚼蠟，容易中途而廢，故課外讀物的文字須求淺顯流暢。

㈦思想正確，內容富有啓發性：經由課外閱讀可以廣泛涉獵各種知識，吸收迅速，若所讀書籍內容無可觀，思想偏差，學生閱讀之後，小則浪費寶貴的時間，大則汚染純潔的心靈，因此，課外讀物的選擇不可不愼。（註一）

三、適合課外閱讀作品舉例

㈠與課文教材有關，可以增加課文之了解或觸類旁通者。例如：

1. 唐詩的境界　林明德、賴芳伶著　明道文藝社
2. 詩詞故事　黃嘉煥著　鳳凰城圖書公司
3. 中國書學集成　弓英德編著　台灣中華書局
4. 陶淵明評論　李辰冬著　東大圖書公司

㈡有關治學方法，有助於寫作者，例如：

1. 字與詞（上、下）、章與句（上、下）、體裁與風格（上、下）　蔣伯潛著　世界書局
2. 讀書方法　文經緯著　啓明書局

3. 作文入門　胡懷琛著　啓明書局
4. 讀與寫　蘇雪林著　光啓出版社

(三)勵志修養，可以激發向上意志者，例如：

1. 對青年人的眞心話　孤影著　中央日報社
2. 人生的方向　宋瑞著　國家書店
3. 小故事、大道理　蔣經國著　黎明文化事業公司
4. 錦繡人生　劉錦得著　國家書店

(四)理則語意，可以增進思考，辨別是非者，例如：

1. 如何想得清楚和正確　王曼君譯　牧童出版社
2. 演講辯論學　祝振華著　黎明文化事業公司
3. 思考的藝術　邱吉雄譯　開山出版社
4. 語意學　戴華山著　華欣文化事業公司

(五)闡揚人性之善良，提升人格純美者，例如：

1. 生命的啓示　張文宗編著　聯亞出版社
2. 世界四大偉人　趙文林編著　國家書局
3. 新人生觀　羅家倫著　華國書局

4. 浮生六記　沈　復著　大方出版社

(六)人文或自然科學，爲現代人所應具備之常識者，例如：

1. 宇宙的奧秘　陳志聰譯　成文出版社

2. 有趣的物理世界　程兮編譯　國家書店

3. 心理與人生　吳靜吉著　遠流出版社

4. 科學眞理與人類價値　成中英著　三民文庫

第五節　選材範圍

一、國民中學

根據民國七十二年七月，教育部公布之國民中學國文課程標準，教材綱要中所列之課外閱讀範圍如下：

第一學年

	上學期	下學期
課外閱讀	每月至少一本 1. 國父傳 2. 蔣總統傳 3. 其他短篇文藝名著 4. 閱讀報告之習作	每月至少一本 1. 本國名人傳記 2. 其他中外名著

第二學年

課外閱讀	
上學期	下學期
每月至少一本 1.中外名人傳記 2.歷史故事 3.社會學科或自然學科之論著	每月至少一本 1.中外名人傳記 2.古今名人書信 3.其他文藝作品或科學論著

第三學年

課外閱讀	
上學期	下學期
每月至少一本 1.科學家傳記 2.古今名人書信 3.其他文藝作品或科學論著	每月至少一本 1.工商企業家之傳記 2.古今名人書信 3.其他文藝作品或科學論著

二、高級中學

根據民國七十二年七月教育部公布之高級中學國文課程標準，教材大綱中所列之課外閱讀範圍如下：

第一學年

課外閱讀	
上學期	下學期
1.閱讀部分：每月至少一本 (1)本國名人傳記。 (2)散文小品名著。 2.報告部分：每學期二至四篇。	1.閱讀部分：每月至少一本 (1)本國名人傳記。 (2)短篇小說名著。 2.報告部分：同上。

第二學年

課外閱讀	
上學期	下學期
1.閱讀部分：每月至少一本 (1)本國通俗小說名著。 (2)外國名人傳記。 (3)勵志性論著或古文觀止、唐詩三百首等。 2.報告部分：每學期二至四篇。	1.閱讀部分：每月至少一本 (1)本國歷史小說名著。 (2)名人札記。 (3)勵志性論著或古文觀止、唐詩三百首等。 2.報告部分：同上。

第三學年

課外閱讀	
上學期	1. 閱讀部分：每月至少一本 (1) 古今名人書信。 (2) 學術思想性論著。 (3) 社會學科或自然學科論著。 2. 報告部分：每學期二至四篇。
下學期	1. 閱讀部分：每月至少一本 (1) 古今名人書信。 (2) 學術思想性論著。 (3) 社會學科或自然學科論著。

綜觀以上國中與高中課程標準所列教材提綱，中學階段課外閱讀的範圍，約可歸納爲下列十二類：

一、本國名人傳記。
二、外國名人傳記。
三、中國文學名著。
四、外國文學名著。
五、歷史故事。
六、古今名人書信。

七、社會學科論著。
八、自然學科論著。
九、學術思想性論著。
十、名人札記。
十一、古今名人言論。
十二、其他學科論著。

第六節　編配實例

課外閱讀範圍，在前節中歸納之爲十二類，此十二類讀物，各年級究應如何編配，茲舉實例（註二）說明如下，供作參考。

壹、國中一年級課外讀物舉隅

一、本國名人傳記：

㈠孫逸仙先生（吳相湘著）

㈡我的父親（蔣經國先生著）

㈢孔子傳（錢穆著，綜合月刊社）

㈣四十自述（胡適著）

二、本國文學作品：

㈠思果散文集（蔡濯堂著，新亞）

㈡新譯唐詩三百首（邱燮友譯，三民）

㈢巴黎麟爪（徐志摩著，正文）

四人子（鹿橋著，遠景）

五西遊記（吳承恩著）

六文心（夏丏尊、葉紹鈞合著，開明）

七陳之藩散文集（陳之藩著，遠東）

三、外國文學名著：

一愛的教育（亞米契思著，夏丏尊譯）

二頑童流浪記（馬克吐溫著，黎裕漢譯）

三短篇小說（都德著，胡適譯）

四小王子（修伯里著，陳錦芳譯）

五美國短篇小說集（傅東華譯，商務）

六小婦人（阿爾考特著，劉云適譯）

七孤星淚（雨果著，陳慧玲譯）

八老人與海（海明威著，張愛玲譯）

貳、國中二年級課外讀物舉隅

一、本國名人傳記：

(一)孟子傳論（羅根澤著，商務）
(二)克難苦學記（沈宗瀚著，正中）
(三)周公（林泰輔著，錢穆譯）
(四)成吉思汗傳（馮承鈞著，商務）
(五)我的少年時代（謝冰瑩著，正中）
(六)中華民族偉人（蔣君章著，正中）

二、外國名人傳記：

(一)富蘭克林自傳（商務）
(二)華盛頓傳（沈嗣莊著，商務）
(三)林肯傳（湯馬士著）
(四)馬克吐溫自傳（馬克吐溫著）
(五)俾士麥傳（趙南柔譯，正中）
(六)德皇威廉二世少年生活自傳（魏易譯）
(七)海倫凱勒的一生（商務）

三、本國文學作品：

(一)背影（朱自清著，開明）

㈡葉珊散文集（王靖獻著，大林）
㈢小太陽（子敏著，純文學）
㈣紅紗燈（琦君著，三民）
㈤楊喚詩集（光啓）
㈥老殘遊記（劉鶚著）
㈦詩心（黃永武著，商務）
㈧在春風裏（陳之藩著）
㈨鵝媽媽出嫁（楊逵著，香草山）

四、外國文學名著：
㈠泰西三十軼事（鮑爾溫編，商務）
㈡小紅馬（史坦貝克著，伍希雅譯）
㈢野性的呼喚（傑克倫敦著，遠景）
㈣梅岡城故事（李荷波著，耿邇譯，學生）
㈤阿麗絲漫遊奇遇記（卡洛爾著，趙元任譯）
㈥德意志短篇小說集（毛秋白選譯）

五、歷史故事

(一)光武中興（孫本琦等著，正中）
(二)中國歷史故事（紀海泉編，正中）
(三)勵志故事（劉瑞林譯，廣文）
(四)歷史故事集（江應龍編，正中）
(五)荆軻（高陽著）

六、古今名人書信：

(一)胡適信札（萌芽）
(二)爸爸的十六封信（林良著）
(三)旅美小簡（陳之藩著）

七、社會學科論著：

(一)海天遊蹤（鍾梅音著，大中國）
(二)細說錦繡中華（郭嗣汾著，陳乃勇圖，地球）
(三)臺灣遊記（黃得時著，商務）
(四)歷史趣味集（文今古編，廣文）
(五)故宮文物淺說（索予明編，正中）

八、自然學科論著：

(一)植物世界(波尼哀著,周太玄譯,商務)
(二)日月星辰的奇蹟(趙善欣著,正中)
(三)維生素的故事(經利彬等編,正中)
(四)花草趣談(張常新編,廣文)

九、科學論著:

(一)科學是什麼(亞西莫夫著,王大庚等譯,商務)
(二)科學的世界(雷威著,嚴鴻瑤譯,商務)
(三)數之意義(余介石等著,商務)

参、國中三年級課外讀物舉隅

一、本國名人傳記:

(一)弘一大師傳(陳慧劍著,三民)
(二)十年苦鬥記(王雲五著,商務)
(三)七十自述(凌鴻勛著,三民)
(四)一個女人的自傳(楊步偉著,傳記文學)

二、外國名人傳記:

(一)牛頓傳（安得瑞德、諾斯合著，許榮富譯）
(二)愛迪生傳（西門斯著）
(三)諾貝爾傳（薛烏克等著）
(四)達爾文（蘇易筑著，正中）
(五)瓦特傳略（郭湘章著，正中）
(六)帕孫茲傳（陳之藩著，正中）
(七)福特傳（王維克譯）
(八)卡尼基自傳（于樹生譯，商務）

三、本國文學作品：

(一)未央歌（鹿橋著，商務）
(二)平屋雜文（夏丏尊著，開明）
(三)地毯的那一端（張曉風著，大林）
(四)北窗下（張秀亞，光啓）
(五)含淚的微笑（許達然著，大業）
(六)赤足在草地上（鍾玲著，志文）
(七)鄭愁予詩選集（志文）

(八)文心（夏丏尊著，開明）

(九)詞箋（張夢機著，三民）

四、外國文學名著：

(一)金銀島（史蒂文生著，劉漢文譯）

(二)白鯨記（梅爾維爾著，葉晉庸譯）

(三)塊肉餘生錄（狄更斯著，趙元鑫譯）

(四)小白驢與我（希默納斯著，徐斌譯，正中）

(五)英國短篇小說選集（韓侍桁選譯）

五、古今名人書信：

(一)林語堂書信（讀書）

(二)美國名家書信選集（張心漪譯）

(三)愛眉小札（徐志摩著，廣文）

六、科學論著：

(一)何謂實數（楊維哲著，商務）

(二)神秘的宇宙（吉安斯著，邰光謨譯，商務）

(三)太空新頁（張桐生編）

㈣光的世界（布拉格著，陳嶽生譯，商務）

肆、高中一年級課外讀物舉隅

一、本國名人傳記：

㈠西潮（蔣夢麟撰，世界）

㈡班超（朱倓編，商務）

㈢王荊公（梁啓超著，中華）

㈣我的青年時期（于右任著，正中）

㈤民族英雄革命先烈傳記（沈剛伯著，正中）

㈥歌詠自然之兩大詩豪（郭伯恭著，商務）

㈦梁啓超（商務）

㈧中國人的光輝（殷允芃著，志文）

二、本國文學作品：

㈠今古奇觀（抱甕老人輯）

㈡唐人傳奇小說（明倫）

㈢雅舍小品（梁實秋著，正中）

㈣羅蘭散文（文化）
㈤西瀅閒話（陳源著，大林）
㈥空山靈雨（落華生著，商務）
㈦中國民間傳說（趙元任等著，水牛）

三、外國文學名著：

㈠法國短篇小說（斯湯達爾等著，黎烈文譯）
㈡湖濱散記（梭羅著，吳明實譯）
㈢泰戈爾詩集（糜文開譯，三民）
㈣先知（紀伯倫著，純文學）
㈤暴風雨（莎士比亞著，梁實秋譯，商務）

四、歷史故事：

㈠周秦諸子故事集（邵霖生編，正中）
㈡中國故事新編（第一—四集，余宗信著，廣文）
㈢三國人物與故事（倪世槐著，三民）

伍、高中二年級課外讀物舉隅

一、本國名人傳記：

㈠陶淵明（梁啓超著，商務）

㈡王守仁（錢穆著，商務）

㈢蘇東坡（周景憧著，正中）

㈣唐太宗（商務）

㈤秋瑾革命傳（秋燦芝著，三民）

㈥玄奘（商務）

二、外國名人傳記：

㈠貝多芬傳（羅曼羅蘭著，宗侃譯）

㈡史懷哲自傳（陳達遵譯）

㈢拉馬克傳（拍立耶著，蔣丙然譯）

㈣佛洛伊特傳（廖運範譯，志文）

㈤羅素回憶錄（羅素著）

㈥羅斯福的生平（經小川譯，正中）

㈦拿破崙日記（伍光建譯，商務）

㈧廿世紀代表人物（林衡哲譯，志文）

三、本國文學名著：

㈠三國演義（羅貫中著）

㈡儒林外史（吳敬梓著）

㈢水滸傳（施耐庵著）

㈣聊齋（蒲松齡著）

㈤紅樓夢（曹雪芹著）

㈥新譯古文觀止（謝冰瑩等譯，三民）

㈦鏡花緣（李汝珍著）

四、外國文學名著：

㈠黑奴籲天錄（史杜伊夫人著，徐清宏譯）

㈡根（亞歷克斯・哈雷著，德昌）

㈢飄（密西蘭著，傅均譯）

㈣少年維特的煩惱（歌德著，周學普譯）

㈤基度山恩仇記（大仲馬著，東方）

㈥流浪者之歌（赫塞著）

五、古今名人書信：

㈠鄭板橋書信（板橋集）
㈡胡文忠公尺牘（胡林翼著，大通）
㈢晚清五十名家書札（陸心源輯，廣文）
㈣清儒尺牘（佚名選，廣文）

六、社會科學論著：
㈠文明的故事（威爾斯著，趙震譯，志文）
㈡新疆鳥瞰（陳紀瀅著，商務）
㈢臺灣今古談（蘇同炳著，商務）
㈣世界地理故事（戴介民著，正中）
㈤中國文化的故事（李甲孚著，綜合月刊）

七、自然學科論著：
㈠進化論綱要（陳兼善著）
㈡太陽系的生長學說（阮維周著，正中）
㈢生命的奧秘（董嘉禾著，廣文）
㈣星際旅行的故事（黃正榮譯，廣文）
㈤動物趣談（王文之譯，廣文）

八、科學論著：

㈠甚麼是相對論（朗道著，李榮章等譯，中華）

㈡西洋科學史（李貝著，尤佳章譯，商務）

㈢從原子到銀河（薛普萊著，嚴鴻瑤譯）

㈣太陽能源（張桐生著）

九、名人札記：

㈠顧炎武日知錄（明倫）

㈡俞曲園讀書劄記（俞樾著，世界）

㈢曾文正公日記（世界）

㈣胡適留學日記（商務）

陸、高中三年級課外讀物舉隅

一、本國名人傳記：

㈠朱熹（周大同著，商務）

㈡三生有幸（吳相湘著，三民）

㈢許世瑛回憶錄（人間世）

㈣曾國藩（商務）

㈤宋人軼事彙編（丁傳靖輯，商務）

二、外國名人傳記：

㈠愛因斯坦傳（菲利蒲・法蘭克著，張聖輝譯）

㈡居禮夫人傳（伊芙・居禮著，曹永祥等譯）

㈢雪萊傳（莫洛亞著，李唯建譯）

㈣莎士比亞（商務）

㈤托爾斯泰傳（羅曼羅蘭著，傅雷譯）

㈥蕭伯納傳（凌志堅著，正中）

㈦伽利略傳（高平子著，正中）

㈧梵谷傳（艾文・史東著，余光中譯）

三、古今名人書信：

㈠曾文正公家書（世界）

㈡小倉山房尺牘（袁枚著，博文）

㈢蘇黃尺牘合刊（泰順）

㈣清季名人書札（翁同龢等，學生）

(五)詳註歷代名人尺牘（陳眉公選，廣文）

四、其他

(一)新人生觀（羅家倫著，華國）
(二)中國哲學史話（張起鈞、吳怡合著，新天地）
(三)西洋哲學史話（威爾·杜蘭著，許大成等譯，協志）
(四)生活的藝術（林語堂，遠景）
(五)一支燭光（周增祥譯輯，光啓）
(六)勵志文粹（斯邁爾斯著，宋瑞譯）
(七)胡適演講集（文星）
(八)陽明傳習錄（葉鈞點註）

第七節　指導方法

一、閱讀進度

閱讀進度，應視「閱讀時間」與「學生程度」而定。依據民國七十二年七月，教育部公布之國民中學國文課程標準規定：「作文練習、語文訓練、書法練習與課外閱讀指導，每週二小時。」又云：「作文以三週兩篇爲原則。不作文之週次，實施語文訓練、書法練習、及課外閱讀指導。」據此可知教師在上課時指導課外閱讀時間，平均每週約有十三分鐘，每九週有二節課的時間，至於高中則未作規定，純於課外行之。課程標準所規定之閱讀進度，每月至少一本。由於學生課業繁重，故程度特優者可酌情增加，程度低劣者當可酌情減少。

二、閱讀方式

依據民國七十二年七月教育部公布之國民中學國文課程標準，有關閱讀之指導方式如下：

「爲使學生課外閱讀有互助研討之便利，及作有效之指導考核起見，教師得指定全班購備同一之書籍，或分爲若干小組，每組購備同一之書籍，於同時間閱讀之。」

高級中學國文課程標準，有關課外閱讀之指導方式如下：

「課外讀物，由教師畫一指定全班學生閱讀相同之書，或分組交換閱讀不同之書，以便相互研討及統一測驗。」

閱讀雖是個人的事，但在班級中進行時，敎師可利用合作的方式指導學生閱讀，此種方式可以獲得許多意想不到的效果。讀書合作具有兩種性質，一是購買的合作，一是閱讀的合作，玆分述其義如下：

㈠購買的合作——將學生分爲若干組，每組爲之選定一種書籍，令學生各自購買一部，如此各組的書不同，而同組中各人的書則相同。假設全班有五十個學生，分成四組，則每人各買一本書，就可閱讀四本書。書的所有權仍屬各購買人，而同學們都有互相交換閱讀的義務。

㈡閱讀的合作——有全班型與小組型兩種。

1. 全班型—敎師爲全班選擇相同之讀物，在同一時間內閱讀。全班學生閱讀同一書籍，同一進度，敎師易於指導，學生更能互相研討，以收切磋之宏效。

2. 小組型—敎師如將全班學生分成四個小組，每組選擇一本課外書籍同時閱讀，各組定期學行座談會，各人把讀後的心得或閱讀時所產生的疑難問題在會中提出，與同組的同學相互討論切磋。每一個月各組書籍輪換一次。每個學生雖只花一本書的錢，一學期卻可讀四本，如此分組，敎師指導較爲方便，學生閱讀速度亦能符合課程標準所規定：「每月至少一本」之要求。

讀書合作的性質已分述如前，現就其優點列學於下：

㈠減輕學生經濟的負擔—中學生的經濟來源出自家長，零用錢並不寬裕，如能合作購買書籍，可說是最經濟的辦法。

㈡幫助彌補個人閱讀之不足—中學生課業繁忙，部分學生受時間影響，對教師指定的書籍，可能會在囫圇吞棗的情況下倉卒讀畢，印象不深，若經由定期的座談會與同學互相討論，當可補足自己閱讀時所疏忽的細節。

㈢培養學生互助合作的精神—在討論時，大家各自提出自己的看法，同學之間彼此溝通觀念，不知不覺中可以建立良好的默契。各組書籍輪流交換的方式也可以養成學生互助合作、愛惜公物的精神。

㈣養成學生自動閱讀的習慣—如果教師指導得法，使學生有長期、持續的閱讀合作經驗，久而久之，讀出興趣，日後離開學校，也會不斷地自我充實，終生保持閱讀的習慣。

㈤收到語言訓練的效果—閱讀合作的重點之一是討論，參與討論的學生閱讀資料相同，花費的時間相同，但是各有不同領會，必須用語言發表個人的觀念，必要時，尚需接受同學的質疑和辯論，達到語言訓練的目的。教師若能列席座談會，適時予以鼓勵，討論會氣氛自必更形熱烈，學生也較能把握討論的重點及方向。

三、讀物內容介紹

學生閱讀之前，若對讀物內容完全陌生，必會感到茫無頭緒，引不起興趣，故教師須事先將讀物內容精彩的部分，提綱挈領略作介紹，使學生產生好奇，欲一探究竟，有了閱讀的動機，教師再指引其閱讀的方法，循序漸進。例如介紹老殘遊記，不妨先從各行各業的「市招」談起，引到「郎中」所用的「串鈴」，原來書中男主角老殘就是一邊搖著串鈴行醫濟世，一面不忘遊山觀水，訪求民隱的奇士，當學生急欲知道詳情時，教師便把作者劉鶚的生平、時代背景、作這部書的旨趣、清末國內的時勢風潮……等加以說明；此外，還可以旁及介紹章回小說的體裁和歷史。又如介紹「詞」，如今坊間出版了不少古詞今唱的錄音帶，可酌情利用視聽器材教唱一、兩首，引起興趣，再說明詞的來歷、起源，一方面是六朝民歌的伏流，另一方面也是唐人合樂歌唱絕句的蛻變；至於詞學上常用的術語，如「小令」、「慢」、「犯」、「近」、「單調」、「雙調」、「換頭」……等，也當視學生的經驗及程度擇要解釋。具體言之，介紹讀物應該包括下列各項主要資料：

㈠、作者的生平、重要著作、作品的特色與文學地位等。

㈡、讀物的性質及其內容要點。

㈢、讀物的特色及其價值。

四、教學方法

課外閱讀可以採用自學輔導方式進行。所謂自學輔導是學生在教師指導之下，進行自學的方法，亦可以說是運用獨立學習或自我學習的一種個別化教學方法。（註三）

五、指導要點

現行的國中國文課程標準，有關課外閱讀之教學要點如下：

「指導學生於所指定之課外讀物，體驗課文教學時所曾指導之方法（如尋求主旨、研索詞句、審辨段落大意，及綜合節要等），認眞閱讀，並得撰寫閱讀報告。」

高級中學國文課程標準，有關課外閱讀指導要點如下：

㈠、先看序文（或卷頭語），凡例（或編輯大意）、目錄。

㈡、依次概覽全書（分段落或章節）。

㈢、查考生字、生詞。

㈣、複閱並深究內容（包括全篇結構及其精義）。

㈤、作閱讀報告，每學期二篇至四篇爲原則，在假期中習作亦可。

選妥課外讀物之後，教師應該指導學生運用範文教學時所使用的讀書方法進行。在研讀時要明其句讀，辨其要旨，互相參證。尤其是詩詞，當首先把平仄、叶韻等基本觀念介紹清楚，要學生留心句法。詞中藉著夜雨來寫愁思的作品很多，如溫庭筠的「梧桐樹，三更雨，不道離情正苦；一葉葉，一聲聲，空階滴到明。」李清照的「梧桐更兼細雨，到黃昏點點滴滴。」可以要學生在博覽時作一番歸類比較。又如：「落花人獨立，微雨燕雙飛」，「無可奈何花落去，似曾相識燕歸來」所用的材料，所寫的情景，幾乎完全相同，而表現手法各有各的情韻趣味，見仁見智，也可以讓其兩兩相較，自行玩味。總之，讀法的指導是很重要的，據多數學生反映，適當的指導可以幫助他們在蕪雜榛莽之中闢出一個起點，進入柳暗花明的文學世界。

六、撰寫報告指導

讀畢一本書或一篇文章之後，爲使學生能獲得系統的概念，培養寫作、回饋的能力，最有效的訓練方法就是令其撰寫閱讀報告。報告內容包括下列各項：

㈠、書名、作者、出版年月、出版書局等。

㈡、內容概要：包括全篇主旨及各章節名稱等。

㈢、文章的特色與價值所在：包括內容與形式兩方面。

㈣、讀後的心得與感想。

第八節　筆記指導

筆記是儲備資料，幫助記憶的工具。它可以保存既得的閱讀成果，培養仔細認眞的閱讀態度。閱讀廣泛，筆記的範圍才能擴大。持續的時間長久，資料多了，時時能觸類旁通，體悟的心得才能深刻。正如胡適所說：「理想中的學者，旣能博大又能精深，精深的方面，是他的專門學問；博大方面，是他的旁蒐博覽。……他用他的專門學問做中心，次及於直接相關的和間接相關的各種學問，次及於不很相關及毫不相關的各種瀏覽。……爲學當如金字塔；要能博大要能高。」範圍大自然博，時間久才能精。茲將筆記的功用、原則、內容、方法及批閱方式分述如下：

一、筆記的功用

㈠幫助記憶，保持閱讀成果——曾國藩說：「一面細讀、一面鈔記，凡奇僻之字，雅故之訓，不手鈔則不能記。」以曾氏治學之謹，用功之勤，尙需借重筆記，可見單只是看過、讀過，只能達到認知理解的地步。經過筆記整理、記錄，不但印象加深，而且同類相從，翻檢便利，縱使長篇累牘之巨著，其內容大要盡備於筆記中，日久不忘。

㈡培養組織與綜合的能力——韓愈說：「記事者必提其要，纂言者必鉤其玄。」能提要鉤玄，把長的縮短，把複雜的歸納成簡單的論點，組織綜合的能力就漸漸養成了。這種能力強，則讀書可以汰粕存菁，擷其精要，做人處世也能計日奏功，不拖泥帶水。

㈢儲備作文資料—每寫一個題目之前，把所有相關的資料或作品先審閱一遍，必能觸發更深刻的體悟，有更進一層的領會。袁枚說：「予每作詠古詠物詩，必將此題之書籍無所不搜，及詩之成也，仍不用一典。常言人有典而不用，猶之有威勢而不逞也。」此乃將古人的影響融化到無形之中，取其精神而遺其形骸。

㈣練習寫字—來不及作筆記是因爲寫得慢；提筆忘字是因爲寫得少。爲了適應現代社會快步調的需要，一定要練習多寫、快寫。曾國藩敎其子紀澤：「作字時要先求圓勻，次求敏捷。若一日能作楷書一萬，少或七、八千，愈多愈熟，則手腕毫不費力，將來以之爲學，則手鈔群書，以之從政，則案無留牘，無窮受用，皆自寫字之勻且捷生出。」由書法來訓練「快」比較難，因書法所重在「美」，如果多作筆記訓練，寫字速度自然就能增快了。

㈤記載心得和疑問—張載說：「心中苟有所開即劄記，否則還塞之矣。」又說：「讀書先要會疑，於不疑處有疑，方是進矣。可疑而不疑者不曾學，學則須疑。」相傳他讀書精思，義有所得，即使在半夜裏也一定起來記筆記。

二、寫作閱讀筆記的原則

㈠衡量學生課外作業的時間和精力，作適當的配合，不可好多務廣，與其量多，不如質實。

㈡筆記的重點務必取捨得當，也就是用有系統、有條理的方法來作比較分析。

㈢要持續有恆。

三、閱讀筆記的撰寫內容

㈠書名或篇名。

㈡作者—著作人或編輯人的姓名、簡歷、著作、思想、家庭環境、時代背景、學術地位、作品風格，對後世影響，以及本作品的緣起或出處。

㈢出版者—出版書局、出版日期。

㈣文體—可依前述所分析之十二類體例來區分。

㈤內容概要—扼要的寫出內容大意。

㈥摘要—摘錄書中的精華或佳句。

㈦心得—寫出疑難問題、心得、感想以及批評。

四、寫作閱讀筆記的方法

用卡片或筆記是現在多數人所採用的方法，用卡片有諸多好處：

㈠一個卡片箱可以用一輩子，保存、攜帶、檢查都很方便。

㈡適合個人讀書研討的範圍，大類子目皆可以隨時自由增減。

㈢過時無用的資料，可以隨時抽換。

㈣卡片輕便，抄寫省事。經過排比整理就可以直接使用。

利用卡片作筆記還要注意簡易、精要、完整，如此才能發揮它的功用。

五、筆記的批閱

教師對於課外閱讀筆記，不但要耐心指導，還要定期批閱；不只是把它當作學生課外閱讀的作業而已，還要把它當作是一種課外寫作。現就批閱方式，分述於下：

㈠以符號批指錯處，讓學生自己對照原著改正。

㈡符號不能表達者，可以用簡單批語指示。

㈢學生普遍性的錯誤，應該共同指導。

㈣程度較差的同學，應該給予個別的指導。

第九節　教學評鑑

依據民國七十二年七月教育部公布之國民中學國文課程標準，有關閱讀評鑑之規定如下：

一、方式

㈠於學月及學期考查中，附閱讀能力測驗題。

㈡評鑑課外閱讀報告。

二、內容

㈠閱讀能力之測驗項目：

1. 全文義旨。
2. 內容事理。
3. 詞句意義。
4. 文章作法。
5. 句讀辨別。

㈡閱讀報告之評鑑項目：

1. 全文主旨。

2. 取材手法。

3. 結構技巧。

4. 修辭技巧。

5. 詞句應用。

6. 讀後感。

教師和學生經過了一番努力的教導和學習，都希望了解彼此共同努力的成果及獲致的功效，這有賴於教學評鑑作具體呈現。綜觀以上課程標準中所列之評鑑方式與內容，僅有學習的評鑑而無教導的評鑑，或因閱讀指導工作本身經緯萬端，必須因時、因地、因人制宜，教師唯有留意學生評量的結果，以此作爲依據，隨時修正、改進自己的教學方法。

第十節　結語

本章內容共分九個單元：一、教學目標。二、教學意義。三、閱讀態度。四、選材原則。五、選材範圍。六、編配實例。七、指導方法。八、筆記指導。九、教學評鑑。舉凡有關學生課外閱讀指導的問題，可說是大體具備矣。

培根說：「人們談話的時候，最能表現讀書的文雅；判斷和處理事務的時候，最能發揮讀書而獲得的能力。」我們一生，可讀的書包羅萬象，往往該讀的書還沒有讀完，新書又如雨後春筍般湧到，如果能有計畫的進行，養成我們讀書的好習慣，則從事閱讀時，便能事半功倍，收獲良多。

學習國文沒有捷徑，必須藉由大量的課外閱讀才能提高學生的程度，加強其語文能力。教師若能經常提供出版消息，引導學生進入文化、知識的寶庫，一窺堂奥，使其由知之而好之，由好之而樂之，那就是課外閱讀教學的成功了。

除了正統文學作品之外，教師平時也應鼓勵學生每天看報紙，關心現實的人生百態，了解現象的變化，培養對事理的判斷能力。如此，提筆為文，能夠引述舉證，言之有物，也才不致於只顧讀書而局限於象牙塔之中，形成生命的「斷層」。

熱誠的教師知道重視課外閱讀，投注其中大量的時間與心力，但也不能忽略：要估量學生的時間與精力，在比例上，本科（國文）大約可佔幾成，而爲經濟，恰當的分配，不可不顧實際情況而盡憑己意，叫學生做這件，又要做那件，弄得學生無法負擔，或影響正課。

（本章「課外閱讀」，原載於國立臺灣師範大學中等教育雙月刊第三十七卷第四期。）

【附　註】

註　一　參見蔡崇名中學國文教學析論。

註　二　同上。

註　三　參見方炳林普通教學法。

第五章　書法教學

第一節　前言

「書法」為我國美術中的一環，具有悠久的歷史與輝煌的傳統，它是書寫文字的技術，也是表現文字的藝術，具有實用性與藝術性的雙重價值。就實用性而言，文字與生活息息相關，書寫文字的方法、技術便是書法的第一層要義；就藝術性而言，書法之所以具有美感，一是中國文字的字體從古到今歷經多次變革，有多種不同的體式（註一），這些由線條架構而成的不同字體，使用毛筆書寫後，能表現出線條、空間、造形、筆勢、墨韻等美感（註二）。二是歷代鼎銘碑帖的流傳，提供了學習和欣賞的豐富材料，臨碑摹帖，品賞古今名蹟，探究書學理論就是一種藝術活動。

在使用毛筆書寫的時代，提筆寫字就有書法了。上自公卿文人，下至商賈販夫，在運用文字時便與書法產生關連，而伴隨文人的追求生活情趣，書法遂又成為文人寄情遣性，揮灑創作的工具。書法既然進入藝術創作的境界，自然有其風格及抽象理論的產生，於是書法藝術的範疇便建立了。一般從事書法活動者大抵從臨摹古今碑帖開始，以塑造自我書寫的風格，表現各體書法特色為終極。即使到了近代，硬筆通行，西洋藝術理論東襲，書法的活動也莫不如此。吾人認為，書法是一項藝術，它從書寫文字、表現文字中，創作者可以投入對線條、空間、水墨等的創意思考。這與製作陶瓷、工藝、雕塑等的美術活動同具追求「美」的趨向。

書法是我國足以誇耀世界的抽象藝術，所以將書法列入美育的一環是極其必要的。教育部於民國七十二年公布「課程標準」，將書法列入高級中學的選修科目，使書法單獨成爲一門學科。因爲書法這項課程，不僅包含了書寫技能，還包括了書體、書史、書論、書家、書蹟等學術性史料（註三），其所構成的學術領域更是一塊待開發的園地，此番將書法列入高中選修課程，不僅可以延續傳統的書寫技術，培養學生對書法藝術的認識與興趣，對於書法學術研究的未來發展，也有先導的作用。

本章先從分析書法教學目標著手，是爲第二節；第三節探討書法課程在現今教學上的價值；第四節簡介我國字體的演進；第五節探討教學方法，以筆、墨、紙、硯的選用始，以書法技能之指導終；第六節爲教學的實施。本章之寫作力求深入淺出、切合實用，旨在簡明扼要的提供書法教學時最便捷明確的參考資料，至於書法藝術的內涵包羅廣泛，本章雖偶有觸及，畢竟只是十分之一二，有志於書法教學、書法藝術之探究者，當不能僅止於此。

【附　註】

註一　參見日人上田桑鳩著書道鑑賞入門。

註二　參見史紫忱著書法史論。

第二節　教學目標

壹、國民中學

依據現行「國中課程標準」所列國文教學目標，有關書法教學之條文如下：

「伍、指導學生明瞭國字之結構，以正確之執筆姿勢及運筆方法，使用毛筆書寫楷書及行書。」（註一）

由此可知國中書法教學的目標包括下列各項：

㈠指導學生使用毛筆，書寫楷書及行書：楷書爲今日通行的書體，而且它的結構謹嚴、筆畫端正，轉折變化統一，適合學生初學的練習。行書的筆畫流暢，書寫流利快速，在日常生活中運用廣泛，極富實用的價値，因此教學時以楷書爲主，行書爲輔。

㈡指導學生正確的執筆姿勢及運筆方法：一般教學書法時往往著重於筆畫的練習，忽略了執筆、坐姿以及運筆的方法，其實正確的執筆法，端正的姿勢，是學習書法達到身心平衡效果的基礎。假使執筆方法錯誤，坐姿偏斜，歪著頭寫字，對身心都沒有益處，且書法在於陶冶心性，培養高尚情操的效用亦無法發揮出來。

貳、高級中學

依據現行「高中課程標準」所列國文教學目標，有關書法教學之條文如下：

「陸、輔導學生臨摹楷書及行書等碑帖，增進其鑑賞及書寫之能力。」（註二）

由此可知高中書法教學的目標包括下列各項：

㈠高級中學書法教學，以指導臨摹楷書及行書碑帖為主，並增進學生鑑賞及書寫技能。在鑑賞力的培養方面，教師可指導學生欣賞歷代名家作品，或利用假日參觀書法展覽，亦可至圖書館借閱古今名家作品選輯，以收耳濡目染之效；在書寫能力的培養方面，可指導學生利用課餘臨寫或讀帖，教師每週應仔細評閱學生習作，適機給予指導。

㈡高級中學之書法練習純於課外進行，較不易掌握學生的學習動態，教師應盡力培養學生對書法的興趣，俾使學生樂於自我要求與學習。

㈢由於高中課程已將書法列入選修科目，教師可鼓勵對書法研究有興趣的學生，選修書法課，進一步去學習書法，及獲取書法藝術領域中的各種知識。

參、高級中學選修科目書法

依據現行高級中學選修科目「書法課程標準」之規定，其教學目標如下：

「壹、指導學生繼續學習書寫筆畫完美、間架精當、章法嚴整、流暢生動之各體書法。

貳、指導學生欣賞各體書法，以培養審美能力，陶冶高尚情操，發揚固有文化。（註三）」

書法列入高級中學選修課程，是教育部在七十二年新「課程標準」中所頒布的。從七十四學年度起正式實施，可以稱得上是書法教育的新紀元。從部頒高中選修科目「書法課程標準」來看，書法和其他科目一樣，是一項專業的學科。除了書寫整齊優美的楷書、行書之基本筆法，對書法作品的鑑賞，書史的認知，書法理論的理解，書法藝術美的賞析，也都是學習本學科的重要課題。茲將指導的重點條列於後：

㈠高中選修科目書法的教材應與國民中學相銜接，除學習楷書與行書之外，更要進而學習各種書體，使書寫的作品達到筆畫完美、間架精當、章法嚴整、流暢生動的目標，並指導學生欣賞各體書法，培養審美能力，陶冶高尚情操。

㈡選擇教材以楷書及行書爲主，精選歷代主要書家及其代表作品，供學生臨摹，並隨機介紹書家的學書歷程、書風與書學成就。俾使學生對書法藝術的內涵有整體的概念。

㈢指導學生臨寫碑帖時，以近於原蹟的善本爲上。先學一體一家，待能自運之後，再兼及他體他家，並求創新。在介紹作品時，應側重碑帖的內容、筆法特色、單字結構、線條變化、行間章法、全篇布局等的分析與鑑賞，使學生深入瞭解各家書法的特色，養成其靈活書寫和敏銳的鑑賞能力。

㈣書法教學的內容，除書寫筆法外，第一學期介紹隋代以前的書家及碑帖之鑑賞，第二學期以唐代以後的書家及碑帖鑑賞爲主。在介紹書家時宜注重每位書家之學書歷程、書風特色、有關書法的見解及書學成就，並欣賞其傳世的作品，使學生瞭解歷代成名書家成功的因素，從而培養自我期許的信念。

㈤除了指導學生以歷代碑帖爲臨寫對象，亦應指導學生練習書信、寫作書法作品，習寫書信時應注重筆畫的流暢優美，書信格式的正確及畫面的雅潔；習寫作品時，可採用中堂、條幅、對聯、扇面、斗方等格式，除正文外也應落款及蓋印。換言之，學生在選修書法課程之後，已能書寫作品，經過裱褙後即能展出或懸掛。

㈥高中選修書法課程已屬專門學科的探討，故學校中必須成立書法專門教室，廣爲收集碑帖及有關書法的專書及資料。教室四壁懸掛各體書法範例或名家作品。教學情境宜素樸寧靜，格調力求雅緻，以收潛移默化、怡情養性的功效。

㈦配合校外書法競賽，鼓勵學生認眞書寫作品參展，或在校內學辦展覽，以收相互觀摩之效。但指導學生選送作品參與競賽或展覽時，應避免過分馳逐名利，以防患青年學生只著重書寫技巧的追求，而忽略作品內涵及自我學養、情操的充實與陶冶。

㈧書法爲一項具有深厚內涵的藝術活動，除努力於書寫技術的磨練，書學知識的獲得，應廣泛接觸文學、音樂、繪畫、雕刻等其他藝術，俾使書法領域更開闊，書法創作更具內涵，書法生命更有光輝，書法活動更見情趣。

【附註】

註一　見民國七十二年七月教育部公布國民中學國文課程標準。

註二　見民國七十二年七月教育部公布高級中學國文課程標準。

註三　見民國七十二年七月教育部公布高級中學選修科目書法課程標準。

第三節　教學價值

書法爲我國傳統文化中最獨特的一環，不僅隨著文字的演進而富厚了它表現的內涵，同時在美術史的範疇中也佔有舉足輕重的地位。世界各民族的文字書寫中，能在表達文字的意義之外還能做爲藝術品來賞玩者，也唯有中國文字及它的書寫有這樣的雙重效用。因此對於這一項傳統文化中的精粹，我們不僅要負起傳承的責任，更應該加以發揚光大。何況近世以來方便的硬筆書寫取代了費時費力的毛筆書寫，而無可諱言的，毛筆書法的實用價值已在急遽銳減之中，如果我們再不去重視書法的藝術價值，以及其涵養心性、陶鎔情操的教育價值，則書法的活動將日漸式微，書法所能帶給國人民族自信、民族情操、心性陶冶的裨益，將在馳逐聲色權力的現實社會中遭致湮滅，屆時只有讓提倡書法不遺餘力的東鄰日本專美，是故要恢宏我固有傳統文化，書法教育的全面推展乃是當務之急！

書法之所以具有教學價值，理由有三：

壹、培養審美能力，可以陶冶生活情趣

書法是藝術，凡藝術皆以追求美爲目的。書法藝術的活動是從認識歷代文字的形體及寫法開始，

而後從變化多端的筆畫、結構、布局、墨韻等來表現文字的空間造形及書寫者的素養與創意。因此學習書法就像學習音樂、繪畫、雕塑、舞蹈等其他藝術一樣，不僅可以怡情養性，更可以投入個人的生命，表現中國藝術的獨特面貌。王壯爲先生說：「書法之成爲藝術，不論就我國傳統的藝術觀念而言，或就西方的審美觀念而言，都是沒有問題的。因爲書法在周代已是六藝之一種，其在現代，欣賞書法作品所得的感受，實與欣賞其他藝術品的感受毫無二致。」（註一）蓋書法所藉以表現的媒體——漢字，乃是先民將宇宙間的物象「抽象化」的產物。早期的圖象文字，不僅是語言的符號，也是一幅簡單的圖畫（註二）。在經過不斷孳乳演化，以及書寫形式上的改變，產生了各種不同形態的字體，每一種字體又都保有數千以至數萬單字，字字均有不同的結構體，其結構體雖然純爲抽象的線條，卻各代表不同的意義。我國最早的漢字根據現有資料是殷商的甲骨文，而書寫工具最早的出土物是戰國時代的楚筆，但從少數殷代殘留的龜甲片上的朱書及同時代的墨書陶片，約略可以看出在甲骨文字的時代，書寫的工具已甚完備。不過由於紙尙未發明，文字只能書寫在竹、木簡或縑帛上，所以書寫文字只是爲了「實用」而已。雖然漢字的造字早已具有藝術化的傾向，但上起商代以迄後漢都沒有把「書寫文字」當做藝術來欣賞的記載，直到漢末魏晉之間，隨著行、草的廣泛被使用，書寫技法的被重視，才使書法作品與繪畫作品同樣受到公私的收藏玩賞。（註三）

書法是藉文字爲表現素材的藝術。一幅書法作品的構成有兩大要素，一爲形，一爲神。形是視覺的，包括字體特性、筆畫、結構、布局、用墨、技法等；神是感覺的，包括書寫者的風格、點畫氣勢、字形神態、筆墨韻味、全篇氣韻、線條節奏等（註四）。書法由學習到創作，必須經過一段相當長的時間，並且隨著投注心力、時間的增加，而逐漸提昇它的藝術表現層次，因此書法這項藝術的天地是極其廣濶的，做爲藝術的追求也不亞於繪畫或音樂，近半世紀以來西方的抽象繪畫盛行，我國的書法也受到了廣泛的學習與重視，因而有所謂的「書法表現派」抽象畫（註五），尤其我們的東鄰日本，對書法藝術的闡揚更是不遺餘力，不但書法人口衆多，對於書寫形式、表現手法、書法理論各方面都有突破的趨勢，所以我們應積極的努力，發揚這屬於我們自己的國粹。

貳、運用書法技巧，可以充實生活所需

書法有實用的價值，當今雖是我國傳統藝術，但在古代由於毛筆是主要的書寫工具，因而書法與生活有著密不可分的關係。上自君王公卿，下至販夫走卒，只要是遇到應用文字的場合，書法就必然存在了。政府機關的文書奏摺，文人士子間的詩文書牘，一般百姓的契據帳册，街坊間的酒帘市招，書法應用的範圍幾乎就是整個社會的活動。時至今日，雖然硬筆書寫取代了許多必須書寫文字的場合，但是書法仍然環繞在我們生活的四周，公告、標語廣告、招牌、包裝、道路標幟、簡報、圖表，觸目可見，由此看來，書法在現代的生活裡，實用的價值仍然很高。

參、實施書法教學，可以輔助人格教育

大多數的人都認爲學習書法有修養心性的效果，因爲在書寫活動進行時，必須凝神清靜方能達到「心正筆正」的目標，況且書寫的內容往往是古人的詩詞格言，一個書法學習者處在一個環境雅緻的文房裏，涵濡著優雅的氣氛，必能養成心平氣和，從容高尙的性情。近代書法家宗孝忱先生曾說：「習書之功，可以收心，可以復性，可以醞釀氣度，可以恢宏意志。」（註六）在進行書寫時爲了使字蹟達到優美的水準，就必須集中意志，收斂心神，暫時拋開外界事物的引誘。讓兒童學習書法，可以培養他的耐性；青少年學習書法，可以收斂浮躁的脾氣；成人學習書法，可以抒解工作上的煩勞與事業競爭上的挫折感；老年人學習書法，可以排遣時日，促進身心健康。在以功利爲首的現代社會裡，如果人人都能參與書法活動，相信青少年問題會減至最低，社會道德將重新提昇，從而暴力犯罪、經濟犯罪、金錢介入選舉、奢靡浪費等風氣將得到根本的改善。蓋一切犯罪皆起因於道德的淪喪，道德教育的重整唯有從心性的涵養，人格的陶冶開始，否則只會流於空談，因此書法對於人格與道德教育的效用是不容忽視的。

近年來政府積極倡導文化復興運動，期使傳統的優良美德能改善我們的社會風氣。又提倡書香社會，希望人人都能一書在手。讀書的作用在變化氣質，讀了書有了氣質便不會作奸犯科，社會也能安定和諧了。良法美意值得大家一起來參與，而對於我們足以向世界各民族誇耀的書法藝術，更應該積極的學習並加以發揚光大，使這一項優良的文化遺產能再度展現光輝。

【附註】

註一　參見王壯爲著書法叢談。

註二　參見呂佛庭著文字畫研究。

註三　參見張光賓著中華書法史緒論頁一。

註四　參見朱惠良撰美感與造形「無形之相——書法藝術」。

註五　參見蔡明讚撰「從一九四五以來中西藝術家的書法表現傾向，看書法藝術的創新」，書法藝術季刊第三期。

註六　見李文珍撰書法教育論集。

第四節　字體演進

書法與文字是依附相成的，蓋書法是書寫文字的藝術，而文字經過書寫時各種不同形式、技巧的變化，表現其優美的特性，是故書法教學不能不先由字體的演進談起。我國的文字從有史料可資證實的商代甲骨文，到楷書發展完成的唐代大約兩千年之間，歷經了多次的變革，這些字體包括了金文（鐘鼎文、銘文）、籀文（大篆）、小篆、隸書、草書、行書等，每一種字體都各具特色，每一種字體在前後演進過程中，大都是基於實用的理由。但是也往往加以美化，因此歷來的字體，無論字形演進的程度如何，總是表現著充分的美感。這些字體以筆鋒富彈性，轉折多變化的毛筆來書寫，展現的內容又更加廣泛了。

書法上書寫的文字，眞是豐富極了。它包括了殷代的甲骨文，商、周的金文，戰國時代—秦的石鼓文，吳越的鳥書，楚的竹簡、繒書，晉的侯馬盟書，秦代的小篆，秦、漢時期的金文，漢代的石刻隸書、簡牘、帛書，還有章草，魏晉的今草、行書，北魏的碑刻，唐代的楷書。這些書體在形體及用筆方面都各有不同的風貌，並且每一種書體在經過歷代書法名家的創新，又出現了許多流派，在流傳於世的書蹟中更由於書寫素材的不同，而表現出各種用筆的特性，對於書法領域而言，這些資料都是非常寶貴的。近年來印刷技術的發達，使得古代的眞蹟、拓本能逼眞的展現在我們眼前，提供學習書法者許多既寶貴又豐富的文字材料。茲將各體文字的實例列舉如下：

歷代字體演變之實例：

一、殷商甲骨文

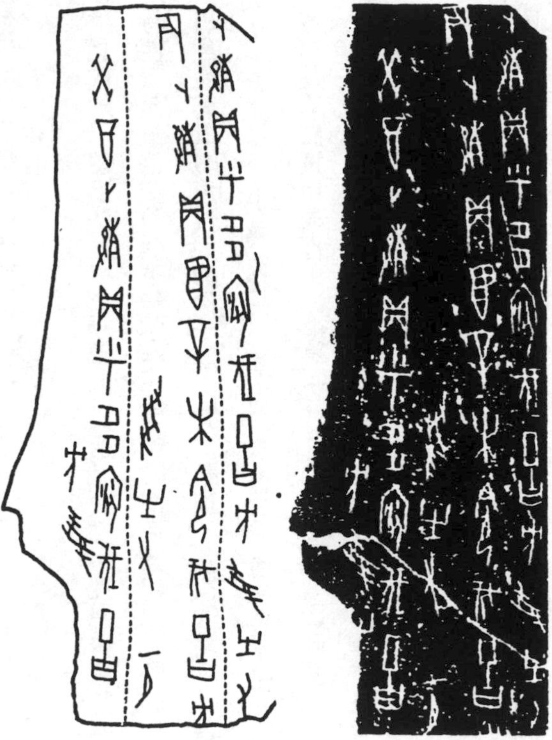

二、商周圖象文字

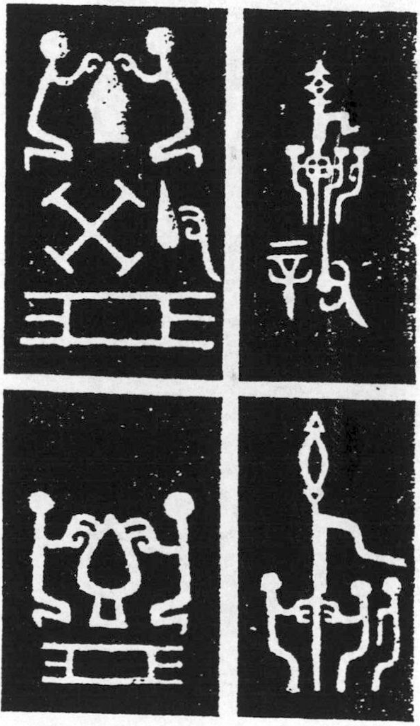

三、周金文（鐘鼎文）

四、周金文（鐘鼎文）

五、東周石鼓文（大篆）

六、秦小篆（李斯泰山刻石）

七、漢隸書（乙瑛碑）

八、漢隸書（禮器碑）

九、晉行書（王羲之喪亂帖）

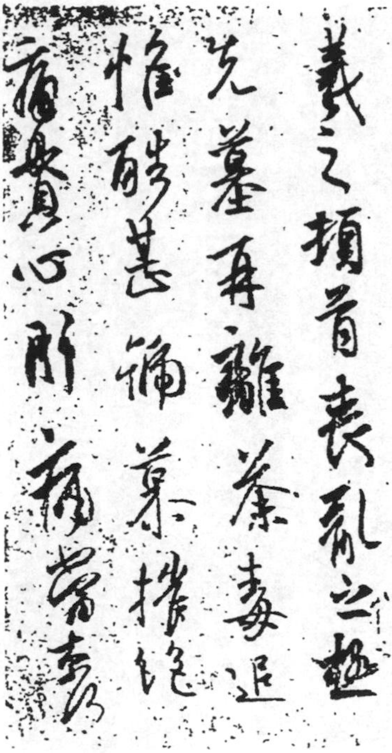

十、晉行書（集王羲之聖教序）

十一、唐人楷書（歐陽通道因法師碑）

十二、唐孫過庭草書

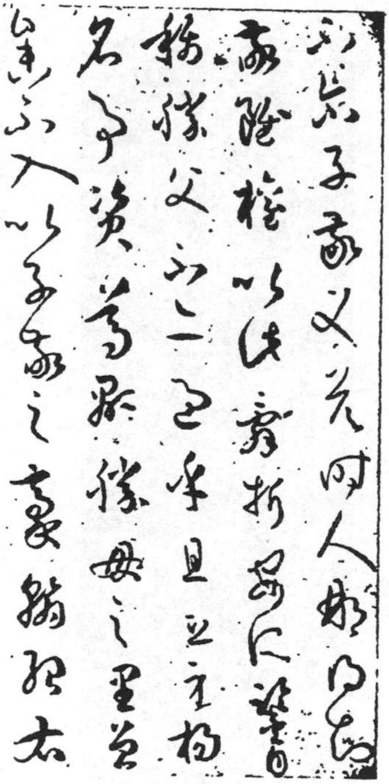

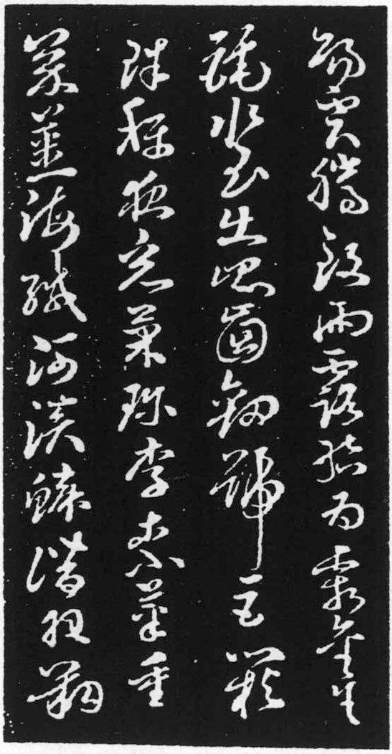

第五節　教學的方法

壹、筆墨硯紙的認識及選用

筆、墨、硯、紙號為「文房四寶」。它們自古以來不僅是書畫家創作時缺一不可的工具，同時也因隨著書寫使用以及審美情趣的提昇而成為文人生活中精緻的工藝品。「文房」是文人作息、讀寫的場所，陳設其中的物品原具有輔助書寫的功能，由於古代文人十分講究高雅的情趣，因此這些原為工具的實用物品，逐漸被加上審美觀點的裝飾。到後來更有專門為文人製作精良優美工具的匠人，他們精緻的技巧，超凡脫俗的造形在中國工藝美術史上有著極重要的價值。（註一）

所謂「工欲善其事，必先利其器。」學習書法本是一項高尚的藝術活動，選擇適合自己層次的工具是非常必要的。初學書法或在書法上有相當成就的人，要想書寫時得心應手、運用自如，就必須對文房四寶以及其他相關工具的構造和性能有個正確的認識，然後才能分辨優劣，選用適合自己的工具。以下茲就筆墨硯紙的認識及選用，略作說明：

一、筆的認識及選用

㈠筆的認識

毛筆的起源甚早，但眞正的年代還無法確定。近代的考古學家曾在殷墟挖出的陶器上發現墨書的文字，在未刻的甲骨片上也有朱書的文字，字的筆畫很像是用毛筆寫的。民國四十三年在湖南長沙左家公山的一座楚墓中，發現了楚簡和一枝毛筆，這是一枝戰國時代的楚筆，以兔毛製成，竹桿，有一個大筆套。民國六十四年在湖北雲夢睡虎地的第十一號秦墓中，發現了三枝毛筆，筆桿爲竹質，上端削尖，下端較粗，鏤空成毛腔，附筆套，這是與蒙恬大約同時代的秦筆。民國二十年西北科學考查團在蒙古居延海附近發現了漢代的筆，這枝筆的形狀與楚、秦筆不同，筆桿是木製的，且析而爲四以納筆頭，再以麻和漆使它固定。（註二）

古今注云：「古以枯木爲管，鹿毛爲柱，羊毛爲被，蒙恬始以兔毫竹管爲筆。」（註三）從出土實物來看，大約在殷商之時已有毛筆。因爲無論是甲骨、陶片上的墨書，朱書文字，或是彩陶上的花紋，很顯然的可以看出都是使用毛筆寫或畫出來的，而戰國時代楚筆，秦筆的出土，以及漢代帛書、簡牘的發掘，也都證實筆的使用在中國已有悠久的歷史，蒙恬發明毛筆的說法可能是應該修正的！

魏晉六朝時期，在筆的製造上已非常講究，筆管使用雕刻的象牙、金銀或生有斑紋的竹管。全唐詩話上記載：「梁元帝爲東湘王時……常紀忠臣、義士及文章之美者，筆爲三品：忠孝全者用金管書之，德性精粹者用銀筆書之，文章瞻麗者用斑紋管書之。」唐朝時以安徽宣城所產的筆最好，據說用兔毫最多，也有用狸毛麝毛的，當時有一種筆形狀像竹筍的「雀頭式」，名爲雞距筆，筆管多用斑竹，到了晚唐又盛行長鋒，因爲柳公權擅用長鋒之故。唐代製筆名匠有開元時的鐵頭，晚唐的諸葛高。

到了宋朝李展製雞距筆，嚴永製獺毛無心棗核筆，吳無至製無心散卓筆。元朝以後，宣城的諸葛筆被浙江吳興——古稱湖州——的湖筆取而代之。湖筆又以吳興善璉鎮所出品的最佳，據湖州府志載：「秦大將蒙恬慣用柳條爲筆，後改用鬃蔴，筆名柳條。至六朝年間，愛書法之智永高僧，出遊湖州善璉，與當地人士，以羊毛、兔毫代替鬃蔴，製成毛筆。世代相傳，善璉鎮遂成毛筆生產地，故名湖筆。」（註四）

毛筆的製法大致可分爲兩種：一是無心散卓的；一是有心有副的。無心筆的製法，是將純一種筆毫紮成筆頭，無分主副，古人謂之「散卓」。有心有副的製法通常是以較硬較長的毫爲心，較短較柔的毫爲副，副毫圍在筆心之外。

筆的種類很多，由於材料的不同，性能也各異，以材料來分，一般通行的以狼毫、羊毫、紫毫、兼毫爲最常見，其它尚有馬鬃（山馬筆）、鹿毫、雞毫、鼠鬚等。狼毫一般都是稱黃鼠狼的毛，紫毫就是兔毛，兼毫是混合兩種毛製成，如七紫三羊、鹿狼毫、豹狼毫、雞狼毫等，以筆毫的性能來分有：

(1)硬毫—筆性剛勁，如小馬筆、狼毫筆、紫毫筆、鹿毫筆、鼠鬚筆、牛耳毫筆。

(2)軟毫—筆性柔軟，如羊毫筆、雞毫筆。

(3)兼毫—剛柔、軟硬相兼，以一種爲心，另一種爲副，可製成偏硬、偏軟及軟硬適中三種，如中性的五紫五羊，偏硬的豹狼毫、七紫三羊，偏軟的七羊三紫、雞狼毫等。

㈡筆的選擇

選擇毛筆時必須先瞭解它的構造及性能，並使之能與所書寫的字體、風格配合，方能發揮毛筆的功能。一般初學書法者不易分辨其優劣良窳，但可根據古人所謂的「尖、齊、圓、健」四大要領來加以判斷：

(1)尖─筆毫聚攏時，筆鋒成尖銳狀，不可分叉，則筆鋒富於精神，運筆時容易展現筆墨特色。

(2)齊─將筆潤開壓平，筆毫內外齊平，無長短不齊現象，可以發揮筆毫齊力的效果。

(3)圓─筆腰部分由於毫毛充足而成圓狀，如此則含墨飽滿，書寫時筆力完足，渾厚有力。

(4)健─筆鋒具有彈性，將筆毫重按提起後，隨即恢復原狀，書寫時筆畫可顯出剛勁挺拔的姿態。

選筆時除據此四德，尚須顧及所臨寫的碑帖、字體。例如寫篆隸以軟毫筆較好；行草則硬毫筆較佳；大字宜用大楷羊毫、狼毫；小字當用紫毫、狼毫或兼毫。寫歐陽詢、虞世南、褚遂良的楷書可用硬毫，寫黃山谷的行書松風閣、經伏波神祠卷可用軟毫，寫蘭亭序、聖教序可用兼毫。再者，可依字體的大小而選用，如：

(1)斗筆、聯筆─寫一尺以上大字。

(2)屏筆─寫屏條或對聯適用。

(3)大楷筆─寫手腕大小的字。

(4)中楷筆—寫一寸大小的字。

(5)小楷筆—寫小字用。

初學書法者在選擇毛筆時，可根據以上的原則，在習寫的過程中也可以隨時體驗並修正，則時日一久必能筆隨心使，揮灑自如。（註五）

㈢筆的使用

買筆固須選用材料，性能較佳者，而使用與維護的常識更是學習書法者所必須具備的，茲就筆的使用法，條列如下：

1.新筆使用前必須開筆，一般而言大楷全開，中楷半開，小楷開三分之一。

2.開筆時宜用溫水脫膠，待膠粉漸溶於水中而筆毫柔軟後，再用手指輕捏以除去膠質，切忌使用熱水浸泡。

3.洗淨後可用容易吸水的布或紙將筆毫上的水分吸乾，然後倒掛起來。

4.已開過之筆，在使用時須先潤筆，即在清水中將筆毫浸濕，再在布或紙上拖撫，至水分吸乾方可濡墨。

5.毛筆在硯台或墨池上醮墨時，宜一次將墨含入，然後向同一方向平醮，使筆毫含墨量均勻，切忌在硯面上打轉，以免影響筆毫及運筆。

6.筆用過後必須清洗，把積存筆毫內的墨漬洗去，然後將筆頭朝下倒掛。

7. 寫大字宜用大筆，小字用小筆，切忌小筆寫大字，以免折損毫毛。

8. 攜帶毛筆宜用筆捲，以免筆毫扭曲折斷。

二、墨的認識及選用

㈠墨的認識

墨的起源也甚早，在殷墟出土的古物中，有一塊書有「祀」字的陶片，考古家認爲是用墨之類的原料寫的，因此大約在商朝便已經有墨了。宋稗類鈔上說：「上古無墨，竹挺點漆而書，中古方以石磨汁，或云是延安石液。至魏晉時始有墨丸。」（註六）說文桂注：「古者漆書之後，皆用石墨以書，大戴禮所謂石墨相著則黑是也；漢以後，松煙桐煤既盛，故石墨遂堙廢。」（註七）從以上的記載可知，漢以後才有松煙和油煙墨，漢代以前的墨可能是一種黑色的礦石，用石塊在礦石上磨出黑色的汁用以書寫。民國六十四年在湖北雲夢睡虎地秦墓的出土物中有一組文書工具，其中有一件形狀不太規則的石硯，並附有一件「研墨石」（註八）。這塊研墨石便是用來佐助研磨「石墨」的工具。

製墨的主要材料最初是松煙和膠，就是把松樹燃燒後的墨煙收集起來，再加上膠製成，但因這種墨只是黝黑卻沒有光澤，於是改用油煙來製造，油煙墨是用桐油或蔴子油燒出來的煙加膠搗製而成。在製墨過程中除了採集松煙或油煙外，還要加入香料，如麝香、冰片和膠，然後經過千搗萬杵，成爲質地堅硬細膩、耐磨、烏黑發光的墨。墨的製作大約起於漢代的墨丸，歷代著錄的製墨家魏有韋誕，晉有張金，南北朝宋有張景雲，唐代有祖敏、李陽冰、奚鼐、奚超等，而最著名的應屬五代南唐奚超的兒子奚廷珪，他因替南唐李後主製墨而得到賞識，並賜姓李。宋代的製墨家有潘谷，元有朱萬初，明代以程君房、方于魯、羅小華最著名，清代則有曹素功、胡開文、汪近聖等。

墨的類別應有三種分法，一是以原料來分。二是以質料來分。三是以製作的供需來分。

1. 以原料分有：松煙、油煙、漆煙、氣煙（化學煙），松煙墨是用松枝燒煙，配以皮膠、藥材和香料製成。這種墨色黑而缺少光澤，膠輕質鬆，入水易化。油煙墨是用桐油、菜油、麻油或豬油燒煙，加入皮膠、麝香、冰片和香料製成。漆煙黑而亮，氣煙黑度十足，但調成淡墨時缺乏變化。

2. 以質料分有：頂煙、上煙、貢煙、選煙。

3. 以製作供需分有：御墨、貢墨、禮墨、定製墨、市品墨。（註九）

㈡墨的選擇

好的墨應具備有「質堅細、膠輕、色黝黑、味清香」等特色（註一〇）。質堅細是指墨中無雜質，結構緊密，質地堅硬，浸水不易溶化，磨成的墨粒子細。膠輕是指含膠質少，磨成的墨黏性適中，不滯筆，如果膠重則質軟而無光彩。色黑指墨色中泛紫光或黑光。墨中一般必加香料，以除去煙油中之臭味，但香料之分量須適宜，使墨味清而香。由於墨的品流繁雜，辨選不易，一般以質地堅細，色澤光潤，膠水不重，墨味清香及上硯無聲者為較佳。

㈢墨的使用

墨的好壞對作品的影響很大，好的墨能使字蹟光亮精采，並且發散清香，研磨時宜慎加注意：

1.磨墨宜用清水（自來水、泉水），以少量逐次添加爲宜，有少數書家喜用酒代水，茶則不可！

2.磨墨時應「重按輕移」，墨與硯垂直，保持正直，切忌歪斜。所謂重按輕移當指用力均勻、速度疾徐適中，蓋太快則墨粒粗易起泡沫，過慢則耗時不易發墨。

3.磨墨時應先洗清硯中之宿墨，以免凝滯傷筆。

4.磨墨時可一面觀摩碑帖，或思考作品形式，使創作成竹在胸，並且藉以凝神靜慮，培養耐性。

5.墨磨用後須晾乾（陰乾）並藏於匣內，防濕、防塵、防曬、防破裂。（註一一）

三、硯的認識及選用

㈠硯的認識

硯是用來磨墨的，因此它的出現可能和筆、墨同時，後漢李尤墨硯銘曰：「書契旣造，墨硯乃陳，則是茲二物者，與文字同興於黃帝之代也。」（註一二）這是硯始於黃帝時代的傳說，其次春秋時代的仲由（即孔子學生子路）曾發明以細石做硯，秦代人以磚做硯，而正式有硯的記載和實物可考的是漢代。西京雜記中說：「漢制天子以玉爲硯，取其不冰。」天子以玉爲硯，而民間還有陶硯、瓦硯、澄泥硯等。（註一三）可見硯在漢代已很普遍，到了唐朝，硯不僅是文房必備的工具之一，並且成了工藝美術中的重要品類，因爲從流傳的唐硯中可以發現都是經過精美的造型設計和圖紋雕飾的；宋代以後由於石質、雕工的極度講究，使它不僅是實用工具也是文人生活中的珍玩。

硯的材料有玉、石、陶、泥、瓷、塑膠等，其中以石材最爲普遍，好的硯石應具備質地堅硬細潤，發墨快而又不容易吸收水分者為佳。（註一四）硯在我國是極普遍的工具，各地均有生產，而以端硯、歙硯、澄泥硯、紅絲硯、綠洮硯、螺溪硯最為著稱。端硯產於廣東省高要縣，隋代設端州，宋代改為肇慶府，在城東羚羊峽斧柯山之西有一條端溪，就是端硯的產地。好的端硯質細膩如膏，發墨而不損毫。硯材以青黑色帶暗紫為多，而石上紋彩，石眼隱約可見者為上品。另外還有綠色與白色，白端硯用來磨硃砂墨。（註一五）與端硯齊名並稱中國兩大名石硯的是歙硯，產地舊時屬安徽省歙溪，今屬江西省婺源縣的龍尾山。歙硯又名婺源硯、龍尾硯、羅紋硯。在中唐時代開始開採，五代南唐李後主更任命硯工李少微為硯務官，專司開琢歙硯。歙硯的形式繁多，但不太講究雕鏤花紋。澄泥硯是陶器類的硯台，其製作的方法是先取河水底下的墐泥，經過過濾澄清等處理，再加入黃丹用力搗和，放入模型壓硬，再由竹刀雕成各式各樣的硯形，陰乾後放進窯中燒十天，燒過了再用墨臘和米醋去蒸，要蒸五回到七回才能製出上好的澄泥硯。（註一六）台灣產硯的地方主要在彰化二水的濁水溪上游一帶，名為螺溪石硯，這些石材久浸河水之下，也有細膩之品，近來大量開採，頗受好評。

㈡硯的選擇

硯的質材有很多種，但選硯大抵以石質為主。石硯中又以端、歙最佳。這兩種硯石質地細膩，容易發墨且不損筆毫，尤其在好的端硯上，磨好的墨不容易乾。端硯實屬硯的上品，在市面上也可以買得到，但價錢昂貴，非一般學生所能負擔，即使愛好書法的人也未必買得起，因為它已經屬於收藏家的珍玩了。普通數千元的端硯並非佳品，因此初學書法使用的硯台可購買台灣產的螺溪石硯，價錢只

須數百元，部分質地稍粗的只要百元上下，適合學生購買；至於市面上價錢便宜的橡膠硯、水泥硯，質材陋劣，不宜選用。（註一七）

㈢硯的使用

硯的使用必須得法方能發揮它的效果。

1.用硯前應以清水洗淨硯面，尤其宿墨必先清洗，但切忌使用利器刮硯面之墨渣。
2.磨墨應加清水，茶水或糝入其他物質會使墨色失去光澤，熱水損墨也不宜使用。
3.磨墨時應重按輕移，範圍要大，不宜只磨局部的硯面，新墨稜角銳利，用力要輕。
4.硯台使用後應將殘墨洗滌乾淨，避免使墨渣結塊粒，以免妨害研磨和傷筆毫。
5.研磨後不可將墨停放在硯面上，否則墨與硯膠黏難脫，易損硯面。
6.硯石不用時可貯些清水，使石質溫潤。
7.硯台應加蓋，以防不用時沾染塵埃，同時也保護硯面，免於碰撞。（註一八）

四、紙的認識及選用

㈠紙的認識

紙的發明大概在西漢、東漢之間，漢代之前書寫文字的材料爲竹木簡和絹帛，近代出土物中有戰國時代的楚簡、楚繒書，西漢的帛書、竹木簡，由於出土的西漢竹木簡數量極多，因此可以判斷西漢初期還沒有紙的出現。中央研究院民國卅一年在居延所發現的古紙，據考證大約爲西元一〇九至一一

○年之間。（註一九）比史書記載的蔡倫造紙約晚五、六年。後漢書中載蔡倫以樹皮、麻頭、敝布、魚網等做原料造蔡侯紙，來取代竹簡和縑帛，到了魏晉南北朝時代，造紙的技術已極進步，現存的晉代陸機平復帖及六朝寫經古紙可爲證明。唐代的造紙術更爲發達，並於中唐時代（八世紀）開始傳往西方。

造紙的原料多半是植物纖維，主要是木纖維和竹纖維，竹纖維所造的紙，紙面光滑，吸墨性較弱，木纖維所造的紙，比較柔韌，吸墨性較強。吸墨性較弱的紙以牋紙類爲主，如古紙中的澄心堂紙、蜀牋、藏經紙，明清的泥金牋、蠟牋等。吸墨性較強的紙，如宣紙、仿宣、毛邊紙、棉紙等，而以宣紙爲最佳。宣紙以產於安徽宣城而得名。在唐代已開始生產，五代南唐李後主命人造了許多有名的澄心堂紙，宋代印佛經的紙也都採取宣紙，到了清代宣紙的名目極多：如單宣、夾宣、羅紋、虎皮、珊瑚、玉版、雲母、蟬翼、泥金、豆腐等。以紙性來分，有生宣、熟宣之別，生宣受墨受水最快，滲化最透，畫家最愛使用，以玉版宣、煮錘宣爲主，玉版屬夾層，煮錘則屬單層；熟宣也稱礬宣，是經過膠礬等物加工而不易滲透水墨的紙，適於畫工筆畫，另外也有一種介於生熟之間的半礬紙，如豆腐宣、虎皮宣。台灣的宣紙是仿造的宣紙，產於南投埔里，該地水質不含石灰質，可以造出好紙。通常是採用楮皮爲主原料，再配以稚皮、竹漿或其他紙漿調製而成。（註二○）

㈡紙的選用

寫字用的紙主要有宣紙、棉紙、毛邊紙、元書紙、竹簾紙、油光紙等。宣紙的原料主要是檀樹皮，纖維較長，拉力較強，加工後的成品潔白、堅韌、質細、吸收性強。好的宣紙能保持墨的光澤，毛邊紙的主要原料是竹枝、竹葉，纖維鬆軟，拉力差。元書紙的主要原料是稻草，纖維粗鬆，拉力很差，紙質粗，韌性差，色黃。一般來說初學書法在練習時採用毛邊紙、元書紙和棉紙。書寫成品時採用宣紙，因爲練習時需要量大，使用紙質較粗的，價錢便宜，宣紙價貴用來練習不很合算。除此，書寫時必須筆墨紙相調和，柔滑的紙可用硬毫，剛澀的紙可用軟毫，墨的濃淡和蘸墨的多少也應考慮，紙鬆吸水快，墨宜濃些；紙緊吸水慢，墨可多蘸，總以能流暢書寫，表現筆畫、墨色爲原則。學生臨摹碑帖可採用九宮格或米字格之毛邊紙，便於把握結構間架。紙不用時勿使受潮、日曬或生蟲，宜放乾燥處保存。（註二一）

五、其他文房用具

書法用具除了筆、墨、紙、硯四種最主要的工具之外，尚有筆架、筆筒、筆捲、墊布、文鎭、腕枕、水盂及水注等。

㈠筆架：其一爲吊掛筆的，有木製或金屬製，筆用過後洗淨將它掛起來便於使水分自流陰乾；其一爲筆山，是臨時擱筆用的，有陶器及金屬製品。

㈡筆筒：筆清洗過後經吊掛陰乾，可以放入筆筒收起，筆筒的品質有高尙的瓷器品，也有雕刻精緻的竹製品。

㈢筆捲：筆的攜帶最好使用竹簾片做成的筆捲來包紮，可防毫毛折損。

㈣墊布：墊布是書寫時襯托在紙張下面，以免墨漬渲染，質料以不滲墨的毛織類爲佳。

㈤文鎭：有細長、圓形等多種式樣。材料有金屬製、石製、玻璃製、壓克力製等，用於壓平紙張。

㈥腕枕：用於枕腕寫字時使用，是一種用竹子剖半或四分之一做成弧形狀。

㈦水盂及水注：以陶瓷製品居多，盛裝清水以備磨墨。水注爲注水之用，有用小銅匙舀水者，通常以陶瓷製成動物形狀，中空，留一小口以便滴水。在文房用品中比較特殊，一般初學書法者大多不用。

貳、書法技能之指導

一、執筆運筆之指導

㈠寫字的姿勢

寫字時姿勢的正確與否，固然直接關係到字的好壞，同時對於身心的健康也有影響。一般初學書法的學生，往往只顧及到字的筆畫間架，而忽略了寫字的姿勢，因此常見到一些如頭歪、身側、眼斜、身體傾前、背駝等現象。久之成了不知不覺的習慣，對於健康是有妨礙的，因此對於正確姿勢養成良好的習慣，是指導初學書法的學生時，一項非常基本且重要的工作。寫字姿勢最起碼的要求是：一、頭要正。二、身要直。三、腰要挺。四、肩要平。五、兩足安放地面。六、胸部稍離桌邊。七、兩臂自然張開（右手執筆，左手按紙，互相呼應。）。

㈡執筆的方法

自古以來書法家對執筆的方法都極爲重視，因爲執筆適當、靈活則運筆必能稱心如意，但執筆方法不只一種，在選擇時以最廣泛被使用者爲原則。一般所採用的指法有撥鐙法、單鈎法、雙鈎法。腕法有枕腕、提腕、懸腕。在發揮執筆功能時應把握「指實、掌虛、掌豎、腕平」的要領。

1.撥鐙法——撥鐙法傳自唐代的陸希聲，有所謂「擫、壓、鈎、抵、格」五字訣。南唐李後主增「導、送」謂之七法。元陳繹曾又增「拒」法，謂之八法。（註二二）鐙字的解釋有兩種說法，一說是馬鐙，一說是燈火的燈。撥鐙法的要領是以姆指前端稍斜仰而緊貼筆管的內側，由內向外著力；食指的第一、第二節之間向內鈎，與姆指相向，位置比姆指稍高；中指的第一節彎曲鈎在筆管外側，以加強食指的力量；無名指指甲根部抵住筆管；小指微貼無名指後，合力頂住食、中兩指向內鈎的力量，如此則達到五指齊力的效果。

2.雙鈎法——雙鈎法就是撥鐙法，因爲食、中兩指合力將筆管內鈎故名。

3.單鈎法——此法是以撥鐙法的執筆要領，但只有食指單鈎，中指抵住筆管，形成以姆指、食指、中指，三指著力的局面。

4.枕腕——通常寫小字時因活動範圍較小，故將手腕貼在桌面上，這種方法十分穩固，有時爲了便於移動，也可以將左手枕在右腕下面，以增加活動的幅度。初學書法可採用枕腕法，較易控制筆畫的運轉。

5.提腕——寫稍大的字時，因移動範圍較大，故將手腕提起，只以手肘靠在桌上。

6.懸腕——寫大字、行書、草書甚至篆、隸時，爲達到力透筆尖的效果，而將整個手臂提起，以便自如運轉，增加活動範圍，使書法作品行氣貫串，發揮書法「散抒懷抱」的功能。

執筆把握以上諸原則，貴在運轉圓熟，不必過度拘泥成法，並輔以「指實」、「掌虛」、「掌豎」、「腕平」等原則，指實即五指齊力，各指間隔宜稍密不宜鬆疏；掌虛即掌心中空，以保持手指靈活；掌豎以維持筆正、鋒正；腕平則掌易豎起，便於運腕。在執筆高低方面，一般而言，小字可靠近筆頭，但距離約在兩指橫寬，寫大字配合提腕可稍高，寫行草書偏高以求靈活，寫楷書稍低以求穩當。初學書法應把握正確、適當的執筆方法，在經驗逐次增加，熟能生巧之後，便可隨心所欲，運轉自如了。

㈢運筆的方法

我國的漢字是由點畫線條所構成，線條即是筆畫的基本元素。由於筆鋒運動時速度、方向、輕重的不同，產生各式各樣的線條。在書法表現的領域中，線條是千變萬化的，因而運筆的方法也並非一成不變。茲舉出一些基本的原則，以供參考：

1.指運、腕運、肘運：指運即枕腕法，腕貼於桌面固定，故活動只限於五指；腕運即提腕法，肘貼靠於桌面，腕部可活動；肘運即懸腕，運使整個手臂，指、腕均不動。

2.起筆須逆鋒：逆鋒便於藏鋒，使鋒芒不外露，如寫橫畫時筆鋒先向左逆入，再轉右行筆；寫豎畫時筆鋒先向上逆入再向下行筆。逆鋒在運筆法中非常重要，它能使筆毫聚勢、筆力內斂、筆畫持重。

3.行筆須中鋒：行筆時欲求筆正，必須使用中鋒。筆勢得正，筆毫與紙面垂直，則筆畫渾厚勁實。若使用偏鋒，則筆畫之下端往往成極微細之鋸齒狀，筆畫便不圓潤。

4.收筆須廻鋒：廻鋒亦是藏鋒的過程之一。如寫橫畫時在筆畫將到盡頭稍微提筆，先向右下再向左回筆；寫豎畫時，運至筆畫盡處，稍微頓筆再向上收提。收筆廻鋒可使筆力前後連成一氣，避免浮躁不實的缺失。

5.轉折與提按：轉和折其實是一種形態，在漢字中應用廣泛。轉折時又必須使用提筆和按筆，提筆輕轉所成的角度略呈圓弧狀，謂之圓筆；按筆重折所成的角度，在筆畫內緣呈直角，直角的相對方向呈短直線，謂之方筆。在運用提按時不可過於板滯，例如按筆之前須先輕提，提筆之後輕按等均是。

6.方筆與圓筆：除轉折有方圓，橫畫亦有方圓，筆畫的前緣略呈直線者爲方筆，略呈弧線者爲圓筆。由此觀之，方筆與圓筆實包括筆畫的起、止及轉彎處。例如楷書諸名蹟中，虞世南的孔子廟堂碑圓筆多，歐陽通的道因法師碑多方筆。書體中楷書多方筆，行草多圓筆，唯應參以方圓，適切運用方爲大妙。

總之，運筆方法貴乎靈活運用，至於運筆時對於用力的輕重，動作的遲速，行筆的急澀，筆鋒含墨的潤渴，當隨機運用，不拘泥成法，把握適切原則，方能在筆墨天地中盡情揮灑，而又不失落落法度。（註二三）

茲將寫字姿勢與執筆方法，附圖如下，以供參考：

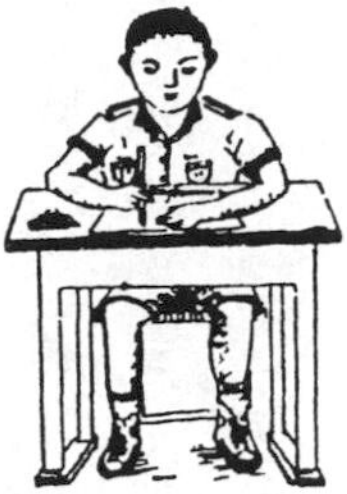

寫字的姿勢

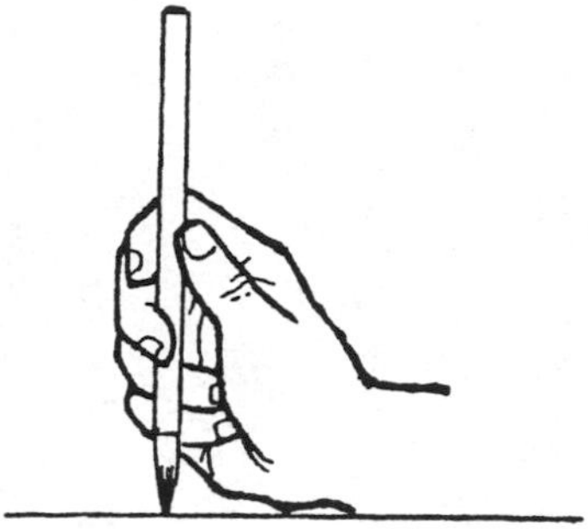

枕腕法

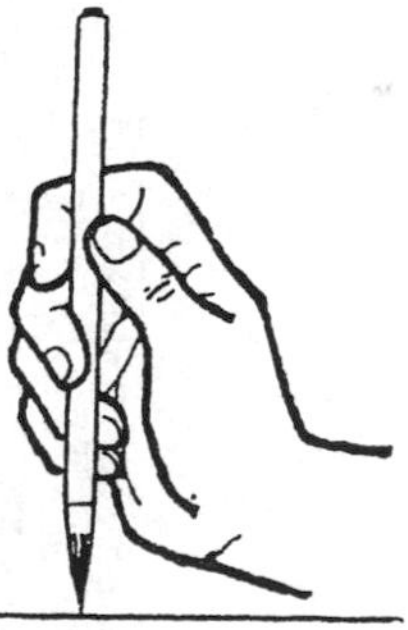

提腕法

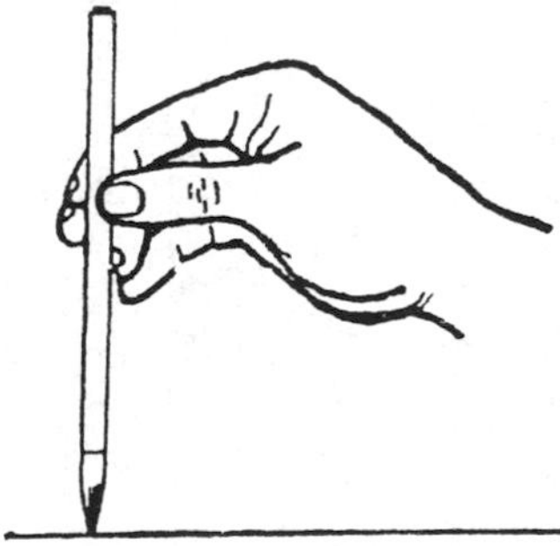

懸腕法

二、筆畫結構之指導

「字」是由若干的筆畫所構成，學習書法時首先要把每一種字體的筆畫、特性捉摸清楚，再注意每個點畫之間的搭配，方能把字寫好，因而筆畫的正確、熟練、結構的均勻、對稱、平整是初學書法者應特別留意的。

㈠楷書的基本筆畫

學習楷書大抵由唐楷入手，因唐人尚「法」，所以在楷書的筆法上，唐代諸名家已發展到淋漓盡致的地步，後代書家都很難超越他們。唐代的楷書名家以虞世南、歐陽詢、褚遂良、顏眞卿、柳公權五家最具代表性。他們的筆畫、結構都各有特色，點畫的寫法不盡相同，但都達到了平正、穩實、勻稱、優美的境界。茲將基本筆畫的名稱表列於後：（取自台北市教育局印「如何指導兒童寫字」）

基本筆畫運筆法及名稱如下：

基本筆畫運筆法及名稱

橫法

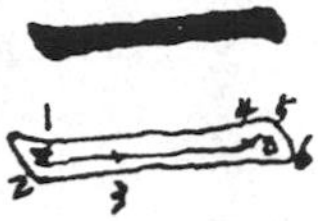

1. 逆鋒向左。
2. 轉筆向下一按。
3. 稍提筆，用中鋒向右行筆。
4. 提筆向上。
5. 轉筆向下一頓。
6. 提筆向左迴鋒收筆。

右尖橫

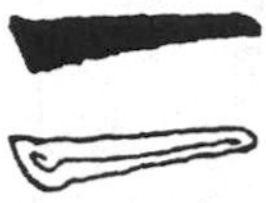

凸橫

凹橫

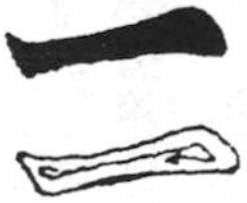

圓頭橫

收筆（護尾）
行筆（盈中）
起筆（藏頭）

左尖橫

豎法

直豎（玉筋）

1. 逆鋒向上。
2. 轉筆向右橫筆略按。
3. 中、鋒向下行筆。
4. 筆鋒微向左偏。
5. 輕輕向下一頓。
6. 迴鋒向上收筆。

懸針

垂露

點法

右點

1. 逆鋒斜向上方，落筆要輕。
2. 轉筆向右下一按。
3. 扭筆向下。
4. 轉筆廻鋒向上收筆。

左點

直點

出鋒點

撇點

平點

鈎法

豎鈎

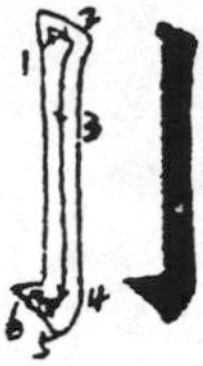

1.2.3.同「直豎」。
4.筆鋒轉向左下方，輕輕一頓。
5.迴鋒稍駐讓筆心含墨集中，準備趯出。
6.飛快趯出，不宜太長。

右彎鈎

橫鈎

斜鈎

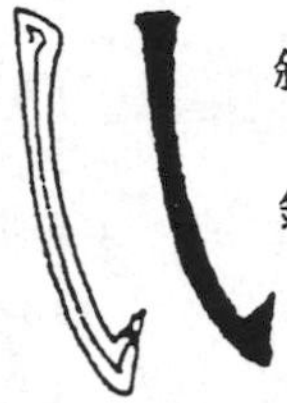

右彎鈎

橫折鈎

豎彎鈎

縮鈎

三曲鈎

橫折右斜鈎

撇法

短撇

1. 逆鋒向上。
2. 轉筆向右下頓筆。
3. 勒筆向左下行筆。
4. 約行筆到全撇三分之二處，慢慢提筆，輕快撇出。

斜撇

直撇

長曲撇

曲頭撇

平撇

三曲撇

蘭葉撇

捺法

斜捺

1. 逆鋒向上，落筆宜輕。
2. 轉筆向右下行筆，由輕而重。
3. 頓筆稍駐。
4. 提筆出鋒。

側捺

平捺

迴鋒捺

挑法

短挑

1. 逆鋒起筆。
2. 轉筆向下一頓。
3. 4. 稍稍提筆扭鋒，得勢輕快挑出。

長挑

折法

橫折

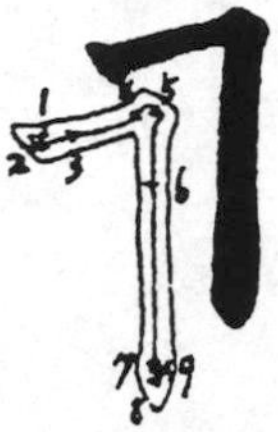

1. 2. 3. 同橫畫起筆。
4. 稍稍提筆。
5. 6. 輕輕一按向下行筆。
7. 8. 9. 同豎畫收筆。

豎折

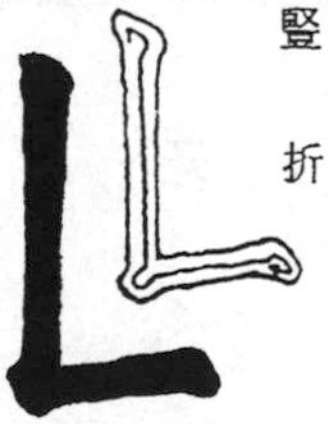

斜折

㈡楷書的結構法則

所謂結構是指將許多不同形質的筆畫構成一個間隔合理平均、字體端正、空白適當的單字的方法。由於楷書是一種平整端正的字體，它的主要筆畫約可歸納成點、橫、豎、鈎、撇、捺、挑、折等筆法，在一字之中，這些筆畫都有相依相成的關係。如果能歸納出它們的關聯性，將有助於初學者的練習。歷來討論結構法的書論很多，如歐陽詢的三十六法，李淳的大字結構八十四法等，將楷書的結構分析得詳盡細密。但因過於繁複難記，除非進一步研究漢字的結構法，對學習楷書而言並非極為必要。茲將常用的楷書結構原則略述於後：

1.比例原則：漢字的結構型式可分為獨體字（文）和合體字兩大類型。除獨體字外，合體字又可歸納為「左右結構」（如顧、陸、深、何）、「上下結構」（如音、竟、皇、貴）、「左中右結構」（如樹、微、衛、激）、「上中下結構」（如慧、靈、摹、蒼）、「半包圍結構」（如閉、幽、區、唐、巡）、「全包圍結構」（如回、困、因、圖）。書寫時先找出其上下、左右、寬窄、高低等相互間的比例，對於整個字形的結構便能把握得住。

2.勻稱原則：獨體字本身就是一個完整的整體，它不和其他結構單位發生關係，書寫時要求對準中心，掌握中心，使疏密勻稱，形體保持平衡。

3.平衡原則：漢字的結構除以獨體、合體分為兩大類型，在其體勢上前人又將之分為疏（如川、介）、密（如繁、麗）、大（如鱗、疆）、小（如日、口）、長（如肩、原）、短（如西、四）、偏

（如乙、也）、斜（如夕、勿）、堆（如森、壘）、積（如鬱、爨）、重（如昌、出）、並（如林、羽）、向（如舒、妙）、背（如孔、肥）、弧（如月、十）、單（如耳、欠）等十六種現象，在這些不規則的結構中，要隨時注意筆畫間的平衡，使字形平穩而不傾倒。

4.照應原則：練習漢字結構時，首先要注意字的形體所屬的類型，找出各筆畫的相互關係，運用比例、勻稱、平衡的原則，在連結這些形態不同的筆畫時，更要注意其相互間的照應，使字的結構不但有比例，疏密大小勻稱，字的重心穩當平衡，更有上下、左右、內外相互照應的效果。

5.變化原則：書法在結構上的變化可分為筆畫的變化和字形的變化，一字之中有兩個以上同類型的筆畫時，應將筆畫形狀稍加變化。如炎字，火的上捺用長點，發字上捺用捺則下捺用長點，一字之中有二鈎時，一鈎的出鋒可略短等。在一幅作品中相同的字出現兩次以上時，亦可變化字形或上下左右調動位置。如鄰、隣，羣、群，達、逹，於、扵等，古人稱之為「帖寫」，在書寫作品時可斟酌使用。（註二四）

三、布局章法之指導

所謂章法，就是全篇作品的布局。練習楷書除了要達到筆畫正確熟練，結構平整勻稱，字形穩實端正外，更要講求單字、群字、行間及全篇的搭配。這種注意一群字或一行字，乃至數行字的間隔、距離，把握一行字的中線，配合字形筆畫的疏密，使全篇作品達到端正、美觀、變化的技巧便是章法。簡而言之，章法其實就是布局的方法。通常一幅作品的章法可包括分間布白和落款兩項。分間布白從小處講，便是一個字的結構，以及字與字的疏密、位置及空間等的安排。從字與字的距離，行與行的距離，乃至作品天地左右的留白，字形濃淡疏密的變化，都必須在書寫前或書寫進行時加以精心設計。因爲書法屬造形藝術，除了文字內容特有的涵意外，一幅作品所表現的線條、空間造形亦是靈魂所在。尤其楷書爲單字獨立的書體，字形、筆畫的變化較少，如果不在章法上作講究，整幅作品將覺單調乏味。其次，所謂落款是指作品正文後面的題字及蓋印。款有上款、下款，單款、雙款之別，所題的內容不外人、事、時、地。通常記年以天干地支來記，記月也以月的別名來記。例如：民國七十四年六月可記爲歲在乙丑荷月。除此，蓋印也是極爲重要的，一般都以蓋印爲作品完成的最後一個手續。當我們書寫一幅作品時，由點畫寫成字，由字寫成行，由行寫成一整幅字。但在欣賞時卻正好相反，我們先看這整幅作品，再看一行字及行與行間的空間感，再看每一個字，最後才看點畫。因此作品的章法是非常重要的，在學習章法時，有幾個要項可以把握：

1.字形穩實——「形」是由點畫所構成，因而單字中的間架結構爲全幅作品的基本要素，應講求穩當紮實，筆法圓熟，方能傳達出書寫者的功力。

2.行氣連貫——「行氣」是一幅作品的字與字之間相互銜接所構成的形象。字與字之間要能承上，同時也要啓下，在彼此間形成顧盼的效果，使每一個字各適其宜，錯落有致，似有一脈絡相爲導引，才能產生氣韻生動的視覺感。

3.虛實相間——以單字而言筆畫爲實，其餘留白爲虛。以全篇而言，字形爲實，其餘空白部分爲虛。一幅作品的字不宜擁擠，也不能太稀疏，擁擠則字的神態盡失，缺乏空間感；稀疏則行氣不能貫串，總要能虛實互相牽掣照應，才能將優美處呈顯出來。

4.畫面雅潔——楷書的筆畫以平正端麗爲主要要求。因此書寫時要注意筆畫的圓淨，最忌暈染毛躁，通篇空白處也要保持潔淨，勿沾染墨漬指印；筆畫粗大的字，字數宜少；字數多時，行間宜寬綽。

5.落款講究——落款的內容最能表現書寫者的涵養，文字力求簡潔明暢，字體尤其要與正文配合。例如楷書作品可用楷書或行書題款，不宜用隸書；或用不同於該體楷書的其他楷書。款後的印章大小也要配合題款字體的大小，過大過小都不恰當，且落款的部位不宜太滿，通常蓋印下方還留有少許空間。（註二五）

四、臨摹書寫之指導

㈠臨摹之指導

書法的學習必須從臨摹碑帖入手。因爲書法是書寫文字、表現文字的藝術。我國的文字經過歷代的變革，從甲骨、篆、隸、草、行至楷書，每一種書體的體式都已燦然大備。歷代書法名家也將各書體所能表現的特色，發揮得淋漓盡致。因此學書從臨摹古代名家的碑帖中，習得筆畫、結構等的寫法，是一條平坦的捷徑。這些由歷代書學名家們嘔心瀝血的傑出作品，提供我們有形的學習對象。對於這些形象—碑帖上的單字—的學習，首先要達到筆畫、字形的相似，次求筆法的純熟。初學宜以一碑或一帖爲對象。等到運筆自如，不須看帖也能寫出結構謹嚴，形體近似該碑帖特色時，便可旁及其他碑帖或書體。例如：一般皆主張學書先從唐楷入手，在唐楷中找出一家的一或兩個碑來臨摹，等到筆法嫻熟，再探討其他各家用筆、結構等的特色。等楷書有了基礎，才學習行草或篆隸。因爲畢竟楷書是今日通行的書體，實用價值較其他書體爲高，並且楷書的結構勻稱端整，線條法度嚴謹，對於文字架構的基礎訓練也有助益。而唐代的楷書是楷書發展的完成及表現的顚峯時期，無論筆畫、結構、布局、章法皆極爲優美。唐以後的任何楷書書家都受到它的深刻影響，而且也無法踰越它，因此適合於初學。

臨摹是學習書法最基本的方法。臨是把碑帖置於一旁，邊看邊寫之謂，又稱爲對臨。摹是把薄而半透明的紙覆在碑帖上，一筆一畫的摹寫。摹又可分爲「描紅」、「映摹」、「雙鉤」、「雙鉤塡墨」等方式。通常初學書法時，除非學習者極無法把握筆畫字形，否則皆以臨爲主，摹可偶一爲之。因爲摹的好處在於容易把握字形及點畫位置，但卻容易失去字的精神。除了臨摹之外，也要經常讀帖，從觀覽碑帖中領會字形以外的東西，亦即字的神韻。如此對書法的學習才能深入。以下提供幾個臨摹的原則以供參考：

1. 選擇有善本流傳的碑帖。
2. 楷書大字入門。
3. 臨帖與讀帖並進。

4.先熟練一碑再旁及他碑。

5.先求形似，後求應用。

6.持之以恆，不爲名利所誘惑。

7.廣泛吸收有關書法的知識。

㈡書寫之指導

學習書法一般可分爲臨書、臨書應用、自運、創作等四個層次。這四個層次對書法已有根基的人而言，是可以相互運用，但在初學者的立場，這四個層次是循序漸進的。在每一個層次的學習過程中，隨時都可以書寫作品。所謂臨書，就是臨帖，亦即臨摹古今名家的碑帖。我們作品中的字形、筆法都和古今碑帖中的字形、筆法形似，因爲臨書的目的就是要學習古今碑帖上的筆法、結構、間架等優點，作爲我們爾後應用、自運或創作的基礎。當我們經過了基本筆畫、結構的學習階段之後，已能把握碑帖中的筆畫、字形等特色，便可以開始書寫作品了。

練習書寫時大都採用九宮格毛邊紙或棉紙。重點在練習筆畫結構，對於章法及紙張的形式並不講求。但在書寫作品時則必須使用宣紙，並且紙張的格式也要加以設計，不論是畫出格子或摺出線條，都要把上下左右留出少許空白。一幅作品的內容分爲正文和落款兩部分，正文是我們臨寫的對象，落款是在正文後面留出適當面積的空白，作爲題記書寫的年月、書寫者名號、臨寫內容所出自的碑帖、臨寫心得等。最後並蓋印，這樣一幅作品便算大功告成了。

書法作品的格式，常見的可分爲中堂、條幅、橫披、對聯、連屏、扇面、册頁等。中堂是整幅宣紙的大小，或長寬接近二比一的比例；條幅是二分之一開的宣紙大小，或長寬接近四比一的比例；橫披是中堂或條幅大的宣紙橫擺，直短而橫長；對聯是左右對稱的兩張，每張長寬如條幅，寫的字數相等，意思相對；連屏也叫屏條，是四張、六張或八張同樣大小的條幅合成一個屏；扇面分爲摺扇和紈扇，紈扇又分成圓形和橢圓形；册頁的篇幅小，通常是八開或十六開大，且將若干頁裝訂成册。

書寫作品時可選用各種形式的紙張，但應注意內容的正文最好是一段完整的文字。落款的字體要比正文小，且要注意書體的協調。蓋印時印的大小也要配合正文及題款的文字，要使用書畫用的印章，鐫刻時稍作講究，名章是陰文則閒章用陽文。使用的印泥要好一點的，否則顏色不鮮明或油漬暈染，容易破壞作品的美感。總之，書寫作品時，從設計格式，書寫到落款蓋印，必須把它當作是一件完整的藝術品看待，儘量避免疏失。

五、書法欣賞之指導

中國文字起源甚早，而書寫能達到美的境界，可以供人欣賞，且有記載可考者，當在漢末魏晉之間。（註二六）自甲骨文的殷代到漢末，其間約一千四百餘年，文字的變遷由甲骨文、鐘鼎文、大篆、小篆，到隸書、章草、行書。這些形體不同，寫法各異的書體，以及遺留在各種不同素材上的書法作品，豐富了書法成爲藝術的內涵。但並沒有人將這種書法的藝術性特別指陳出來，直到漢末才開始出現了純粹站在書法立場上而非站在文字立場上的見解言論，最早的專門論述書法的文章是章草書家崔瑗的「草書勢」。（註二七）魏晉以後，許多書評、書論家在闡述書法的抽象美時，往往借著自然界的物象或現象來增進觀賞者的共鳴感。因爲書法簡單地說就是書寫文字的藝術，其表現的要素一爲文字，一爲書寫法。中國文字起源於象形，最初的文字其實就是一幅自然界景物被簡化了的圖案，即使演變到隸書、楷書，仍然帶有少許象形的成分。當書法家在書寫時又賦予這些文字本於自然的形體和生命，使它在傳達文字美時提供欣賞者易於投入的管道。另一個能使書法達到美的境界的重要因素是毛筆的使用，毛筆的筆鋒富彈性，能把構成文字的點畫發揮出各種不同的線條效果，且書寫時線條所呈現的方、圓、剛、柔、急、澀、濃、淡更將文字的美烘托出來，加上各種不同形質的線條所構成的字體架構，書寫者所表現的自我風格，共同確立了書法藝術的領域。因此書法的欣賞，就在於欣賞文字的抽象形態美以及毛筆書寫的筆法美。

大體而言，一幅書法作品所傳達的美感意象包括了形和神兩方面。所謂的形，是指單字的形、群字形、行間、全篇布局等。單字的形就是點畫、線條、空間架構、墨色濃淡潤渴，以及它所代表的書體，或某書體中某一名家的寫法；而群字形、行間、全篇布局就是前節所談的章法。所謂神，是指書法的內在精神，亦即由欣賞者領受到書法作品形以外所透出的妙趣、神韻、氣韻、氣魄、風骨、書卷氣等高層次的精神境界。形表現出書家的書寫技巧，神含蘊著書家融入書法的精神。（註二八）欣賞書法首先由形開始，然後透過對形的探討體悟，以及書法史、書法家風格的認知，達到心領神會的審美境界。在形的欣賞方面，首先看整幅作品的章法，即行間、布白、落款的安排、搭配，再看單字的點畫、結構，即點畫的寫法、線條的形質、字的造形、疏密的布置以及墨色的運用等。對歷代碑刻的欣賞大抵偏向字的筆畫、結構或書體的特殊造形，乃至書家的特殊風貌；欣賞名帖時除了碑刻的這些要素，還包括線條變化（筆觸），墨色運作等碑刻上所無法表露的特質。對一般展覽會場的近代書家作品的欣賞，則除了章法、筆法、結構、墨韻之外，可以進一步探究其筆法來源、個人風格與創意成分，歷代流傳的作品大都已確立其歷史的定位，可以作爲我們師法的對象，宜仔細分析探討。近人的作品未必即是歷史上的名作，欣賞時必須採取批判的眼光，對於臨寫技巧不宜過分重視。一幅好作品固然書寫技術要熟練而無缺失，其表現的個人風格及創作意識更爲重要。

在神的欣賞方面，首先必須具備：一、認識各種字體。二、瞭解各體書法的基本筆法。三、熟悉歷代書法名家的書風及個性。四、熟讀書法史，瞭解各時代的書法大勢及書風遞嬗。在未具備這些要件者言，當然也可以欣賞書法作品，但那通常只能及於形的欣賞層次，對於眞正傳達中國書法抽象特質的精神境界便難有體會了。因爲書法藝術在中國已經有近兩千年的歷史。如果溯自文字起源即有書法則將近四千年了。書法所傳達的美感，書寫技術固爲作品必備的最基本要素，但在欣賞時往往更注重「形」以外的「神」的境界。也許神的領域太過抽象，但歷代以來已有無數書家、書論家爲後人提供豐富的心得。這些論述也都是書法欣賞，甚至就是書法美學的寶貴資料。近代以來西方的抽象藝術開拓了更廣濶的美的範疇，中國的書法也被目爲抽象的藝術。但因外國人不認識漢字，所以就偏向線條、空間、造形、墨趣等視覺效果的欣賞。彼等固然重視書寫者感情的投入，表現書寫者的個性、風格，但大都是一時的激情，畫面呈現的以筆墨趣味爲多，談不上我國書法精神的表現。不過這種重視造形的書法表現方式，已在日本蔓延一段時日，也是值得注意的一環。（註二九）

【附註】

註一　參見蔡玫芬撰「文房清玩——文人生活中的工藝品」，中國文化新論藝術篇・美感與造形，頁六一三。
註二　參見錢存訓著中國古代書史。
註三　見鄧雪峯著中國繪畫的墨筆硯紙頁六二引崔豹古今注。
註四　參見鄧雪峯著中國繪畫的墨筆硯紙，頁五五〜六九。
註五　參見蔡崇名著書法及其教學之研究。
註六　見中文大辭典第二冊一二八頁。
註七　見鄧雪峯著中國繪畫的墨筆硯紙，頁五引說文桂注。
註八　參見木鐸出版社文史集林第三輯。
註九　參見鄧雪峯著中國繪畫的墨筆硯紙頁六。
註一〇　參見蔡崇名著書法及其教學之研究第二章。
註一一　參見木鐸出版社實用書法教材。
註一二　見中文大辭典第六冊「硯」。
註一三　見鄧雪峯著中國繪畫的墨筆硯紙頁七三。

註一四　見曹緯初著書學通論。
註一五　同註一三，頁七四、七五。
註一六　同註一三，頁七九、八〇。
註一七　參見福利出版社中國書法。
註一八　參見賴瑞鼎著中學書法教學活動設計。
註一九　參見錢存訓著中國古代書史。
註二〇　同註一三，頁一〇八～一〇九。
註二一　參見台北市教育局國民小學輔導叢書如何指導兒童寫字。
註二二　同註一〇，頁五九一。
註二三　參見蔡崇名著書法及其教學之研究。
註二四　參見木鐸出版社實用書法教材。
註二五　參見戴蘭邨「書法作品的章法與款識」，書法教育期刊第四期，頁一一～二〇。
註二六　見張光賓著中華書法史第一章緒論頁一。
註二七　見王壯爲著　書法叢談頁三。
註二八　參見中國文化新論藝術篇，朱惠良撰「無形之相——書法藝術」頁四一五。
註二九　參見日人上田桑鳩著　書道鑑賞入門。

第六節　教學之實施

書法教學的主要目的，首先是訓練學生的書寫技能，使之能將我國今日通行的楷書寫得端正、整齊、優美；並熟習行書的寫法，以便於日常的應用。其次是做爲一種涵養性情的藝術活動，從書法的教學中認識我國書法藝術的內涵，培養學生對傳統優良文化的熱愛；並從書法的學習活動中陶養理想的態度與情操。實施書法教學時，固然可分爲技能的訓練與藝術的認知兩個重點，但兩者是相輔相成的，隨著書法課程的進展，學生不僅熟練書寫的技巧，對各體書法、歷代重要書法家、書法作品、書法的審美學等，也應有完整的概念。

壹、選材原則

書法課程是技術與藝術並重的課目，偏重技術則缺乏生動的內容與長遠的目標；偏重藝術則不免眼高手低，無法獲致書寫的能力。因此，在實施教學活動之前，須先瞭解學生的程度和需要，據此來擬訂適當的教材與選擇教材，就楷書而言，以唐朝五大家（歐陽詢、虞世南、褚遂良、顏眞卿、柳公權）的書蹟爲佳（註一），這五家的楷法不僅可以訓練學生書寫端正、優美的楷書，做爲通向其他書體學習的基礎亦無不可，且五大家傳世的碑帖字蹟大抵清晰完整。選擇教材時，同一個班級可選擇教師擅長的一家來指導學生。如果教師擅長在兩家以上，則可斟酌學生程度，選擇兩種教材，教材之選擇總以教師能指導而且適合學生之學習爲原則。

楷書的教材除直接選用唐代五大家傳世清晰精良的拓本之外，對於歷代書家闡釋筆法、結構的資料亦可參酌運用，近年來坊間印行不少歷代名家碑帖的擴大本，並有筆法、結構的分析和示範，對於教學極爲便利。但選擇時切忌印刷陋劣，或由後人臨寫而影印的版本，雖然價錢便宜，但往往是書法的末流，做爲參考尚可，當做教材則必受其害。至於有關書法藝術內涵的介紹，坊間書籍可資運用者不少。教學時宜深入淺出，使學生易於接受，避免照本宣科。歷代有許多文房雅事、軼事，平日多作收集、整理，將有助於教學的生動。以下茲列舉適合學生初學之楷書名帖，以供參考：（取自二玄社伏見沖敬編「書的歷史」）

唐・歐陽通・道因法師碑

唐・裴休・圭峯禪師碑

唐・虞世南・孔子廟堂碑

唐・歐陽詢・皇甫誕碑

唐・歐陽詢・化度寺碑

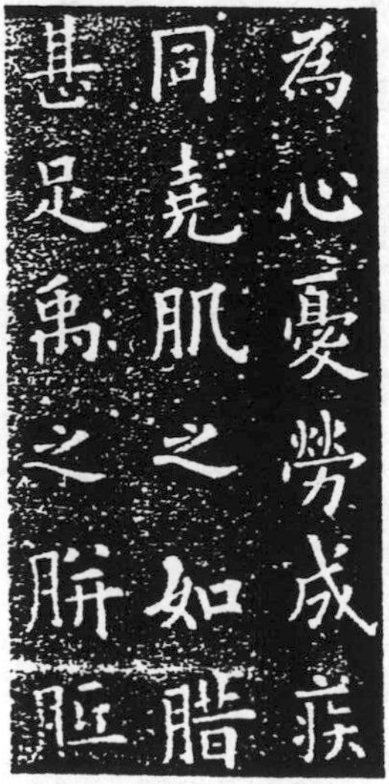

唐・歐陽詢・九成宮醴泉銘

詣高門世胄顯命
堂堂盛德家聲餘慶
拆節飛英
圖儒墨非□擅奇雕

唐・歐陽詢・溫彥博碑

唐・褚遂良・伊闕佛龕碑

望青鳥之来翔以貞觀
十二年七月十二日遺
形而化春秋九十有七
顏色如生舉體柔弱斯

唐・褚遂良・孟法師碑

無形潛寒暑以化
物是以窺天鑑地
庸愚皆識其端明
陰洞陽賢哲罕窮

唐・褚遂良・雁塔聖教序

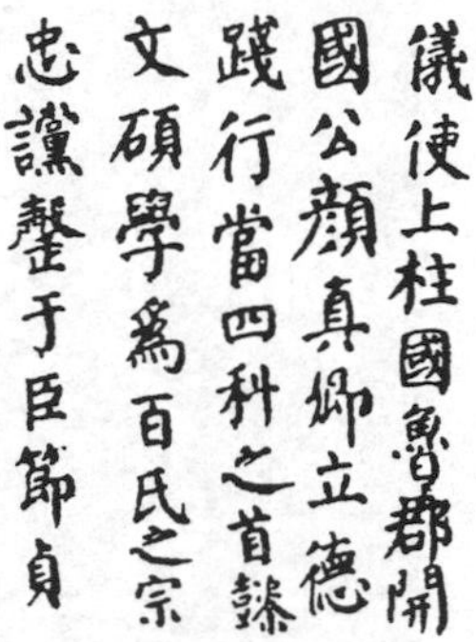

儀使上柱國魯郡開
國公顏真卿立德
踐行當四科之首懿
文碩學爲百氏之宗
忠讜罄于臣節貞

唐・顏真卿・自書告身帖

於四依有禪師法号楚金
姓程廣平人也祖父並信
著釋門慶歸法胤母高氏
久而無姙夜夢諸佛覺而
有娠是生龍象之徵無取

唐・顏真卿・多寶塔碑

玄秘塔者大法
師端甫骨之所

唐・柳公權・玄秘塔碑

孫紘通義尉沒
于蠻泉明孝義

唐・顏真卿・顏勤禮碑

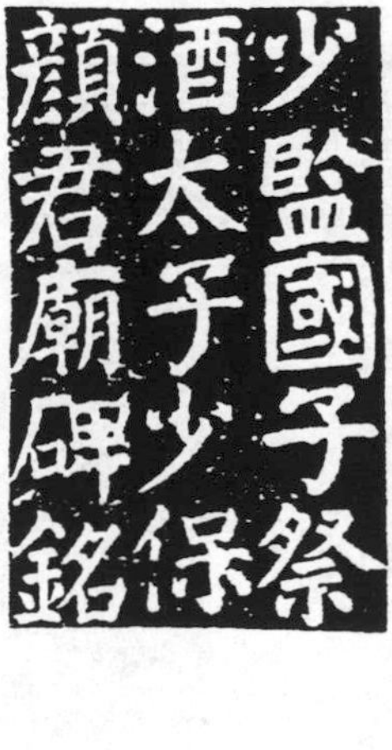

少監國子祭
酒太子少保
顏君廟碑銘

唐・顏真卿・顏氏家廟碑

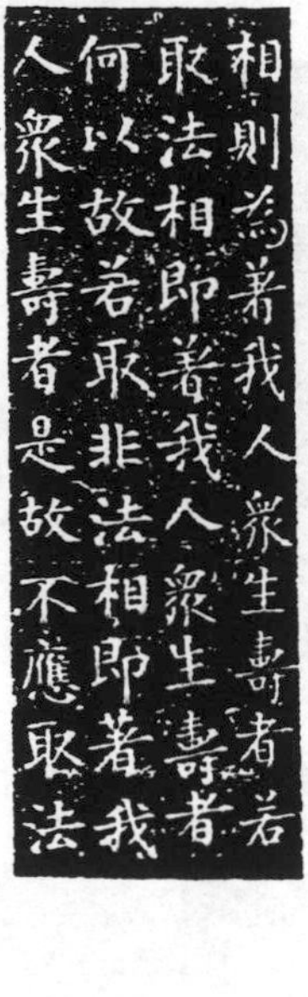

相則為著我人眾生壽者若
取法相即著我人眾生壽者
何以故若取非法相即著我
人眾生壽者是故不應取法

唐・柳公權・金剛經

東魏・敬史君顯儁碑

北魏・高貞碑

北魏・張猛龍碑

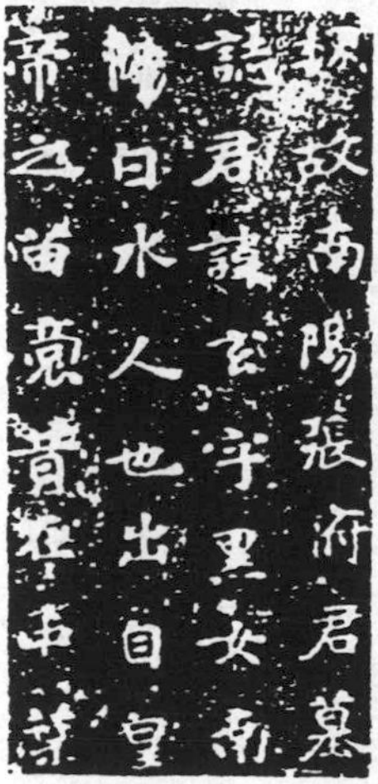
北魏・張玄（黑女）墓誌

北魏・始平公造像記

北魏・魏靈藏造像記

北魏・楊大眼造像記

魏・鍾繇・宣示表

薦季直表

賀捷表

力命表

貳、教具製作與使用

書法的領域十分廣泛，教學的內容除了書寫技術的訓練，還應包括我國書體的認識，書法歷史的演進，書法家和他們的作品，欣賞書法的審美學，以及文房使用的工具等。要使課程生動活潑，既能教導學生寫端正優美的字，又能使學生略窺書法的內涵，教師在教學前對於教具的搜集或製作是一項非常重要的工作。

1.碑帖：歷代碑帖成千上萬，但較具代表性、流傳較廣的大約有二、三百種。選購時以環繞篆、隸、楷、行、草各體，先選流通最廣，歷代以來評價最高者爲主，再逐漸擴及外圍的碑帖。以楷書爲例，先選唐楷五大家的重要作品，再選唐代接近五大家風格的作品，例如歐陽通、薛稷、張旭、裴休等。如選擇魏碑時先選張猛龍碑、高貞碑、張玄墓誌、龍門四品，再擴及其他摩崖、墓誌、造像記等石刻拓本。楷書的範帖除唐楷、魏碑之外，魏人鍾繇及王羲之、王獻之的小楷也在選取之列。

2.圖表：如書體演進圖，基本筆畫名稱、寫法，執筆姿勢，結構分析，運筆方法，歷代重要書家畫像及簡歷等。

3.幻燈片：歷代書法家的作品，近代、現代書家作品選擇代表性者拍攝製作，碑刻形式，文房用具，裱褙方式等皆可做爲輔助教材。

4.影片：坊間已有書法教學影帶的錄製，電視台播放有關書法史，書法教學等影片亦有極高的參考價值，由於影片配合聲光效果，易於引發學生的興趣。目前學校中擁有攝影機者已愈來愈普遍，凡有關書法之學術、展覽、創作等活動皆可錄製以供運用。

5.文房用具：歷代書法家對文房用具皆十分講究。因此往往結合工藝美術，極富精緻高雅的格調。高價者當然不易獲得，財力亦不許可，不過目前市面上筆、墨、硯等的造形，有不少是價錢便宜，而製作尚稱美觀者。其他如仿古筆筒、筆架、水盂、筆洗、臂擱、印泥、紙鎮、水滴等小巧精美者比比皆是，不妨廣加搜羅。除可增加學生學習的興趣，更可提昇學生對整個書法藝術活動的認識。

6.圖書資料：歷代有關書法史、書法理論的著作十分豐富。近代的許多書法家、書法團體也經常印行專集或選集，極有參考價值。近年來日本圖書開放進口，有關書法的著述、雜誌、專刊、選集琳瑯滿目，令人大開眼界。做為一個書法教師，若不擁有大批圖書資料，實無法眞正使書法課程達到生動活潑、興致高昂的目標。

學校中設置書法專門教室是最起碼的要求。教室四壁應懸掛師生或名家書法作品。教室中除擺設適於習字之桌椅之外，桌上之墊布、碑帖架、硯台、墨條、墨汁、筆山、水滴、臂擱等用具亦須齊備。教室中亦應設置碑帖專櫃、文房用具專櫃、圖書資料專櫃，以便容納各分類資料。此外如電化教學設施、洗滌設備等亦不可缺少。一個書法教室若能具備上述要求，不僅容易達成教學目標，獲致良好的教學效果，對於收斂青少年浮躁的心性，培養高尚的情操必然最具有實質上的效益。

参、教學活動之實施

㈠課前準備：教師在課前將本單元教材大綱擬妥後，隨即搜集及製作教具，並指導學生搜集有關資料，準備應用工具等。

㈡引起動機：

1.利用學生習作引起：教師利用批評指導學生上回作品的機會，引起學習的興趣。

2.利用圖片、影片引起：圖片、影片容易引起學生的注意力，也能使教學內容生動。

3.利用書家軼聞趣事引起：歷代許多有成就的書家往往流傳下來不少有趣而又富有深刻涵意的故事，既能引發學生的興趣，又能給予學生一些啓示。

4.利用碑帖名蹟引起：教師揭示放大的名家書蹟或放映幻燈片，引起學生探討的興趣。

5.利用活動演示引起：教師或學生上台書寫表演，引起學生的注意，帶動學習的需要。

6.利用問題引起：教師提出疑難問題徵求學生答案，引導學生進入學習的主題。

㈢講解與示範：由教師先做講解，然後示範各種筆法或書寫範字，亦可遴選優秀學生上台表演，再由教師說明及指正。

㈣模仿與練習：講解及示範之後，學生必須加以模仿及練習，方能領會各種書寫技巧。

㈤欣賞與批評：學生習寫之後，爲瞭解其活用的程度，找出缺失所在，教師應揭示學生優良的作品，共同欣賞其優點，同時亦提出較差的作品，共同批評訂正。欣賞與批評的原則即根據教學方法的各種要領。

㈥指導課外練習：國中或高中的書法課程爲國文科之一小部分，因此課堂上練習的時間非常有限，爲使書寫的技法純熟，必須增加反覆練習的時間，教師必須適當的指定範圍，讓學生於課外習寫。如果學生都有碑帖，則可指定進度，並按時批改學生習作。若能持之以恆，必有顯著效果。

肆、成績評量

書法教學除重視學生的筆法練習與教師的批改指導外，對每個學生學習的情形亦須加以考查，訂定評量標準，給予學生練習時的參考，同時也作爲改進教學的依據。書法成績的考查可分爲知識、欣賞、技能三方面：知識的考查可採用測驗法，測驗的內容可就教師上課所講述的有關我國書體、書家、名碑帖、文房用具、欣賞理論等，測驗時以常識性者爲主，不宜過於專業化。欣賞能力的考查可利用課堂上習寫完畢後的欣賞批評時進行。至於書寫技能的考查是整個書法評量最重要的一部分，因爲國中、高中階段的書法教學目標，主要在於訓練學生寫出端正優美的楷書以及流利的行書，必須先使學生有能力寫出端正優美的字體，方能提昇其對書法的愛好。關於書寫技能的考查，可採取等第法或百分法，評量的標準宜求公正客觀，通常可分下列幾個項目：

㈠畫面整潔：十分

(二)筆畫正確：三十分

(三)結構勻稱：二十分

(四)佈局美觀：二十分

(五)形體無誤：十分

(六)神韻表現：十分

【附註】

註一　唐楷五大家的楷書名帖：虞世南孔子廟堂碑，歐陽詢皇甫誕碑、化度寺邕禪師塔銘、九成宮醴泉銘、溫彥博碑，褚遂良伊闕佛龕碑、孟法師碑、雁塔聖教序，顏眞卿多寶塔碑、顏勤禮碑、顏氏家廟碑、自書告身帖，柳公權玄秘塔碑、金剛經。

第六章　語言訓練

第一節　教學目標

依據部頒國民中學國文課程標準中所列舉的國文教學目標，曾對語言訓練的目標作了提示；其原文抄錄如下：

「二、指導學生繼續學習標準國語，培養聽話與說話的能力與態度。」（註一）

從這教學目標裏，可以分析出國民中學語言訓練的要點，有下列四項：

一、繼續國民小學，訓練學生的標準國語。

二、繼續國民小學，培養學生聽話的能力。

三、繼續國民小學，培養學生說話的能力。

四、指導學生對自己所發表的語言有負責任的態度。

在國民小學的課程表中，語言訓練有「說話」課，其高年級已稍微練習過演講及簡易的辯論；但是到了國民中學，課程表上只有「國文」一科，許多教師也因而忽視語言訓練的教學，使語言訓練的教學目標難以達成。爲了使語言訓練不再落空，也爲了希望使國中教師能注意語言訓練的教學，以下第二節茲就「演說的訓練」上，提出「演說能力訓練法」、「演說的注意要點」、「演說稿寫作的原則與方法」、「演說稿的批改」。第三節茲就「辯論的訓練」上，提出「辯論會的形式與規則」、「辯論會的準備與資料」、「辯論會的實用技巧」等各項，以供參考。

第二節　演說的訓練

演說是一個人面對大衆發表意見的口頭傳播方式。人與人之間要表達意見互相溝通的時候，可以用手寫字，也可以用口說話；說話不但比寫字快，而且方便省事。而演說既有口說的便利，又能同時說給許多人聽，其傳播效率更高；所以在過去，有許多政治家、軍事家、教育家、甚至在事業上有所建樹的實業家，都曾經積極訓練過自己的演說能力。尤其在人際溝通十分頻繁的今日，發表自己的意見，更是民生社會中每一份子的權利和義務。假使不會演說或不敢演說，既不能享受充分的「言論自由」，也不能善盡「貢獻才智」的言責，甚至不能適應團體的生活，以建立良好的人際關係。「演說是參與社會活動的入場券」，我們爲了使學生將來能參與社會活動，就必須加強演說的訓練。

過去，演說學被視爲「著重於評價性的敍述和特殊性的表現」的人文學（Humanities），像文藝創作、戲劇、舞蹈一樣，必須具備相當的天賦，才有學好演說術的可能；然而，今天的演說學，已是「摒棄主觀而追求客觀」的知識，是有原則、有方法的一種大衆傳播技術，應該歸入社會科學（Social Sciences）裏了。一般人，只要具備普通的智慧，而且能夠用口說話，就可以接受演說的訓練而學好演說的技術了。爲了配合國中國文科教學目標的規定，便利國中教師調整目前的國文教學方式，以下介紹幾種適合國中學生程度的「演說能力訓練法」：

一、短文朗讀　指導學生從自己生活見聞或最熟悉的事物中選取材料，寫成一、兩百字的短文，再加以修改，然後當衆朗讀，以訓練其音調抑揚頓挫的表現法。

二、知無不言　就是說凡是經過觀察而知道的事物，都能立刻有條理的向大衆演說。這種訓練的過程例如：請你仔細觀察老師或同學的動作後，試著定出「題目」，然後說出它的「過程」，再找出它給人的「啓示」，經過幾分鐘的思考歸納，隨即按「題目」、「過程」、「啓示」的順序，當衆把自己所知道的說出來，以訓練經過仔細觀察，能有面對大衆演說的能力。

三、排圖說話　隨便選擇人物圖片及風景畫面四、五張，指導學生加以排列組合，設法編出貫串這幾張圖畫的故事，然後設定時限當衆指著圖畫說明。時限可由一百秒到五分鐘，最好所用的時間不太長或太短，誤差必須在十秒以內才好。這是訓練學生控制說話時間的活動。

四、講述故事　指導學生選擇聽過或看過覺得精采有趣的故事，把它改寫成六百字以內的小故事，仔細研究其精采情節的安排，並留意文句的流利與完整，然後當衆說出來。從這項活動中，訓練學生寫演說稿的能力。

五、介紹練習　指導學生選擇一本書、一個人或一個地方，仔細研究所該介紹的重點，然後列出大綱；除了首尾及特別重要的話以外，不必逐字逐句的寫出來。準備完成後，再照著大綱當衆報告。這可以訓練學生運用大綱來演說的能力。

六、角色扮演　把學生分成由三、五個人一組而共同練習。每個人在小紙片上寫明「身分、對象、內容」三項，摺疊成籤放在一起；任何人在要上台前抽出一張，然後，按照紙片上的規定扮演。例如題目是「校長對全校師生開學典禮致詞」，上台就扮演校長的角色說：「各位老師、各位同學：今天是開學典禮……。」這種角色扮演，不但有趣，更能訓練學生的機智。

七、即席演說　也是把學生分成三、五個人一組而共同練習。每個人在紙上寫一個題目，作成題目籤，上台前三分鐘抽題，演說時間以三分鐘爲準。出題時，最好先規定難度，由易而難，循序漸進。例如先用「山、花、牛、燈」之類，單字的具體名詞；再用「流水、白雲、陽光、海浪」之類，兩個字的名詞；接著用「星月交輝、勤能補拙、春風化雨」之類的成語；最後也可用「整潔爲強身之本、怎麼保護眼睛、科學與文學」之類的專門性題目。

訓練國中學生演說能力的活動，當然不限於上面列舉的七種。爲了配合學生的興趣與能力，還必須由親自指導學生的敎師來設計更多的活動方式；就是採用上列七種訓練法，也必須根據學生的特殊情況而作適度的修正。過去許多敎師在「敎學方法」上常執著於某些特定的形式，甚至迷信某些「敎學法」的功能；如果在演說能力訓練上再患此老毛病，那麼恐怕訓練的成效將大打折扣。凡是一切活動設計，能符合下列三大目標的，都不妨一試。

一、能提供學生練習當衆講述之機會的活動。

二、能提高學生從事當衆講述之信心的活動。

三、能提倡學生研究演說技術之風氣的活動。

只要有了確實可行的方法，我們相信，任何一個有信心與毅力的國中學生，受過指導與訓練以後，都可以一步步培養其演說的能力。

一個指導學生演說訓練的教師，對於現代演說學，必須有足夠的認識；雖然教師不必一定是個擅長演說的人，但絕對要具備基本的演說常識。下面所介紹的「演說的注意要點」，只是些最基本的常識而已。

一、怎樣選擇適當的材料

1.自己很熟悉、有把握的材料，才是能講得好的材料。

2.自己覺得有趣味、很喜歡的材料，才是能講得精彩的材料。

3.適合聽衆的興趣、需要的材料，才是聽衆願意聽的好材料。

4.適合聽衆的程度、能力的材料，才是聽衆聽得懂的好材料。

5.預定時間內能夠說清楚，而且配合演說時間、空間的材料，才是適當的好材料。

二、怎樣訂立出色的題目

1.必須與選用的材料適切配合、名實相符的題目，才是正確的好題目。

2.必須是具體的，富有色彩或動作的題目，才是具有吸引力的好題目。

3.必須句法簡單，字數在十個字以內的題目，才是簡短有力的好題目。

三、怎樣調整適當的語速

1.平常對五十人左右的聽衆演說，每分鐘平均的語速是一百八十個音節（字）。
2.對五百人左右演說，每分鐘平均只能講一百三十個音節（字）。
3.聽衆在一千人以上，每分鐘平均語速只能講一百二十個音節（字），甚至有時候每分鐘只講一百個音節（字）。

四、怎樣擬定完整的結構

1.一篇演說，除了開頭的稱呼、最後的謝辭以外，中間可分爲「引論、本論、結論」三部分。
2.引論的長度，大約佔全部的五分之一，最長不要超過五分鐘。
3.本論是演說辭的本文，所有演說的重點，都必須在本論中說得清清楚楚。如果內容較長，可以分爲幾個段落，就像文章的分段一樣。
4.結論是演說辭的末尾，必須特別精彩，才能夠達到畫龍點睛之妙。長度只能佔全部的五分之一，越短越好。

五、怎樣注意適度的儀態

1.姿態宜端莊穩重。既不必過於緊張、嚴肅，也不可以輕佻隨便。
2.服裝宜整潔樸素。既不必華麗耀目，也不可邋遢污損，更不能奇裝異服。
3.動作宜自然大方。不要畏縮不前，或做些無意義的小動作，只要把平常說話的手勢加大些、動作明確些就可以了。

許多學習演說的人，常從演說稿寫作上學起，但是也常受普通作文習慣的影響，寫出一些不能演說的講稿。爲了便於指導學生寫作演說稿，以下再介紹一些演說稿寫作的原則與方法。

一、引論的寫作方法

1.名言錦句法　用一句跟題目有關的格言名句爲開端，使人覺得出口成章，不同凡響。

2.實例故事法　用簡短切題的實例、故事或笑話爲開端，容易引起聽衆的興趣，吸引聽衆的注意。

3.開門見山法　一開始就切入正題，提出精義，使人覺得乾淨俐落，立刻就會全神貫注、側耳傾聽。

4.此外，還可由現場事件說起，或者以展示實物、表演動作爲開端。不過，這些方式，因爲無法事先寫稿，所以並不適合初學的人使用。

二、本論的寫作原則

1.明白　用最普通、最恰當的字詞；最單純、最簡明的句式；最通俗、最易懂的例證，使人明確的瞭解其內容，不必再推敲猜測。

2.有力　次序上要先易後難、先情後理，例證要具體而且有頭有尾；也可以採用同一內容多種句式及同一事理多樣例證的重複法、設問反詰及借用對話的引導法、重言警句及疊句頂眞的集中法、運用實例統計資料及比喻示現的具體法。

3.動聽　修辭要注意音調抑揚的美感，句法要採用精鍊有力的警句，語氣上要誠懇、熱情而具有信心。

三、結論的寫作方法

1.要點歸結法　把全篇重點，用最精簡的三、五句話說出來，使聽衆容易記憶。

2.提出精義法　用名言錦句或自創的警句爲結論，常有餘韻不絕、感人肺腑的功效。

3.前後呼應法　與引論的格言名句或實例故事相呼應，能產生全篇一氣呵成完美無缺的印象。

4.祝福慰勉法　以祝福的話收尾，使人倍感溫馨；用慰勉的語句歸結，更能使人得到實踐力行的勇氣。

對於一個國中學生來說，寫完一篇演說稿，不見得有自己修改的能力，更不可能完全適用，所以必須由指導的老師加以批改。批改學生的演說稿，跟改普通的作文也有些不相同的地方。以下我們從內容、語氣、文辭三方面來討論：

一、要以自主的精神修訂內容。

使用講稿上台演說的是學生而非敎師，爲了培養學生對自己所發表的語言有負責任的態度，敎師修訂學生講稿的內容，只能做客觀的建議，不能作武斷的修改；尤其當學生堅持己意不肯接納建議時，更要尊重學生自主的精神；不可以用敎師修改的講稿作定稿。假使學生所堅持的內容不正確，敎師只可以多次的與學生共同討論，千萬不可使用權威令學生屈服。

二、要以自誦的方式修正語氣。

每個人說話的語氣都稍有不同，我們不必勉強所有的學生學習完全一致的語氣；所以在修正學生演說稿的時候，最好讓學生當面自己念一遍，教師就完全按照學生特有的語氣來修改，不可以完全根據教師個人的語氣改動詞句，以免產生語句不合學生身分或語氣的毛病。

三、要以口語的原則修飾文辭。

演說是用口說給人聽的，不是用手寫給人看的。寫演說稿要用口誦、用耳聽的方式去寫，那麼改演說稿的人也必須以口語的原則來改，不能全憑文辭的美妙來改。許多典雅而文謅謅的華麗詞藻，只適合用眼睛看，不適合用耳朵聽；更有生動而精確的簡明文句，只能夠用手寫出來，不容易用口說得好；例如「使教學方法合理化、使教育制度合法化。」看來不難，說來就難以順口了。爲了避免生澀拗口，必須以口語爲修改演說辭的原則。

演說能力，是民主社會中每一個國民所必須具備的能力之一；而演說技術，經過科學的研究以後，也成爲普通人都能夠學會的技術了。我們固然希望每一個國中教師能瞭解演說訓練的重要性及其方法，更希望教育部在下次修訂國中課程標準的時候，能夠安排適當的語言訓練時間，以免中學語言訓練，永遠只有目標而無從落實，只有理想而無從實現。

（本節「演說的訓練」，原載於國立臺灣師範大學中等教育雙月刊第三十四卷第五、六期。民國七十五年八月曾轉載於國立編譯館主編之國民中學國文教師手冊第一冊「語文常識三」。）

第三節　辯論的訓練

辯論就是對於某一個特定議題持有不同意見的人們，依照共認的規則當面陳述其論證及辯駁，以促成彼此澈底溝通的傳播行爲。因爲參與辯論的人，常超過開會的最低人數（三人），而且其辯論過程有一定的規則，已經具備了會議的條件，所以我們常常叫做辯論會。

在民主社會裏的公共事務，必須由大家熱心的參與；而每個人有了不同的意見，更要儘量的提出來；彼此在公正而平等的立場上，互相討論辯駁，才能夠集思廣益，充分發揮民主政治的功能，辯論的訓練，就是要研究怎樣去提出自己的意見，並且練習從事討論與辯駁的技術。社會上的每個人具備了辯論能力以後，不但人人能夠爲保護自己的權益而辯論，更能擴大社會開放的範圍，加速民主制度的推展，確保民主憲政的成果。由此可見，要培養現代化的好國民，實施辯論的訓練是有其必要性。

在訓練學生辯論能力的過程中，不但訓練了學生的口語表達能力，同時也助長了反應敏捷的機智，引導了追求新知的意願，激發了創造研究的熱忱，建立了集中注意的習慣，熟習了邏輯推理的方式，促成了道德規範的實踐，培養了民主生活的風度；更能夠啓迪學生領導統御的智慧，完成學生自我人格的成長。在一項教育活動中，同時能收到這麼廣泛的功效，實在是最經濟的教育方法，最有用的教學材料。至於從學辦的各類學藝活動來比較，要參加一場辯論活動，必須投注相當的時間與心智去從事準備，在現場還是有許許多多出人意表的變化；所以，對於能力強、智慧高的學生而言，這實在是一項趣味最濃厚，最樂於參與的學藝活動。那麼，我們要如何去訓練學生的辯論能力呢？下面分三項逐一說明：

一、辯論會的形式與規則

辯論會的形式，常見的有演說式及詢問式兩種。所謂演說式辯論，雙方不論申述或辯駁，都採用當衆演說的方式進行；而詢問式的辯論，除了用演說的方式說明自己的論點以外，還特別專設了一段詢問與回答的時間，必須即席答覆對方的問題。因爲詢問式辯論會的創立比較晚，所以有人把演說式辯論叫做舊式辯論會，把詢問式辯論叫做新式辯論會。

演說式辯論的辯論員，有主辯、助辯、結辯的不同職務。主辯必須把己方論點作完整的敍述；助辯一方面補充主辯說明不夠清楚的地方並針對對方駁論提出答辯，另一方面就要提出駁論以駁斥對方的錯誤；結辯是最後歸結己方立論並將對方論點作一總駁。詢問式辯論沒有主辯助辯的區別，人人平等，都要申論，答辯，也都要提問題駁斥對方，最後的結論人則是出場辯論員中任何人都可擔任。

在演說式辯論裏，如果發現對方說明不清楚的地方，也可以在自己的發言時間提出問題，要求對方在下次發言時間答覆，但是不能即席問答，甚至對方顧左右而言他，不予答覆也無可奈何。至於詢問式則不同了，凡是對方論點說得不太清楚或舉證不確實的，都可利用詢問時間提出問題，對方有回答問題的義務。

這種精彩的詢問式辯論，是美國奧瑞岡州立大學口頭傳播學教授葛瑞（Professor J. Stanley Gray）於西元一九二四年創立的，所以又有人叫做奧瑞岡式辯論。民國六十年以後，傳入我國，現在不但普遍用於大專院校，許多高中學生及社會青年也都採用奧瑞岡的新式辯論方式；而南區的大專院校同學在一般詢問過程後增加了一段特別的詢問時間；另有臺大同學採用團體發言時限規定的辯法，這些也都只是奧瑞岡式的變化而已。這種制度，假使雙方旗鼓相當，心智成熟，常會妙語如珠，充分發揮辯者的智慧與才華；但是如果辯士的能力不夠，則問題不能產生功能，答覆也流於沈悶而呆板，所以對初學者而言，還是採用演說式辯論比較妥當。茲附錄七十年北區大專杯辯論比賽的規則在後面以供參考。

一般的演說式辯論會，爲了配合每場時間五十分鐘以方便賽程安排，常常採用正反雙方各五人，主辯、結辯發言五分鐘，助辯發言三分鐘的五、三、五制。但是在重要的決賽裏，則時間又被延長，成爲七、五、七或八、五、八制。有時候人數減少，每隊主、結辯之外只有助辯一人或兩人，甚至也可以兩人一隊，只有主辯與助辯，結辯由主辯兼任；詳細情況可參考幼獅書店發行的「語文遊戲」。爲了便於舉辦比賽，也把演說式辯論規則草案附在後面以供參考。

在普通的國民中學班級裏的辯論會，可採用「開放型」與「擂臺賽」兩種，逐步訓練學生的辯論能力。

開放型的辯論會，除了主席、計時員以外，其他在場的人都可以參與辯論；而個人的意見，除了主辯人以外，也可以在辯論過程中改變立場；雙方只規定交互發言的總時間，不計助辯發言的人次。這種辯論會的訓練，不但適合各級學校的班級活動；而且學生從其中學得的技巧，將來也很容易能用在參與公共事務研討辯駁的時機。開放型辯論的過程是這樣的：

1. 主席宣布辯論會開始，說明題目及定義，介紹雙方主辯人。
2. 正方主辯演述辯辭，時限三～五分鐘。
3. 反方主辯演述辯辭，時限三～五分鐘。
4. 正方助辯發言，時限五分鐘。（由現場觀衆自由發言，只能發表贊同正方意見的言論。只計總發言時間，不計人次，而且主席說話及請求發言等時間一律扣除。）
5. 反方助辯發言，時限五分鐘。（由現場觀衆自由發言，只能發表贊同反方意見的言論。）
6. 正方助辯第二次發言，時限五分鐘。
7. 反方助辯第二次發言，時限五分鐘。
8. 休息三分鐘。（雙方主辯人整理資料）
9. 反方主辯發表結論，時限三～五分鐘。
10. 正方主辯發表結論，時限三～五分鐘。
11. 主席宣布辯論結束，由現場觀衆表決以決定勝負。

擂臺賽的辯論會，對訓練學生的個人辯論能力頗有助益；其實施的方式，也很方便而有趣；人數更富有彈性，五個人以上到五十多個人都可以施行，其過程是這樣的：

1.主席說明題目及定義，介紹擂臺主，並徵求挑戰者。

2.挑戰者選定題目的正反方（也可抽籤決定正反方）。

3.正方演述辯辭，時限二～三分鐘。

4.反方演述辯辭，時限二～三分鐘。

5.正方提出駁論、補充或答辯，時限二～三分鐘。

6.反方提出駁論、補充或答辯，時限二～三分鐘。

7.休息一分鐘。

8.反方發表結論，時限二～三分鐘。

9.正方發表結論，時限二～三分鐘。

10.主席宣布辯論結束，裁定勝負或由觀衆表決；勝者爲下場擂臺主，繼續接受其他觀衆挑戰。

這兩種訓練法雖然方便而易行，但是無法訓練少數人之間的彼此合作與小組默契，也無法訓練學生面對大庭廣衆的雄辯能力，所以，每個學校還應該學辦辯論錦標賽，邀請賽或友誼賽；其耗費的時間與人力雖多，但是所得到的教育成效，絕非普通的教學方式所能比擬的。

二、辯論會的準備與資料

一場辯論會的開始，不是從上臺辯論算起，應該是從確定題目準備辯論就開始了，由此可見辯論會的準備之重要。辯論會的準備，必須分析辯題、確立論點、分配職務、撰稿與對稿，有的要共同討論，有的可分頭工作。

分析辯題是準備工作的起點，辯題分析得正確，論點才不會偏頗；例如辯論「學生應該常看電視節目」，不只要掌握「學生」及「電視節目」兩詞的廣泛定義，更要對「常看」下個明確的限制。假使專門討論電視綜藝節目、連續劇節目，就是論點的偏差，轉而討論目前電視節目的好壞，也不是恰當的論點。一般分析辯題及確立論點由全隊人員共同討論；但是也可由辯論員自己進行。其程序大約如下：

1. 涉獵題目的大概主旨有關文件，例如字典、辭典及百科全書等工具書上有關題目字詞的定義界說。
2. 探討題目的淵源及歷史，以瞭解歷史演變的趨勢，掌握辯論的重心。
3. 根據題目主旨及歷史情況，確立題目各字詞的明確定義，作爲選定論點的基礎。
4. 縮小題目範圍：凡無關緊要的枝節一一予以刪除，承認對方可能要堅持而於我無害的次要論點。
5. 開列雙方理論對照表或辯論資料長編；個人分析可用自由聯想的方式，共同討論則用腦力激盪的方法進行。
6. 歸納雙方資料成普通論點，凡其論點的性質相近或範圍相同者用直線連接起來，並比較論點之強弱優劣。
7. 放棄不利論點，確立有利論點；並作適度的工作分配。

當論點確立並且分配工作以後，辯論員要各自分頭去找更詳盡、確實的資料，以便證明自己所分配要說明的論點。這段搜集證據的時間可長可短，但是無論時間長短，都要再召集一次聚會，各人把找到的證據報告一遍，一方面避免重複，同時也可以互相交換意見或彼此支援，等到協調好了再分頭去撰寫辯論辭。辯論辭寫好了必須再聚會對稿；每個人把辯論稿當面宣讀一遍，不但可以發現疏忽的地方予以彌補避免錯誤，更可以增加彼此的默契，形成團隊的總體力量。

準備辯論的最後一項，是把對稿而修正後的辯論辭，從頭到尾仔細的背熟。千萬不可以到時候忘了辯論辭而亂講胡說，也不該拿出辯論稿來照本宣科，這不但減弱自己的說服力，也會損害自己的自信心。

三、辯論會的實用技巧

辯論之不同於演說，是在於演說只有單向的傳播，辯論是雙向的辯駁。辯論之初說明自己的主張就是立論，接著駁斥對方的錯誤就是駁論，答覆對方的駁斥就是答辯，總結雙方的得失就是結論。這四階段各有實用的技巧。

立論的時候，必須以雙方共同承認的論點爲基礎。例如「學生應該常看電視節目」，雙方一定都同意，一個學生必須把書讀好，不可荒廢功課，那麼正方可以說「學生必須有多方面的常識，才能夠把書讀得好，否則就成了讀死書的書呆子，所以學生應該常看電視節目。」反方立論也可以說「常看電視的學生，常會荒廢功課，所以學生常看電視節目是不對的。」至於立論要簡明，敍述要有力，可以用正面證明的直接論證，也可以用反面證明的間接論證，但都必須一步一步的證明，每步有堅強的證據才可以。推理方式，可以用歸納法，也可以用演繹法，甚至可以先歸納而後演繹，但是最好不要亂用類比推理；許多類比推理常犯類比失當而被推翻，不能成爲建立論點的堅強證據。

駁論必須先說明所要駁斥的論點，然後一層一層的駁它，不可以任意跳脫，否則常常使駁論失去應有的效果。例如說：「剛才對方主辯說常看電視的學生會荒廢功課，其實，荒廢功課的學生不一定是常看電視的學生，而一個常看電視的學生只要把時間分配妥當，只利用空閒的休息時間看有益的電視節目，那就不會荒廢功課了。可見常看電視的學生會荒廢功課的說法是不正確的。」千萬不可一開始就舉許多證據，說了半天大家還不知道所要駁的是那一句話，那就會成爲「無的放矢」了。

答辯必須針對對方駁論而回答，而且要答得乾淨俐落，千萬不可拖泥帶水，更不可顧左右而言他；如果有無法答辯的地方，該絕口不提，否則只有使自己陷於無法自拔的惡劣情勢。例如說：「剛才對方一辯說常看電視的學生不一定會荒廢功課，但是我這裏卻有許多常看電視節目以致荒廢功課的事實；……爲什麼這些人都不像對方所講的，能妥善支配時間呢?因爲電視播出最精彩的節目的時候，正是我們每天做功課最恰當的時間，等功課做完要看電視已經不是最好的節目了，所以電視時間與做功課時間衝突，常看電視就會荒廢功課。」像這樣先舉事實，再分析其所以然，才能算是完整的答辯。

結論必須說得條理井然、頭頭是道；有人採用先駁後立法，有人喜歡先立後駁法，雖然盡量要駁立兼顧，但卻受時間限制，常有顧此失彼的遺憾；所以，用「連駁帶立」的方式，對初學者而言，是比較簡單的方法。其要領是拿自己的論點爲結論的綱領，找對方的錯誤並加駁斥爲綱目下的內容，一方面歸結本方論點，一方面也把對方錯誤順便駁斥了。後面所附的實例「專科學校應該開設口才訓練課程」，就是一篇連駁帶立的結論。除了採用連駁帶立法以外，在結論中千萬不可提出新論點；只要包括本方的主要論點就可以，不必去駁斥對方的每一個論點。

除了這四階段的技巧以外，在實際辯論的時候，一定要沈著，鎮靜，仔細的聽清楚對方的每一句話，遇有錯誤，立刻記下以便反駁，而對於對方正確的論點，不必故意加以歪曲，否則就有失風度了。不論任何時間發言，總要遵守「就事論事」的原則，不可以犯了「人身攻擊」的錯誤；只有最謙和、最公正、最坦白的辯士，才能夠得到大衆的支持擁護，也才能夠得到辯論的勝利。

除了上述三項以外，一個辯論會的題目，必須是一句肯定命題的句子，不要用「是否」、「可不可以」的字眼，也不要用否定命題。爲了使辯論的時候，學生都能說得頭頭是道，還要注意題目的可辯性與能辯性，有些一面倒的題目就沒有可辯性，有些超出學生能力範圍之外的題目就沒有能辯性，這些都不是恰當的題目。至於政策性題目，總以改革方案爲正方，保持現狀爲反方，這只是一般的議場通例，只要知道就不會有失誤了。

附一　慶祝建國七十年北區大專盃辯論比賽規則

第一章　領隊會議

一、領隊會議須由主辦單位於比賽三週前召開。
二、比賽題目及其定義應由主辦單位於領隊會議中公布並討論。
三、題目定義，得依領隊會議之建議而增減，由主辦單位作最後之訂定。
四、賽程於比賽題目定義確定後，於領隊會議中抽籤決定。
五、主辦單位須於領隊會議中宣佈場地及其設備狀況，必要時得提付討論。討論之後由主辦單位作最後決定並宣佈。
六、比賽題目須爲肯定句之形式，正方之論點爲支持辯題之所稱，反方之論點爲反對辯題之所稱，經領隊會議確定之題目定義，比賽時不得以任何理由更改。

第二章　人　員

一、每場比賽，須由主辦單位指設臨場主席一位，以主持比賽之開始及進行。
二、每場比賽，須由主辦單位指設計時員、計分員及招待人員若干位。
三、每場比賽，須由主辦單位邀請三位以上之評判人員。

四、每場比賽，評判人員不得中途入席，撤席或更換。
五、評判人員於賽前詳閱題目定義及規則。
六、每場比賽，每隊出賽人員三位。每隊出賽人員名單於每場比賽前半小時向主辦單位提出，不得再作任何更改。

第三章　比賽程序

一、比賽程序如后：

1.正方第一位隊員申論。反方第二位隊員質詢正方第一位隊員。
2.反方第一位隊員申論。正方第三位隊員質詢反方第一位隊員。
3.正方第二位隊員申論。反方第三位隊員質詢正方第二位隊員。
4.反方第二位隊員申論。正方第一位隊員質詢反方第二位隊員。
5.正方第三位隊員申論。反方第一位隊員質詢正方第三位隊員。
6.反方第三位隊員申論。正方第二位隊員質詢反方第三位隊員。
7.結論先後次序於比賽開始時抽籤決定。

二、比賽時間採「三、三、三」制，即申論、質詢、結論各三分鐘。
三、申論、質詢均告完畢後二分鐘，開始結論。（有關時間之規定，詳見第四章）。

第四章　比賽規範

通　則

一、道具一經使用，他方亦得相同之權利。
二、非經他方要求將已使用或待使用之道具於他方發言時展示者，視爲違規。
三、抗議恒應由領隊於賽前或賽後五分鐘內以書面方式向主辦單位提出，否則不予受理。
四、出賽人員於正式計時開始後不得得自臺下觀衆或隊員之任何幫助，否則視同違規。
五、比賽人員於賽前十分鐘仍未抵達者以棄權論。
六、對行政上的不了解，領隊可向主辦單位請求給予說明。
七、於申論、質詢、回答中，二分三十秒按鈴一響，三分鐘按鈴二響，三分三十秒三響。超過三分三十秒後每隔十五秒再按一聲鈴。

申　論

一、申論者於申論時不得對他方爲任何質詢，否則視爲違規。
二、申論時間爲三分鐘，不足二分三十秒或超過三分三十秒者，每隔十五秒予以扣分一分。

質　詢

一、質詢者得提出任何與題目有關之合理而清晰之問題。

二、質詢者得隨時控制停止被質詢者之回答。
三、未經被質詢者承認之言詞，質詢者不得引述以爲質詢。
四、質詢者於屆滿三分三十秒後提出任何質詢及申論，每逾十五秒予以扣分一分，但不足二分卅秒者不予扣分。

回答

一、被質詢者不得提出反質詢，否則視爲違規。
二、被質詢者答覆質詢者，與隊友討論或由隊友代答者，視爲違規。
三、被質詢者答覆質詢恒應保持「切題」之原則。
四、被質詢者得要求質詢者重述其質詢，但惡意要求重述者，視爲違規。
五、對於最後質詢之答覆，雖未經質詢者制止，被質詢者仍應於三十秒內完成之。否則每隔十五秒予以扣分一分（自風度分數內予以扣減）。
六、被質詢者故意否認己方已陳述之言詞，視爲違規。
七、被質詢者非經質詢者之要求不得回答，否則視爲違規。
八、被質詢者經質詢者要求而不停止回答者視爲違規，在違規被制止後繼續回答，則稱搶答。

結論

一、結論由各方與賽者中選一爲之。

二、爲結論者應就己方之論點加以整理陳述，或對他方之論點加以反駁，不得對他方提出任何質詢，否則視爲違規。
三、結論時間爲三分鐘，不足二分三十秒或超過三分三十秒者，每隔十五秒予以扣分一分。

第五章　評　分

一、評分係就個人成績及團體成績分別評定之。
二、個人成績分三部份評定之，以一百分爲滿分。其中申論佔三十五分，質詢佔四十五分，回答佔二十分。
三、申論之評分項目包括演辯內容（佔十五分），組織能力（佔十分），語調口齒（佔五分），風度儀態（佔五分）。
四、質詢之評分項目包括推繹能力（佔十五分），反駁能力（佔十分），機智反應（佔十分），語調口齒（佔五分），風度儀態（佔五分）。
五、回答之評分項目包括機智反應（佔十分），風度儀態（佔十分）。
六、團體成績以三百七十五分爲滿分，其中包括個人成績及結論成績。
七、結論之評分以七十五分爲滿分，列入團體成績，不計個人成績。
八、結論之評分項目包括歸納能力（佔二十分），分析能力（佔二十分），反駁能力（佔十五分），語調口齒（佔十分），風度儀態（佔十分）。

九、時間分數由計時、計分人員統一計算之。

十、比賽中時間之通知，應由計時人員以鈴聲或標誌方式為之。

十一、違規之利益不予承認。

十二、比賽人員有違規情事者，評審人員可就其輕重程度酌情扣分或逕予宣判作敗論。

十三、團體之勝負，以獲多數評判人員評分較高之方為勝隊，評判人員對雙方勝負判定人數相當時，依總分決定雙方勝負，總分仍相等時依質詢、申論、回答及結論之次序依次比較，以判定勝負。

附二　演說式辯論賽規則草案

一、領隊會議

一、領隊會議由主辦單位於比賽前四週召開。

二、各隊領隊以外之人員可列席領隊會議旁聽，不得發言，亦無表決權。

三、領隊會議應按順序議決下列各項：

1.比賽規範各節之認定或修正。

2.比賽題目之數量、題義及說明。

3.比賽場地之佈置及設備。

4.比賽程序之賽程表。

四、領隊會議之議決案，主辦單位應於會後儘速整理，並於比賽前二週以書面寄達各隊。

二、工作人員

五、每場比賽，應有主席一名，主持比賽之進行。

六、每場比賽，應有計時、計分、招待人員若干，由主辦單位視情況決定。

七、每場比賽，應有評審員三名以上，且不得中途離席更換。

八、每場比賽競賽員名單及職務，於開賽前一小時向主辦單位提出，未按時提出名單者以棄權論。

三、比賽程序及時限

九、比賽進行各方發言程序如下：

甲、雙組式

1.甲方主辯。

2.乙方主辯。

3.甲方第一助辯。

4.乙方第一助辯。

5.甲方第二助辯。

6.乙方第二助辯。

乙、三組式

1.甲方主辯。

2.乙方主辯。

3.丙方主辯。

4.甲方第一助辯。

5.乙方第一助辯。

6.丙方第一助辯。

7.甲方第三助辯。
8.乙方第三助辯。
9.乙方結辯。
10.甲方結辯。

7.乙方第二助辯。
8.甲方第二助辯。
9.丙方第二助辯。
10.乙方第三助辯。
11.甲方第三助辯。
12.丙方第三助辯。
13.丙方結辯。
14.乙方結辯。
15.甲方結辯。

一〇、發言時限，主辯五～八分鐘，助辯三～五分鐘，結辯五～八分鐘；初複賽採五、三、五制，決賽採八、五、八制。

一一、助辯發言後，結辯發言前，休息二分鐘，以利結辯之整理資料。

一二、發言時限不足或超過三十秒者，每十五秒鐘扣一分。

四、比賽規範

一三、發言時限屆滿前三十秒，時限屆滿，時限超過三十秒及每扣一分之逾時，計時員應以鈴聲或信號通知發言人。

一四、發言人為輔助說明，得使用道具，惟道具一經使用，他方亦有借用權。
一五、發言有違規情事者，其違規利益不予承認。
一六、主辯應就本方論點，提出全盤性理論或事實之說明，不得提出質詢問題，亦不負答覆問題之義務。
一七、助辯應對本方論點加以補充說明，或對他方之論點加以駁斥。
一八、助辯得向他方提出質詢問題請求回答，或對他方之質詢及駁斥提出答辯。
一九、結辯應對本方論點加以歸結，並對他方論點加以總駁。
二〇、結辯提出新論點者不予承認，提出質詢者，被質詢人亦不必答覆。
二一、比賽進行中，競賽員不得接受外來之任何協助，亦不得有干擾比賽進行之言行，否則他方領隊得向主席提出抗議，經評審員議決抗議成立後，得視情況扣分或逕宣佈違規者作失敗論。

五、評分及領獎

二二、評分按表分項評定（詳見評分總表）。
二三、全隊個人總分之和為團體總積分，團體成績採積分票決制，票數相同者得比總積分。總積分又相同者，以立論成績高者為勝。
二四、個人成績得取總分獎一～三名外，另可設分項獎若干。
二五、個人獎每人限領一項，以決賽成績為準。另可設優秀辯士獎若干名，以評分員共同投票決定，頒給未參加決賽之辯論員。

演說式辯論比賽評分表（總表）

時間：　　年　　月　　日　　地點：　　場次：

辯論題目	

職務 / 項目及比例 / 成績 / 隊別	主辯：立論（取材及布局）30%	主辯：辯才（辭令及語調）30%	主辯：風度（禮貌及台風）30%	主辯：時間控制10%	△小計	第一…：立論（申論或答辯）30%	第一…：辯才（駁斥或質詢）30%
甲隊							
乙隊							
丙隊							
工作人員簽章	主席						

競賽隊名	
甲隊：	
乙隊：	
丙隊：	

助辯		△小計	第二助辯				△小計	第三助辯			
風度（禮貌及台風）30%	時間控制10%	小計	立論（申論或答辯）30%	辯才（駁斥或質詢）30%	風度（禮貌及台風）30%	時間控制10%	小計	立論（申論或答辯）30%	辯才（駁斥或質詢）30%	風度（禮貌及台風）30%	時間控制10%

計時		計分	

評分人簽章		評分人複核簽章	

△小計	結辯 立論（歸納及答辯）30%	結辯 辯才（駁斥及辭令）30%	結辯 風度（禮貌及台風）30%	結辯 時間控制10%	△小計	團體總分	團體名次

備註	

※時間控制，由計時人員統一塡寫，個人小計、團體總分由計分人員塡寫，勝負團體名次由主席依規章裁定。最後呈送原評分人員複核簽章，始具有足夠之投票效率。

附　三：連駁帶立的結辯——專科學校應該開設口才訓練課程

一場辯論會，都有結辯加以歸納與總駁；有些人偏於歸納立論而忽略駁斥，也有人偏重駁斥對方而忽略歸納自己的理論；這都不好。連駁帶立法是一面駁斥對方，一面歸結整理自己的論點。以下介紹的這篇是六十四年十一月明志工專所辦北區五專盃辯論比賽中的一段。

※　※　※　※　　　　※　※　※　※

各位在場的同學，對方的辯友，大家好！

今天我們在這裏討論「專科學校應該開設口才訓練課程」；我代表正方，把本方主張應該開設的理由加以歸結、整理；也把對方主張不該開設的理由加以分析、駁斥。

「工欲善其事，必先利其器」，我們與人討論，與朋友聚談，都必須運用說話的技巧，否則，就會給人一種語言無味而又面目可憎之感。今天我們的討論，有兩項共同確認的前提：第一、雙方都承認口才訓練對於我們一生事業的成敗影響極大。第二、雙方也都希望，在這五專讀書的短短五年裏頭，充實各方面的知識、能力，以備將來能夠貢獻所學，爲國家爲民族而服務，爲社會人類而造福。在這兩項大前提之下，雙方進入了激烈的辯論。

首先，我們認爲口才訓練無論是對目前或者是對將來，都十分的重要，而且我們所需要的口才訓練，是有系統的，有層次的，有整體性與持續性，而不是片斷的，支離破碎的；所以我們就應該開設口才訓練課程。而對方卻一直的堅持，用什麼課外活動啦、班會啦、週會啦等方式去訓練口才，我們已經說得非常明白，我們並不否認課外活動、班會、週會對口才訓練是有幫助的，但是專科學校開設口才訓練課程以後，課內與課外相輔相成，雙管齊下，齊頭並進，那效果必定是更大而且更快的。

其次，我們也不否認有些天才，不必靠訓練就能成爲優秀的演說家、辯論家，就像剛才各位所看到對方三位辯友一樣。不過，天才畢竟是可遇而不可求的，畢竟也是少數。對於大多數的平凡五專生，與其靠天才不如靠努力，與其靠天然的成熟，不如靠教育與學習。所以我們爲了早日能夠擁有較好的口才，爲了在人生的旅途上，拉直一條成功的捷徑，就不可以怕花錢，不可以怕困難，必須要克服任何的障碍，在專科學校裏頭，單獨開設口才訓練課程。

謝謝各位！

【附註】

註一　見民國七十二年七月教育部公布之國民中學國文課程標準　頁五七

附錄：

附錄一　中華民國教育宗旨

中華民國十八年四月二十六日國民政府公布

中華民國之教育，根據三民主義，以充實人民生活，扶植社會生存，發展國民生計，延續民族生命爲目的，務期民族獨立，民權普遍，民生發展，以促進世界大同。

附錄二　中華民國憲法有關教育文化之條文

中華民國三十五年十二月二十五日國民大會通過
中華民國三十六年一月一日國民政府公布
中華民國三十六年十二月二十五日施行

第二章　人民之權利義務

第十一條　人民有言論、講學、著作及出版之自由。

第二十一條　人民有受國民教育之權利與義務。

第十三章　基本國策

第五節　教育文化

第一五八條　教育文化應發展國民之民族精神，自治精神，國民道德，健全體格，科學及生活知能。

第一五九條　國民受教育之機會一律平等。

第一六〇條　六歲至十二歲之學齡兒童，一律受基本教育，免納學費，其貧苦者，由政府供給書籍。已逾學齡未受基本教育之國民，一律受補習教育，免納學費，其書籍亦由政府供給。

第一六一條　各級政府應常設獎學金名額，以扶助學行俱優無力升學之學生。

第一六二條　全國公私立之教育文化機關，依法律受國家之監督。

第一六三條　國家應注重各地區教育之均衡發展，並推行社會教育，以提高一般國民之文化水準，邊疆及貧瘠地區之教育文化經費，由國庫補助之。其重要之教育文化事業，得由中央辦理或補助之。

第一六四條　教育、科學、文化之經費，在中央不得少於其預算總額百分之十五，在省不得少於其預算總額百分之二十五，在市縣不得少於其預算總額百分之三十五，其依法設置之教育文化基金及產業，應予以保障。

第一六五條　國家應保障教育、科學、藝術工作者之生活，並依國民經濟之進展，隨時提高其待遇。

第一六六條　國家應獎勵科學之發明與創造，並保護有關歷史、文化、藝術之古蹟古物。

第一六七條　國家對於左列事業或個人，予以獎勵或補助。

一、國內私人經營之教育事業成績優良者。
二、僑居國外國民之教育事業成績優良者。
三、於學術或技術有發明者。
四、從事教育久於其職而成績優良者。

附錄三 國民教育法

中華民國六十八年五月二十三日公布

第一條 國民教育依中華民國憲法第一百五十八條之規定，以養成德、智、體、群、美五育均衡發展之健全國民爲宗旨。

第二條 凡六歲至十五歲之國民，應受國民教育；已逾齡未受國民教育之國民，應受國民補習教育。六歲至十五歲國民之強迫入學，另以法律定之。

第三條 國民教育分爲二階段：前六年爲國民小學教育；後三年爲國民中學教育。對於資賦優異之國民小學學生，得縮短其修業年限。但以一年爲限。國民補習教育，由國民小學及國民中學附設國民補習學校實施；其辦法另定之。

第四條 國民教育，以由政府辦理爲原則。國民小學及國民中學，由直轄市或縣（市）主管教育行政機關依據人口、交通、行政區域及學校分布情形，劃分學區，分區設置。

第五條　國民小學及國民中學學生免納學費；貧苦者，由政府供給書籍，並免繳其他法令規定之費用。

國民中學另設獎、助學金，獎、助優秀、清寒學生。

第六條　六歲之學齡兒童，由戶政機關調查造册，送經主管教育行政機關按學區分發，並由鄉、鎭（市）、區公所通知其入國民小學。

國民小學當年度畢業生，由直轄市或縣（市）主管教育行政機關按學區分發入國民中學。

第七條　國民小學及國民中學之課程，採九年一貫制，應以民族精神教育及國民生活教育爲中心。

國民中學應兼顧學生升學及就業之需要，除文化陶冶之基本科目外，並加強職業科目及技藝訓練。

第八條　國民小學及國民中學之課程標準及設備標準，由教育部定之。

國民小學及國民中學之教科圖書，由教育部編輯或審定之。

第九條　國民小學及國民中學各置校長一人，綜理校務，應爲專任，並採任期制。

國民小學校長由直轄市或縣（市）主管教育行政機關遴用；國民中學校長，由直轄市或省主管教育行政機關遴用。

第十條　國民小學及國民中學，視規模大小，酌設教務處、訓導處、總務處或教導處、總務處，各置主任一人及職員若干人。主任由校長就專任教師中聘兼之，職員由校長遴用，均應報請直轄市或縣（市）主管教育行政機關核備。

國民小學應設輔導室或輔導人員；國民中學應設輔導室。輔導室主任一人，由校長遴選具有專業知能之教師聘兼之，並置輔導人員若干人，辦理學生輔導事宜。

國民小學及國民中學，視實際需要設置人事及主計單位；其設置標準，由人事及主計主管機關分別定之。

第十一條　國民小學教師，由直轄市或縣（市）主管教育行政機關派任；國民中學教師，由校長聘任，均應專任。但國民中學有特殊情形者，得聘請兼任教師。

第十二條　國民小學及國民中學，以採小班制為原則；其班級編制及教職員員額編制標準，由教育部定之。

第十三條　國民小學及國民中學學生修業期滿，成績及格，由學校發給畢業證書。

第十四條　國民教育階段，對於資賦優異、體能殘障、智能不足、性格或行為異常學生，應施以特殊教育或技藝訓練；其辦法由教育部定之。

第十五條　國民小學及國民中學應配合地方需要，協助辦理社會教育，促進社區發展。

第十六條　政府辦理國民教育所需經費，由直轄市或縣（市）政府編列預算支應，財源如左：

一、直轄市或縣（市）政府一般歲入。

二、直轄市或縣（市）政府依平均地權條例規定分配款。

三、省（市）政府就省（市）、縣（市）地方稅部分，在稅法及財政收支劃分法規定限額內籌措財源，逕報行政院核定實施，不受財政收支劃分法第十八條第一項但書之限制。

前項第二款及第三款財源，在省由省政府統籌分配。

縣（市）財政有困難時，省政府得依財政收支劃分法有關規定補助之。

中央政府應視國民教育經費之實際需要補助之。

第十七條　辦理國民教育所需建校土地，由直轄市或縣（市）政府視都市計劃及社區發展需要，優先規劃，並得依法撥用或徵收。

第十八條　國民小學及國民中學校長、主任、教師之任用及考績，另以法律定之；其甄選、儲訓、登記、檢定、遷調，進修及獎懲等辦法，由教育部定之。

第十九條　師範院校及設有教育學院（系）之大學，為辦理國民教育各項實驗、研究，並供教學實習，得設實驗國民中學、國民小學或幼稚園。

實驗國民中學、國民小學或幼稚園校（園）長，由主管學校校（院）長，就本校教師中遴選合格人員充任，採任期制，並報請主管教育行政機關核備。

實驗國民中學、國民小學或幼稚園教師，由校（園）長遴聘；各處、室主任及職員，由校（園）長遴用，報請主管校、院核轉主管教育行政機關備查。

第二十條　私立國民小學及私立國民中學，除依照私立學校法及本法有關規定辦理外，各處、室主任、敎師及職員，由校長遴聘，報請主管教育行政機關核備。

第二十一條　本法施行細則，由教育部定之。

第二十二條　本法自公布日施行。

附錄四　高級中學法

中華民國六十八年五月二日公布

第一條　高級中學依中華民國憲法第一百五十八條之規定，以發展青年身心，並爲研究高深學術及學習專門知能之預備爲宗旨。

第二條　高級中學入學資格，須曾在公、私立國民中學畢業，或具有同等學力經入學考試及格。修業年限爲三年。

第三條　高級中學由省（市）設立，或由私人依私立學校法設立。教育部爲教育實驗，得設立國立高級中學。

師範大學、師範學院、教育學院及設有教育學院（系）之大學，爲進行教育實驗及學生實習，得設立附屬高級中學。

第　四　條　高級中學爲適應特殊地區之需要，得報經主管教育行政機關核准，附設國民中學部或職業類科。

高級中學附設職業類科，以三科爲限；其課程、師資及設立標準與職業學校同。

第　五　條　高級中學之設立、變更或停辦；國立者，由教育部核定，省（市）立者，由省（市）主管教育行政機關核定，報請教育部備查；私立者，報由省（市）主管教育行政機關核准，轉報教育部備查。

高級中學之設立標準，由教育部定之。

第　六　條　高級中學課程以加強基本學科之研習爲重點；其課程標準及設備標準，由教育部定之。

第　七　條　高級中學各科教材，應由教育部編輯或審定之。

第　八　條　高級中學應就學生能力、性向及興趣，輔導其適當發展。對於資賦優異學生，應予特別輔導，並得縮短其優異學科之學習年限；對不適於繼續接受高級中學教育之學生，應輔導其接受職業教育或職業訓練，其辦法由教育部定之。

第　九　條　高級中學置校長一人，綜理校務。國立者，由教育部遴選合格人員任用；省（市）立者，由省（市）主管教育行政機關遴選合格人員，報請省（市）政府任用；私立者，由董事會遴選合格人員，報請主管教育行政機關核准後聘任。校長應爲專任，除擔任本校教課外，不得兼任他職。

第三條第二項之附屬高級中學校長，由各該大學（學院）校（院）長，就該大學（學院）教師中聘請兼任。

公立高級中學校長應採任期制，其辦法由教育部定之。

第　十　條　高級中學設教務、訓導、總務三處，各置主任一人，由校長就專任教師中聘兼之，秉承校長，主持全校教務、訓導、總務事項。

前項各處得分設各組，各置組長一人，職員若干人，由校長任用之。

第十一條　高級中學設有國民中學部或職業類科者，置部主任或科主任，由校長就專任教師中聘兼之。

第十二條　高級中學圖書館得置主任一人，由校長遴選具有專業知能之人員充任之。

第十三條　高級中學設輔導工作委員會，規劃、協調全校學生輔導工作。輔導工作委員會置專任輔導教師，由校長遴聘具有專業知能人員充任之。

第十四條　高級中學教師應爲專任。但有特殊情形者，得聘請兼任教師，均由校長聘任，報請主管教育行政機關核備。

第十五條　高級中學規模較大者，得置秘書一人，辦理文稿之撰擬、審核及校長交辦事項；其人選由校長聘任之。

第十六條　高級中學設人事室或人事管理員，其設人事室者，置主任一人，均得置佐理人員若干人，依法令規定，辦理人事管理事項。

第十七條　高級中學設主計（會計）室或主計（會計）員，其設主計（會計）室者置主任一人，均得置佐理人員若干人，依法令規定，辦理歲計、會計、統計事項。

第十八條　高級中學校長及教職員之遴用，另以法律定之。

第十九條　高級中學教師之登記、檢定、服務、進修等辦法，由教育部定之。

第二十條　高級中學置軍訓主任教官、軍訓教官及護理教員，其遴選、介派、遷調辦法，由教育部定之。

第二十一條　高級中學設校務會議，以校長、各單位主管、全體專任教師或教師代表組成之，校長爲主席，討論重要興革事項。

第二十二條　高級中學設教務會議，以教務主任、訓導主任、軍訓主任教官、部主任、科主任及專任教師代表組成之，教務主任爲主席，討論教務上重要事項。

第二十三條　高級中學設訓導會議，以校長、教務主任、訓導主任、輔導教師、軍訓主任教官、全體導師及軍訓教官組成之，校長爲主席，討論訓導上重要事項。

第二十四條　高級中學學生修業期滿，成績及格，由學校發給畢業證書。

第二十五條　私立高級中學，除適用本法外，並依私立學校法辦理。

第二十六條　高級中學規程，由教育部定之。

第二十七條　本法自公布日施行。

附錄五　職業學校法

中華民國六十五年五月七日修正公布

第一條　職業學校，依中華民國憲法第一百五十八條之規定，以教授青年職業智能，培養職業道德，養成健全之基層技術人員爲宗旨。

第二條　職業學校以分類設立爲原則，並按其類別稱某類職業學校；必要時得併設第二類，每類各設若干科。

第三條　職業學校之設立標準，由教育部定之。

第四條　職業學校入學資格，須曾在國民中學或初級中等學校畢業，或具有同等學力；經入學試驗及格者，其修業年限爲三年至四年。但戲劇職業學校，不在此限。

第五條　職業學校得設夜間部，以招收在職人員爲主；其辦法由教育部定之。

第六條　職業學校由省（市）設立。但應地方實際需要，得由縣（市）設立，或由私人依私立學校法設立。教育部審察實際情形，得設立國立職業學校。

第七條　職業學校之設立、變更或停辦，由省（市）設立者，應由省（市）主管教育行政機關報請教育部備查；由縣（市）或私人設立者，報由省（市）主管教育行政機關核准，轉報教育部備查。

第八條　職業學校之教學科目，以着重實用爲主，並應加強實習與實驗，其課程標準、設備標準及實習辦法，由教育部定之。

第九條　爲建立職業學校基礎，國民中學之職業科目及技藝訓練，應參照前項規定辦理。職業學校應配合社會需要，辦理推廣教育及建教合作；其辦法由教育部定之。

第十條　職業學校置校長一人，綜理校務。國立職業學校校長，由教育部任用之。省（市）立職業學校，由省（市）教育廳（局），遴選合格人員，報請省（市）政府任用之。縣（市）立職業學校，由縣（市）政府遴選合格人員，報請主管教育行政機關核准後任用之。私立職業學校校長，由董事會遴選合格人員，報請主管教育行政機關核准後聘任之。校長除擔任本校教課外，不得兼任他職。公私立職業學校校長，經省（市）主管教育行政機關核准任用或聘任後，應按期彙報教育部備查。

公立職業學校校長應採任期制，其辦法由教育部定之。

第十一條　職業學校教師，由校長聘任之，應爲專任。職業學校得置技術及專業教師，遴聘富有實際經驗之人員，以擔任專業或技術科目之教學；其辦法由教育部定之。

職業學校職員，由校長任用之，報請主管教育行政機關備查。

第十二條　職業學校軍訓主任教官、軍訓教官及護理教員之遴選、介派、遷調辦法，由教育部定之。

第十三條　公立職業學校校長及教職員之任用標準，由教育部定之。
第十四條　職業學校學生修業期滿、實習完竣，成績及格，由學校發給畢業證書。
第十五條　公立職業學校得不收學費，並設獎學金。
第十六條　職業學校規程，由教育部定之。
第十七條　本法自公布日施行。

附錄六　國民中學國文課程標準

中華民國七十二年七月教育部公布

第一　目　標

壹、指導學生由國文學習中，繼續國民小學之教育，增進生活經驗，啓發思辨能力，養成倫理觀念，激發愛國思想，並宏揚中華民族文化。
貳、指導學生繼續學習標準國語，培養聽話及說話之能力與態度。
叁、指導學生學習課文，明瞭本國語文之特質，培養閱讀能力及寫作技巧。
肆、指導學生閱讀有益身心之課外讀物，培養其欣賞文學作品之興趣及能力。
伍、指導學生明瞭國字之結構，以正確之執筆姿勢及運筆方法，使用毛筆書寫楷書及行書。

第二　時間分配

第一、二、三各學年每週教學時數均為六小時。每週教學時間分配如下：

一、課文教學四小時。

二、作文練習、語言訓練、書法練習與課外閱讀指導等兩小時。

三、作文以三週兩篇為原則。不作文之週次，實施語言訓練、書法練習，及課外閱讀指導。

第三　教材綱要

壹、教材編選之原則

一、課文之選材，必須同時具有語文訓練、精神陶冶及文藝欣賞三種價值（應用文注重實際應用價值），並切合學生心理發展及其學習能力。

二、課文教材為求適應學生學習能力高低不同程度之施教，分必讀教材與選讀教材兩種。必讀教材，無論能力較低或能力較高之學生均須教學；選讀教材，可由教師斟酌學生程度自行增減（其增減量以不超過必讀教材與選讀教材總分量十分之二為限）。

三、編選課文時，應將三學年六學期所選用之教材，作通盤計劃，按內容性質、文體比例、文字深淺，作有系統之編排。

四、選文注重下列各點：

㈠思想純正，足以啓導人生眞義，培養國民道德者。

㈡旨趣明確，足以喚起民族意識，配合國家政策者。

㈢理論精闢，足以啓發思路者。
㈣情意眞切，足以激勵志氣者。
㈤材料新穎，足以引起閱讀興趣者。
㈥文字淺顯，適於現代生活應用者。
㈦層次清楚，便於分析者。
㈧詞調流暢，宜於朗誦者。
㈨韻味深厚，足以涵泳情性者。
㈩篇幅適度，便於熟讀深思者。

五、課外閱讀之選材，除前條各項原則外，應注意下列四點：

㈠事理易明。
㈡詞彙易解。
㈢語句易讀。
㈣結構易辨。

六、語文常識，包括語法、修辭法、文章作法、文字基本構造、書法、工具書使用法、標點符號使用法及演說辯論法等。舉凡課文內所具有之材料，應盡量剖析運用，並酌加補充。

貳、教材配置之比例

一、各學年語體文與文言文分配之比例：

百分比 學年 文別	第一學年 第一學期	第一學年 第二學期	第二學年 第一學期	第二學年 第二學期	第三學年 第一學期	第三學年 第二學期
語體文	80%	70%	60%	60%	50%	40%
文言文	20%	30%	40%	40%	50%	60%

說　明：㈠右表所列之百分比，第一、二學年語體文可酌增，文言文可酌減；第三學年文言文可酌增，語體文可酌減，但其增減量，均以百分之五爲限。

㈡語體文應選其詞彙語法合於國語者；文言文應採用明白曉暢之作，且適合時代潮流者。

二、各學年各類文體分配之比例：

百分比 學年 文別	第一學年	第二學年	第三學年
記敘文	45%	35%	20%
論說文	30%	35%	45%
抒情文	20%	20%	20%
應用文	5%	10%	15%

說明一：㈠右表所列之百分比，可斟酌增減；但其增減量，以百分之五爲限。

㈡所選各類文體，一年級內容以銜接國小六年級國語課本程度爲原則，二、三年級逐漸加深。

說明二：㈠記敍文宜由寓言故事入手，漸進於人、事、情、物之描述及名人之傳記。二、三年級，並宜酌採記言或記事中附有意見感想者，以啓導論說文之學習。

㈡論說文宜由短篇入手，以至於夾敍夾議及理論精確之教材；三年級並可略選有辯論性之教材。

㈢抒情文宜取其眞摯感人者。如係舊體詩歌，宜選淺顯明白者。舉凡矯揉虛飾及消極頹廢之作，應予避免。

㈣應用文以書啓、柬帖爲主，其他有關應用文之各類體例，列爲附錄。

叁、教材綱要

第一學年

學期 類別 要項	第一學期（每週六小時）	第二學期（每週六小時）
範	每週四小時	每週四小時

文

1. 記敘文
(1) 語體文六篇：必讀五篇
選讀一篇
(2) 文言文三篇：必讀二篇
選讀一篇
2. 論說文
(1) 語體文三篇：必讀
(2) 文言文二篇：必讀一篇
選讀一篇
3. 抒情文
(1) 語體文三篇：必讀二篇
選讀一篇
(2) 文言文一篇：必讀
4. 應用文
語體文二篇：必讀

1. 記敘文
(1) 語體文六篇：必讀五篇
選讀一篇
(2) 文言文三篇：必讀二篇
選讀一篇
2. 論說文
(1) 語體文三篇：必讀
(2) 文言文二篇：必讀一篇
選讀一篇
3. 抒情文
(1) 語體文三篇：必讀二篇　選讀一篇
(2) 文言文一篇：必讀
4. 應用文
語體文二篇：必讀

作文	每三週四小時 命題作文　兩篇	每三週四小時 繼續上學期
書法	每兩週一小時 1.寸方楷書及小字之練習 2.應用文格式之練習 3.常見行書之認識	每週一小時 繼續上學期
語言訓練	每兩週一小時及每週隨堂練習 1.課文預習口頭報告 2.時事報告 3.名人故事講述 4.演說之訓練	每週一小時及每週隨堂練習 繼續上學期
課外閱讀	每月至少一本 1.　國父傳 2.　蔣總統傳 3.其他短篇文藝名著 4.閱讀報告之習作	每月至少一本 1.本國名人傳記 2.其他中外名著

第二學年

學期 要項 類別	第一學期（每週六小時）	第二學期（每週六小時）
範	每週四小時 1.記敍文 (1)語體文五篇：必讀四篇 選讀一篇 (2)文言文三篇：必讀二篇 選讀一篇 2.論說文 (1)語體文三篇：必讀 (2)文言文二篇：必讀一篇 選讀一篇 3.抒情文 (1)語體文二篇：必讀	每週四小時 1.記敍文 (1)語體文五篇：必讀四篇 選讀一篇 (2)文言文三篇：必讀二篇 選讀一篇 2.論說文 (1)語體文三篇：必讀 (2)文言文：必讀一篇 選讀一篇 3.抒情文 (1)語體文二篇：必讀

文	(2)文言文一篇：選讀 4.應用文 (1)語體文二篇：必讀 (2)文言文二篇：必讀	(2)文言文一篇：選讀 4.應用文 (1)語體文二篇：必讀 (2)文言文二篇：必讀
作文	每三週五小時 1.繼續上學年 2.命題作文　兩小時兩次 一小時一次	每三週五小時 繼續上學期
書法	每三週一小時 1.繼續上學年 2.指導學生臨帖	每三週一小時 指導學生臨帖並欣賞碑帖
語言訓練	每三週一小時及每週隨堂練習 1.繼續上學年 2.三分鐘演講練習	每三週一小時及每週隨堂練習 繼續上學期
課外	每月至少一本 1.中外名人傳記	每月至少一本 1.中外名人傳記

閱讀	2. 歷史故事 3. 社會學科或自然學科之論著	2. 古今名人書信 3. 其他文藝作品或科學論著

第三學年

學期／要項／類別	第一學期（每週六小時）	第二學期（每週六小時）
範	每週四小時 1. 記敘文 (1) 語體文二篇：必讀 (2) 文言文二篇：必讀 2. 論說文 (1) 語體文四篇：必讀 (2) 文言文四篇：必讀二篇 選讀二篇 （可選論語或孝經各一、二篇） 3. 抒情文	每週四小時 1. 記敘文 (1) 語體文二篇：必讀 (2) 文言文二篇：必讀 2. 論說文 (1) 語體文三篇：必讀 (2) 文言文四篇：必讀二篇 選讀二篇 （可選論語或孝經各一、二篇） 3. 抒情文

文	作文	書法	語言訓
(1)語體文二篇：必讀 (2)文言文二篇：必讀一篇 選讀一篇 4.應用文 (1)語體文二篇：必讀 (2)文言文二篇：必讀一篇 選讀一篇	每三週五小時 1.繼續上學年 2.命題作文　兩小時二次 一小時一次	每三週一小時 1.繼續上學年 2.欣賞碑帖	每三週一小時及每週隨堂練習 1.繼續上學年
(1)語體文二篇：必讀 (2)文言文一篇：選讀 4.應用文 (1)語體文二篇：必讀 (2)文言文二篇：必讀一篇 選讀一篇	每三週五小時 繼續上學期	每三週一小時 繼續上學期	每三週一小時及每週隨堂練習 繼續上學期

練	2.五分鐘演講練習	
課外閱讀	每月至少一本 1.科學家傳記 2.古今名人書信 3.其他文藝作品或科學論著	每月至少一本 1.工商企業家之傳記 2.古今名人書信 3.其他文藝作品或科學論著

第四　實施方法

壹、國文教材，以課文爲主，課外閱讀及語文常識爲輔。

貳、教學要點

一、課文教學

㈠課文教學，宜先指導學生課外預習，並作筆記；教學時，酌由學生試讀、試講、討論、訂正、補充、整理等方式，以養成其自學能力。教學時對於詞彙、語法及其精義，均須明白解釋；同時對於閱讀及寫作方法（如審題、立意、運材、布局等項）應詳加指導，舉凡文中所具有之語文知識，應予隨機提示；教學完畢，以聽寫、改寫、節縮、敷充、仿作等方式，令學生作應用練習。

㈡文言文詞語使用、句法結構有異於語體文之處，應舉語體比照；遇有現行文言文所罕用之詞語句法，教師並應特加提示。

㈢課文中之語文常識，應以略讀方式，提示篇中要點，指導學生練習應用。

二、作文練習及指導

㈠學生作文練習，第一、二、三學年每學期定為二小時者十次，一小時者四次，均以教師命題為主（間可令學生自行擬題一、二次），在課堂用毛筆正楷寫成。二小時者由教師批改八至十篇；一小時者不必批改，由教師審閱後予以講評。

㈡作文命題務須適合學生之理解及表達能力，並斟酌環境事物、節序、生活等關係及與課文相聯繫。

㈢教師命題後，酌與學生作短時間之討論，再令學生撰寫。二小時者每次宜指導學生擬定綱要或起稿，一小時者概不起稿。

㈣各種文體之作法，除與精讀之課文教學密切聯繫外，應作有系統之指導。

㈤教師批改學生作文，應注意其體裁、題旨、遣詞、造句、結構，以及繕寫之字體、標點符號之使用等項。兩小時者須酌加眉批，並於篇末就立意、內容、結構、措辭、文字等加總批；一小時僅作講評，由教師以共同討論之方法行之。遇有普遍之錯誤，應於發還時公開指正。

㈥學生作文簿宜備兩本，俾便循環使用。教師應盡速批改發還，令其用心揣摩，並隨時考核之。錯別字令學生更正後重寫數遍，以加深其印象。

㈦每學期應舉行全校作文成績展覽一次，以培養學生寫作興趣，增加觀摩切磋之機會。

(八)寒暑假中宜酌令學生練習課外習作，優良者予以獎勵。

三、語言訓練及指導

(一)在教學中之問答、討論、敍述暨講讀時，均爲語言訓練之機會，教師應隨時指正其錯誤。

(二)教師可於授課時間內，酌量抽出若干分鐘，令學生輪流演講、辯論、對話、重述、報告等練習（舉凡新聞、故事、讀書心得、生活感想等，皆可取材），就其內容思想、辭令、姿態諸項加以指正。並可利用視聽教具以增加效果。

四、課外閱讀及指導

(一)教師除鼓勵學生每日閱讀有益之報章雜誌外，並選定國文補充讀物，如短篇故事、新聞特寫、散文、小說、傳記、短劇、詩歌暨必要之語文知識書籍等，指導其經常閱讀，每月至少一本。

(二)爲使學生課外閱讀有互相研討之便利，及作有效之指導考核起見，教師得指定全班購備同一之書籍，或分爲若干小組，每組購備同一之書籍，於同時間閱讀之。

(三)指導學生於所指定之課外讀物，體驗課文教學時所曾指導之方法（如尋求主旨、研索詞句、審辨段落大意、及綜合節要等），認眞閱讀，並得撰寫閱讀報告。

五、思想方法指導

(一)指導學生對生活事物進行觀察、驗證、分析、綜合、比較、類推、判斷等活動。

(二)指導學生了解如何構思以及如何增進思想能力（包括想像力、思考力與組織力）之方法。

（以上兩項配合閱讀、寫作、語言訓練等教學活動，加強指導。）

六、書法練習及指導

㈠學生書法練習，以正楷爲主，行書爲輔，每日令用毛筆作大楷十字以上，小楷五十字以上（一、二年級用格子紙，三年級用白紙），均指導其於課外行之。

㈡教學課文中生字、難詞時，應將各該字形之構造與筆順，一併詳細指導之。一年級新生授課之開始數週中，並應將文具之使用、執筆運腕之方法、書寫之姿勢，作有系統之指導；其平時作文及筆記等書寫方法與姿態，亦應注意矯正，不得草率。

㈢教師應視學生筆性，選定適當範帖，令其臨摹，每週繳閱一次。

㈣教師應利用板書，或其他適當機會，指導學生認識常用行書。

叁、其他有關事項

一、學校之國文科教學研究會，應照規定舉行。凡各年級教學進度、課外讀物、各項練習指導要點及評分標準等，均由會議決定之；並於學期終結，檢討其得失。

二、國文成績之核計，包括日常考查、平時練習、學月考試、期末考試等方式，考查學生在課文教學、作文練習、語言練習、課外閱讀及書法練習等，各方面學習進展之情況。

三、國文教師評記學生各項成績，宜注意其積極作用，視學生各項學習中缺點之所在，多作檢討以資改進。

四、學生國文科各項優良成績，除隨時在班中傳閱、揭示或陳列外，每學期應就作文、書法、日記、課外閱讀、演說、辯論等項酌量舉行比賽，以資觀摩。

肆、編輯教師手冊應注意事項

一、每單元應正確指出教學要旨，及各課課文之教學目標，然後分析教材，並訂定閱讀、語言、寫作、書法等項之教學範圍，並提供適當之教學方法。

二、每課宜剖析題旨，補充作者生平，設計解釋疑難詞語方法，及內容研究之問題，並提供教學所需之參考資料。

三、每課依據教學目標及其需要，設計若干作業項目，並提供指導方式。

四、課文之虛字、難句及寫作技巧，應詳加分析，並附「課文分析表」

伍、教具設備與運用

一、應準備下列各種基本教學設備：

(一)簡易文法表解。
(二)各種標點符號表解。
(三)各類文體作法表解。
(四)六書義例表解。
(五)近體詩格律表解。
(八)「九宮格」書寫板。
(九)各家字帖。
(十)各種字書。
(十一)各種辭典。
(十二)各種視聽教具。

㈥書法筆畫名稱表解。　㈩有關語文教學之參考書籍。

㈦書法執筆運筆方法掛圖。　㈣其他。

二、各類教具，除按上列各項製備外，並應視各單元之需要，另製各種分析、說明、比較圖表。

三、各類教具，各校每學年應編列預算，按期購置或自製。

陸、各科教材之聯繫與配合

一、本科教材應與歷史、地理、公民與道德等科密切聯繫，以加強民族精神教育之效果。

二、本科教材與其他學科教材之編纂，應密切配合，俾獲得教學之效果。

柒、特殊學生之輔導

一、學習能力偏低之學生，斟酌減授課文篇數。

二、資賦優異之學生，酌增補充教材，著重自學輔導，以增進其學習及寫作之能力。

三、其他特殊學生，得視其個案，分別輔導之。

捌、教學評鑑

一、國文教學評鑑，須以本科目標為準則。

二、教學評鑑：須根據單元目標、教學內容，及其教材性質訂定之。

三、評鑑內容：記憶、理解、分析、綜合、應用等方面，應力求其完整性。

四、評鑑方法：採用口試、筆試、觀察、量表、作品評量等方式。

㈠課文評鑑

1. 方式：除月考、期考書面評鑑外，並於試讀、試講、討論等教學活動中隨機考查，列爲平時成績。

2. 內容：就下列各項分別考查：

⑴詞語方面：詞語之意義、生難語句之結構。

⑵義旨方面：全文主旨、各段要旨，及文中精義。

⑶章法方面：寫作技巧及課文之分析。

⑷誦讀方面：讀音之正確及課文情意之表達。

⑸語言方面：從研究問題及生難詞語、講述全文大意、發表學習心得或感想中考查；國語發音、內容條理、語句組織、語言表情以及說話之態度。

㈡作文評鑑

1. 方式：按每期批閱次數分別考查，並將評定考查成績列入記錄。

2. 內容：考查下列各項能力：

⑴內容方面：取材切題，內容充實。

(2)結構方面：段落分明，文理通順。

(3)修辭方面：措辭恰當，用語生動。

(4)文法方面：語法正確，含義明白。

(5)書寫方面：字體端正，筆畫無誤。

(6)標點方面：各種標點符號使用恰當。

㈢閱讀評鑑

1.方式：

(1)於學月及學期考查中，附閱讀能力測驗題。

(2)評鑑課外閱讀報告。

2.內容：

(1)閱讀能力之測驗項目。

①全文義旨。④文章作法。
②內容事理。⑤句讀辨別。
③詞句意義。

(2)閱讀報告之評鑑項目
①全文主旨。④修辭技巧。
②取材手法。⑤詞句應用。
③結構技巧。⑥讀後感。

㈣書法評鑑
1.方式：注重平時考查，列爲國文成績。
2.內容：考查下列各項能力。
(1)用筆方面
①執筆運筆方法得當。③用墨均勻。
②寫字姿勢正確。④善於保管文具。
(2)字體方面
①間架得當。
②形體端正。

③筆順正確。

附錄七　高級中學國文課程標準

中華民國七十二年七月教育部公布

第一　目　標

壹、指導學生研讀語體文，提高其閱讀及寫作語體文之能力。
貳、指導學生精讀文言文，培養其閱讀淺近古籍之興趣及寫作明易文言文之能力。
叁、教導學生研讀中國文化基本教材，培養其倫理道德之觀念，愛國淑世之精神。
肆、輔導學生閱讀純正優美之文藝作品，增進其文藝欣賞與創作之能力。
伍、輔導學生閱讀有關思想及勵志之課外讀物，培養其思考判斷之能力與恢宏堅忍之意志。
陸、輔導學生臨摹楷書及行書等碑帖，增進其鑑賞及書寫之能力。

第二　時間支配

第一、二學年每週授課五小時，範文占總時數五分之三，作文及中國文化基本教材各占五分之一。第三學年每週授課六小時，範文占總時數六分之四，作文及中國文化基本教材各占六分之一。

第三　教材大綱

壹、教材分配

第一學年

學期 / 要項 / 類別	範文 (15)
第一學期（每週五小時）	每週三小時 1. 記敍文 (1)語體文二篇 (2)文言文二篇 2. 論說文 (1)語體文二篇。 (2)文言文四篇。 3. 抒情文 (1)語體文二篇。 (2)文言文三篇。
第二學期（每週五小時）	(15) 每週三小時 1. 記敍文 (1)語體文三篇。 (2)文言文二篇。 2. 論說文 (1)語體文二篇。 (2)文言文四篇。 3. 抒情文 (1)語體文一篇。 (2)文言文三篇。

中國文化基本教材	每週一小時 四書。	每週一小時 四書。
課外閱讀	1. 閱讀部份：每月至少一本 (1)本國名人傳記。 (2)散文小品名著。 2. 報告部份：每學期二至四篇。	1. 閱讀部份：每月至少一本 (1)本國名人傳記。 (2)短篇小說名著。 2. 報告部份：同上。
作文	每兩週二小時 命題作文一篇。	每兩週二小時 命題作文一篇。
書法	每週（於課外臨摹碑帖） 1. 大楷六十字。 2. 小楷一百八十字。	每週（於課外臨摹碑帖） 繼續上學期。

第二學年

學期＼要項＼類別	範文(16)	中國文化基本教材
第一學期（每週五小時）	每週三小時 1. 記敍文 (1) 語體文一篇。 (2) 文言文三篇。 2. 論說文 (1) 語體文二篇。 (2) 文言文五篇。 3. 抒情文 (1) 語體文二篇。 (2) 文言文三篇。	每週一小時 四書。
第二學期（每週五小時）	每週三小時 1. 記敍文 (1) 語體文一篇。 (2) 文言文三篇。 2. 論說文 (1) 語體文二篇。 (2) 文言文五篇。 3. 抒情文 (1) 語體文二篇。 (2) 文言文三篇。 (16)	每週一小時 四書。

課外閱讀	1. 閱讀部份：每月至少一本 (1)本國通俗小說名著。 (2)外國名人傳記。 (3)勵志性論著或古文觀止、唐詩三百首等。 2. 報告部份：每學期二至四篇。	1. 閱讀部份：每月至少一本 (1)本國歷史小說名著。 (2)名人札記。 (3)勵志性論著或古文觀止、唐詩三百首等。 2. 報告部份：同上。
作文	每兩週二小時。 命題作文一篇。	每兩週二小時 命題作文一篇。
書法	每週（於課外臨摹碑帖） 行書一百八十字。	每週（於課外臨摹碑帖） 繼續上學期。

第三學年

學期 要項 類別	第一學期（每週六小時）	第二學期（每週六小時）
	每週四小時	每週四小時

範文	中國文化基本教材	課外閱讀
(16) 1.記敍文 (1)語體文一篇。 (2)文言文二篇。 2.論說文 (1)語體文一篇。 (2)文言文七篇。 3.抒情文 (1)語體文一篇。 (2)文言文四篇。	每週一小時 四書。	1.閱讀部份：每月至少一本 (1)古今名人書信。 (2)學術思想性論著。 (3)社會學科或自然學科論著。 2.報告部份：每學期二至四篇。
(16) 1.記敍文 (1)語體文一篇。 (2)文言文二篇。 2.論說文 (1)語體文一篇。 (2)文言文七篇。 3.抒情文 (1)語體文一篇。 (2)文言文三篇。	每週一小時 四書。	1.閱讀部份：每月至少一本 (1)古今名人書信。 (2)學術思想性論著。 (3)社會學科或自然學科論著。

作文	每兩週二小時 命題作文一篇。	每兩週二小時 命題作文一篇。

貳、教學內容

一、範　文

範文教材分精讀範文、略讀範文兩類：精讀範文以簡練爲主，略讀範文以淺近爲主。其選材與編輯要點如下：

(一)選材原則

1.思想純正，足以啓導人生意義，培養國民道德者。
2.旨趣明確，足以喚起民族意識，配合國家政策者。
3.內容切時，足以培養民主風度及科學精神者。
4.情味濃厚，足以培養欣賞文學作品之興趣者。
5.理論精闢，足以啓發思路者。
6.情意眞摯，足以激勵志氣者。
7.文字雅潔，足以陶鍊辭令者。
8.篇幅適度，便於熟讀深思者。

9. 層次分明，合於理則者。

10. 文詞流暢，宜於朗誦者。

(二)編輯要點

1. 範文教材分配比例

(1) 各學年語體文與文言文之比例

學年 百分比 文別	一	二	三
語體文	四〇%	三〇%	二〇%
文言文	六〇%	七〇%	八〇%

說明：①上表所列百分比，可酌量增減，但以百分之五爲限。

②語體文除現代作品外，可酌採古人接近語體之作。文言文宜盡量採用古代典籍內明白通暢含有嘉言懿行堪資表率之篇章，或酌採時代代表作品。先從近代，上溯至古代。

(2) 各學年各類文體之比例

文別 \ 百分比 \ 學年	一	二	三
記敍文	三〇%	二五%	二〇%
論說文	四〇%	四五%	五〇%
抒情文	三〇%	三〇%	三〇%

說明：①各體文篇數之總和，應用文應占百分之二十。
②上表所列之百分比，可酌量增減，但以百分之五爲限。

2. 各篇相關之教材，應求密切之配合。

3. 範文教材之注釋以語體文爲原則，其有引用成語典故，而文字深奧者，應再加說明，俾學生易於了解。

4. 凡注釋範文教材引用他書之文字，應顧及文意之完整，不可斷章取義（其原作者斷章取義者，應加以說明）。

二、中國文化基本教材

㈠中國文化基本教材之內容，選授論語、孟子及大學、中庸。

㈡教材之編選，應依據其義理，採用分類編輯，先闡明章旨，必要時譯爲語體，或加以申述。

三、課外讀物

課外讀物之選材，除中外名人傳記古今明白通暢之書牘、札記外，應酌選近代純正優美之文藝作品，及有關敦品勵志之論著。

第四 實施方法

壹、教學要點

一、國文教材以範文及中國文化基本教材爲主，以課外讀物爲輔。

二、中國文化基本教材以闡明義理，躬行實踐爲主。講讀時，宜配合日常生活，盡量發揮義蘊，使透徹領悟，而於動靜語默之間，陶鎔高尚情操，培養健全人格。

三、作文練習，每學期至少十篇。由教師命題（間可指導學生自由命題），令學生用毛筆楷書寫作，其中七篇當堂交卷，其餘命學生課外寫作，教師可擇要批改六篇。其他由教師作綜合之指導。

四、學生作文，教師應有計畫逐次擇要指導其各種文體之寫作及審題、立意、運材、布局、措辭等方法。

五、題目務須適合學生理解及寫作能力，或配合生活環境，與課文密切聯繫。

六、提高學生語體文寫作速率，養成不起稿習慣；並指導寫作明易文言文（以上兩項寫作，均包括應用文）。

七、教師批改學生作文，應注意內容及題旨之切合，及標點符號之運用，遇有共同之錯誤，應於適當時間作綜合之指導。此項綜合之指導，每學期不得少於兩次；其錯別字詞，尤宜督令改正。

八、學生作文簿應備兩本，輪流使用。每次作文，教師於一週內批改發還，俾學生得反覆玩索，細心領會，以求進步，如有優良作品，並可公布或傳閱。

九、學生練習書法，用毛筆書寫，臨摹法帖古碑，以正楷、行書為主。正楷務求用筆端正，結構完整；行書則求其合體美觀。第一學年每週限交大楷六十字，小楷一百八十字，第二學年每週限交行書一百八十字，均於課外行之。

十、每課範文教學後，宜作學習效果評量，藉以測驗學習之成效；並依據測驗結果，以改進教學方法。

十一、國文總成績之計算，規定為範文及中國文化基本教材占百分之五十，作文練習占百分之四十，課外閱讀占百分之五，書法占百分之五（第三學年課外閱讀占百分之十）。

十二、學生國文科各項優良作品，應由學校每年展覽一次。

貳、教學方式及過程

一、範文講讀，宜先指導學生課外預習，明瞭課文大意。講讀時，酌令學生試讀、試講，再予指正補充。

二、精讀範文以熟讀深思爲主，短篇文言文及長篇文言文之精彩段落均宜背誦。講讀時並須注意下列各點：

㈠體裁及作法。

㈡生字之形、音、義，詞彙之組合，及成語典故之出處、意義。

㈢文法及修辭。

㈣全篇主旨、內容精義及段落大意（包括全篇脈絡及結構）。

㈤文學作品之派別、風格及其價值。

㈥有關語體文與文言文之文法異同，並應於課前製作比較表，指導學生徹底了解應用。

㈦每課講授完畢，宜作課文分析，繪成課文分析表，指示學生全文之段落作用及前後之相互照應，以培養學生欣賞寫作之能力。

㈧前項之文法比較表及課文分析表，簡易者亦可指導學生繪製（分析表之繪製，可參考部頒高中國文科設備標準）。圖表製作優良者，並可列爲教具設備之一部分。

㈨教學時並應利用錄音器材，自行灌製吟誦錄音帶，以資學生欣賞，藉以增進了解。

三、略讀範文以培養欣賞之興趣爲主。講讀時，應提示全篇主旨、各段要旨、內容精義及文章結構，以提問討論方式進行，教師從旁補充指正，以養成學生自學能力。

四、教師宜指導學生盡量利用課外時間，閱讀課外讀物，其閱讀指導要點如下：

㈠先看敍文（或卷頭語）、凡例（或編輯大意）、目錄。
㈡依次概覽全書（分段落或章結）。
㈢查考生字或生詞。
㈣複閱並深究內容（包括全篇結構及其精義）。
㈤作閱讀報告，每學期以二篇至四篇爲原則，在假期中習作亦可。

五、課外讀物，由教師畫一指定全班學生閱讀相同之書，或分組交換閱讀不同之書，以便相互研討及統一測驗。

參、與其他方面之聯繫

一、國文教學除本科外，另設文法與修辭、國學概要、應用文及書法等科目，學生至少應選其中一科。

二、國文教學研究會，應遵照規定舉行，其討論內容應以教材及教學方法之研究爲主，其他有關教學之行政工作爲次。並應隨時注意各種新引進之教學方法，研究應用在國文教學上之可能性，以資改進。

附錄八　教育人員服務信條

（教育人員信條於民國六十六年教育學術團體聯合年會中通過。）

教育乃百年樹人之大計，凡從事教育工作者，對於學生、學校、家庭、社會、國家、民族、以及世界與人類，均有神聖莊嚴之責任；且對於自身之專業修養，應與時俱進，不斷充實，以提高工作效率。我教育界同仁爲期堅定信念，自立自強，善盡職責，達成使命，爰於六十六年教育學術團體聯合年會通過「教育人員信條」，共同信守：

㈠　對專業

一、確認教育是一種高尚榮譽的事業，在任何場所必須保持教育工作者的尊嚴。

二、教育者應抱有高度工作熱忱，學不厭，教不倦，終身盡忠於教育事業。

三、不斷的進修與研究，促進專業成長，以提高教學效果。

四、參加各種有關自身的專業學術團體，相互策勵，以促進教育事業之進步，並改善教育人員之地位權益。

㈡　對學生

一、認識了解學生，重視個別差異，因材施教。

二、發揮教育愛心，和藹親切，潛移默化，陶冶人格。

三、發掘學生疑難，耐心指導，啓發思想及潛在智能。

四、鼓勵學生研究，循循善誘，期能自發自動，日新又新。

五、關注學生行爲，探究其成因與背景，予以適當的輔導。

六、切實指導學生，明善惡、辨事非，並以身作則，爲國家培養堂堂正正的國民。

㈢ 對學校

一、發揮親愛精誠的精神，愛護學校，維護校譽。
二、善盡職責，切實履行職務上有關的各項任務。
三、團結互助，接受主管之職務領導，與同仁密切配合，推展校務。
四、增進人際關係，對新進同事予以善意指導，對遭遇不幸的同事，應予以同情，並加協助。

㈣ 對學生家庭與社會

一、加強學校與家庭之聯繫，隨時訪問學生家庭，相互交換有關學生在校及在家的各種情況，協調配合，以謀兒童的健全發展。
二、提供家長有關親職教育方面的認識，以協助家長適當教導其子女。
三、協助家長處理有關學生各種問題。
四、鼓勵家長參加親師活動，並啓示其善盡對社會所應擔負之責任。
五、率先參加社會服務，推廣社會教育，發揮教育領導功能，轉移社會風氣。

㈤ 對國家、民族與世界人類

一、實踐中華民國教育宗旨，培養健全國民，建設富強康樂國家，並促進世界大同。
二、復興中華文化，發揚民族精神，實踐民主法治，推展科學教育，配合國家建設，以完成復國建國的使命。

三、堅持嚴以律己，寬以待人，剛毅奮發，有爲有守，以爲學生楷模，社會導師。

四、闡揚我國仁恕博愛道統，有教無類，造福人群。

附錄九　國立臺灣師範大學應屆結業生教學實習計劃大綱

一、實習目的：

使學生根據學理從實習中獲得教學及學校行政處理方法和各項指導活動等實際之經驗爲目的。

二、實習項目：

1. 參觀——分普通參觀及外埠教學參觀。
2. 見習——分教學見習及學校行政見習。
3. 試教——分預習試教及實地試教。
4. 行政實習——分教務實習、訓導實習及總務實習及其他行政實習。

三、實習時期：

1. 普通參觀及預習試教，以在第四學年第一學期「教學實習」一科目授課時間內行之爲原則。
2. 外埠教學參觀、實地試教及學校行政實習均在第四學年第二學期規定時間內行之。

四、實習地點：

1.普通參觀以在本市之學校及機關爲原則，外埠教學參觀地區另定之。

2.預習試教在本校。

3.見習、實地試教，及學校行政實習，均在本校附中及其他特約學校。

五、實習範圍：

1.教育系實習以教育或學校行政及師範學校，中學各有關學科之教學爲主，小學各科之教學爲輔。

2.其他各系科以各該系科專攻學科之教學爲主，學校行政之實習爲輔。

六、實習時數：

1.依據部頒辦法，並參照本校各系科實際情形，斟酌決定之。

七、實習指導人員：

各系科主任，實習主任，各系科教學實習教師，附中及特約學校各科教師，暨有關機關之主管人員皆爲實習學生教學實習活動之指導人員。

八、實習前準備事項：

1.接洽實習學校及機關。

2.調查試教學校各科教學進度，教材及教法。

3.支配實習各項工作。

4.其他。

九、實習後處理事項：

1.各系分別舉行批評或檢討座談會。

2.舉行綜合批評或檢討座談會。

3.評定教學實習成績。

4.舉行實習成績展覽。

十、各科系結業生，經分發充任實習教師及實習工作人員之指導方法另定之。

十一、本校社教系及衞教系應屆結業學生，除遵照本大綱規定實施外，並按照各該學系之規定實習辦法辦理。

附錄十　國立臺灣師範大學應屆結業生教學實習施行細則

第一章　總　　則

一、本校各系科應屆結業學生之實習，遵照部頒辦法之規定，包括參觀，見習，試教，行政實習四項，並依照本校各種有關章則之規定及學生實習指導委員會各項計劃決議，由擔任教學實習教師率領指導行之。

二、各系科「分科教材教法研究」一科目，以在「教學實習」一科目講授前，授畢爲原則。

三、凡本校各種有關學生實習章則及實習指導委員會各項計劃決議實施上之程序或技術問題，由各系科主任會同各該系科教學實習指導教師共同商討解決，並於每一學期開始，商討本學期內各項教學實習具體實施辦法，送由學生實習指導委員會印轉本校有關部門及教授，學生參考或應用。

四、各系科學生實習指導，分事前指導，臨時指導及事後指導三種：

㈠事前指導：在舉行參觀、見習、試教、行政實習各項活動之前，應分別指導其各種必須注意事宜及應行準備事項。

㈡臨時指導：在進行參觀、見習、試教、行政實習各項活動之時，由實習指導教師視需要給予應有之指導。

㈢事後指導：舉行各項實習之後，應分別撰寫實習報告，並開會檢討批評。

五、普通參觀及預習試教，定於第四學年第一學期內舉行，外埠教學參觀、實地試教及行政實習，在第二學期內規定期間及地點行之。前項普通參觀原則上規定五次，分週舉行，前一週參觀，後一週舉行批評檢討。

六、在普通參觀及見習期間內，學生應同時在校內於課外研讀教材（包括各科教科用書）。

第二章　本校與附中（暨其他特約實習學校機關）之聯繫

七、附屬中學校長及各部門行政主管人員暨有關本校學生實習之各科教師均由本校校長加聘為實習指導教師或分科實習指導教師。

八、本校學生試教開始前，必要時得請附中各部門行政主管人員及各科教師（每科至少一人）講述附中現行行政概況及教材教法等有關資料若干小時，行政概況以集體講述爲原則，教材教法以分系講述或座談爲原則，本校各系科實習指導教師均應列席，協助學生提詢問題及參加指導。

九、附屬中學應於本校學生前往試教前，對學校概況一覽，各科每週教學時數，教科用書目錄及各級授課時間表等，印送本校學生實習指導委員會備用。

十、附屬中學應於本校學生前往試教前，編定各科教學進度送由本校實習指導委員會印轉各實習指導教師參考指導，並於學生試教開始前，請附中分科編製教案示例，各擧行示範教學一次，以資學生觀摩。

十一、本校各項有關學生實習章則計劃辦法等，均應印送附中各有關部門及教師參考，並於附中適當場所，設置學生實習資料揭示處，隨時公佈有關學生實習資料，以加強聯繫。

十二、各系科如必要前往其他中學或行政機關實習試教，經商得同意後，可參照本細則七至十一各條規定之原則，協議聯繫辦法。

第三章　參　觀

十三、關於參觀事宜，除外埠教學參觀及教育行政機關、社會教育機關等之參觀另作規定外，關於學校普通參觀，分爲學校行政參觀，教學參觀及設備參觀三項，由各系實習指導教師率領指導，凡對一次參觀爲限的學校，而同時須作三項參觀者，應先集體參觀學校行政，次則分組參觀教學，最後集體參觀設備。教學參觀完畢後，並應請擔任該學科之教師，就教材選配和教法施行方面作半小時左右之講述。

十四、學生每次參觀完畢以後，應於規定期內撰寫參觀報告，送由率領指導之實習指導教師批閱，並於次星期開會檢討、批評，由實習指導教師出席指導。

第四章　見　習

十五、見習事宜，分為教學見習及學校行政見習二項，均由實習指導教師預為策劃，並與實習學校洽議各項辦法和手續，督導學生切實實施。

十六、學生在附屬中學或其他中學之教學見習，分組於該校各年級行之，每組至少見習各一單元。

十七、學生在附屬中學或其他中學之學校行政見習，按該校組織各部門，分組輪流行之，每組每部門至少見習一次。

十八、學生於教學見習及學校行政見習完畢後，應各於一星期內分別撰寫見習報告，送由本系實習指導教師批閱。

第五章　預習試教研讀教材

十九、教材研讀為實習學生第一學期課外固定工作，並由實習指導教師督促考查之。前項教材，由學生實習指導委員調查本校所在地各中等學校採用最多者一、二種，由各系科徵集或購備若干部冊，供應學生，並由實習指導教師鼓勵學生盡量自行購備。

二〇、各系科預習試教，由實習指導教師主持，以每生均得預習試教一次爲原則，必要時得由實習指導教師斟酌分組行之，但教案必須編製。

二一、每次預習試教完畢後，應即作詳盡之檢討，首用預習試教生自行陳述缺點，次由同學批評，再由實習指導教師講評，以收全體同學互相觀摩改善之效。

第六章　實地試教

二二、關於試教事宜，除在本校附中進行外，得在其他特約中小學試教，均須按其原定教學時間分組行之，每人至少試教之時數，依照部頒辦法參酌本校各系科實際情形定之。

二三、學生試教分組，每組以三人爲標準，由實習指導教師決定之。

二四、學生在附屬中學（或其他試教學校）試教時，本校所聘該校該科實習指導教師（即其原任教師）應在課室指導與協助。本校領導前往之實習指導教師，僅視察旁聽其試教實況，於課畢後作室外之指導。

二五、學生實地試教，仍以個人爲單位，一人試教時，其餘同組各人均在課室觀摩，並作適當之協助，課畢後，同組諸人即塡寫觀摩表，具體列舉該試教生之某種優點或缺點，送由領導之實習指導教師，彙集交與該生，兼作切要之指導。每一試教學生教畢一單元時，得由領導之實習指導教師邀請附屬中學（或其他試教學校）該科實習指導教師，召開檢討會一次。一組同時有二人以上試教時，其餘同組各生，可分別或輪往各該課室觀摩，領導之實習指導教師則巡迴視察旁聽。

二六、學生於一單元試教前，應在領導實習指導教師及附屬中學（或其他試教學校）該科之實習指導教師雙方指導之下，作充分準備，並編製詳細教案，繕抄三份，一份自存，一份送試教學校該科實習指導教師，一份於該單元試教完畢後，交由各系科實習指導教師評閱記分後，彙送學生實習指導委員會保存。

二七、各系科學生全部試教將屆完畢時，應由各系科實習指導教師遴選試教成績優良之學生一人，商同附屬中學（或其他試教之學校）特定時間，指定班級，舉行「觀摩試教」一次，以授畢一個單元爲度，本系科全體實習學生實習指導教師及附屬中學（或其他試教學校）該科實習指導教師，暨雙方有關教師，均參加旁聽，事後共同檢討批評，並作詳實記錄，送由學生實習指導委員會，分別印轉各有關部門、教師及學生，以備查考。

二八、各系科學生全部實習完畢後，應分別由各該系科主任定期定地召集系科內全體實習學生，全體實習指導教師及附屬中學（或其他曾往實習之機關學校）各有關實習指導教師暨雙方其他有關之教師及各部門主管人員，舉行實習總檢討會一次，並作詳實記錄，送由學生實習指導委員會，分別印轉各有關部門教師及學生，以備查考。

第七章　行政實習

二九、關於行政實習事宜，須按實習學校行政組織各部門輪流行之。每組每部門至少一週。

三〇、前項學校行政實習，倘遇特殊困難不能進行時，得　加學校行政見習次數。

第八章　附　　則

三一、各系科學生教學實習成績，由實習指導教師及附屬中學（或其他曾往作該項實習之機關學校）指導教師共同按照各項實習實際情形，分別評記，最後由本校實習指導教師評定之，評分表由學生實習指導委員會印發，評分紀錄送由學生實習指導委員會保存。

三二、各系科學生之教學實習，如因某種特殊情形，不能完全使用本細則之規定時，得另定補充辦法行之。

三三、本細則經學生實習指導委員會會議通過，呈請校長核定後施行，修改時亦同。

附錄十一　國立臺灣師範大學應屆結業生教學實習注意事項

一、共同注意事項：

㈠各生須遵守實習指導委員會所訂之計劃章則，進行實習。

㈡各生須接受指導教師之指導。

㈢各生如有意見得向指導教師或學生實習指導委員會提出。

㈣凡參觀、見習、教學實習及行政實習，各生均須事前充分準備，並參加討論會及批評會。

㈤各生須尊重實習學校或機關原有之規則。

㈥各生不得妨碍實習學校或機關之教學與行政及其他業務之進行。

㈦各生須重視實習學校學生之課業與興趣。

㈧凡因故不能參加實習時，須先請假，且將所擔任之工作託人代理，並向指導教師報告。

(九)實習時如有請假，所缺時數應予補足。

(十)各生須將逐日工作及偶發事項，詳細紀錄。

(十一)各生須按期向指導教師呈繳報告。

(十二)各生應注意自身之儀容、服裝、及團體紀律。

(十三)教學參觀及教學實習時，均不得批評原任課教師之教學。

(十四)團體行動力求敏捷，並嚴守時刻。

二、參觀注意事項：

(一)教學參觀以注重各生所習之學科為原則。

(二)教學參觀前應注意事項：

1.確定參觀之要點。

2.訂定本班分組人數。

3.明瞭參觀學校課目表之排列。

4.明瞭各教室分配地點。

5.須在規定時間前到達實習學校。

(三)教學參觀時應注意事項：

1.每課參觀應於上課前進入教室，並於下課後離開。

2.出入教室須輕聲緩步，遵守次序。

3.入教室後，應即站立或就坐於教室內適宜位置，勿常移動。

4.動作力求肅靜，並嚴禁交談。

5.詳細填寫教學參觀表。

(四)參觀時如遇有疑問，應於參觀完畢後，向參觀學校當局或擔任教師提出，請予解答。

(五)行政參觀時應注意事項：

1.應切實注意預定參觀之項目。

2.參觀機關，如有圖表章則，須先閱覽。

3.對於參觀機關之口頭報告如有問題，須俟其報告完畢，再行發問。

4.發問時態度應誠摯謙和。

三、見習注意事項：

(一)見習時應先分組進行，視學生人數分組，每組人數，不宜過多。

(二)見習工作須照工作性質相近者，劃爲若干單位，輪流擔任。

(三)見習某項工作，須與原任課教師接談，以期明瞭實際情形。

(四)見習某項工作，須先閱讀有關章則及書籍。

(五)見習時須按照原擔任者之指導，認眞處理指定工作，不得敷衍從事。

㈥見習時務須虛心，如有問題，隨時向原任課教師請求指導。

四、試教注意事項：

㈠試教前向實習學校當局及有關教師，商討下列事項：

1.根據原任課教師之教學進度表，商酌劃分試教部份。

2.請求原任教師指示平日教學時所應注意之事項。

3.明瞭試教班次學生之程度及特殊情形。

4.接洽試教鐘點之分配。

㈡試教前，須在各科實習指導教師（本校教學實習導師及實習學校原任課教師）指導之下，編製教案，並填寫一式二份，一份送實習學校之指導教師（實習學校原任課教師），一份自存，於實習終了後，彙交本校學生實習指導委員會存查。

㈢試教時，應請實習指導教師偕同到場，以便實際參觀教學情形，評定成績，並提供改進意見。

㈣學生因故不能試教時，應於事前書面請假，通知有關部門並請原任課教師上課，或將編就之教案，請其他同學代課。

㈤學生試教時，務須依照實習學校平時授課習慣辦理，如點名、填寫教學進度日誌、紀錄不守秩序學生姓名等項。

㈥試教時應嘗試使用各種教學方法，並注意學生反應。

㈦對於其他同學之試教，須儘量協助，並留心觀摩。
㈧舉行檢討會時，須忠實陳述教學經過。
㈨舉行檢討會時，對於他人之批評，須虛心接受。

五、行政實習注意事項：

㈠依照實習機關原有組織，分擔職務。
㈡依照實習機關行事曆，繼續推進工作。
㈢依照實習機關章則及慣例，處理日常事務。
㈣實習前須向原擔任教師商請指導，以明瞭過去狀況及進行時須注意之事項。
㈤遇有困難問題，須請原擔任者予以指導。
㈥工作應有條理及計劃。
㈦應按照實習機關原規定時間辦公，不得遲到早退。
㈧工作時應注意行政之效率和服務精神。

附錄十二　國立臺灣師範大學各院系科應屆結業生外埠教學參觀規則

第六十四次行政會議修正通過
69. 9. 24. 第一二一六次行政會議修正通過

一、參觀計劃方面：

1.外埠參觀應以敎學、學校行政、敎育行政及社會事業參觀爲主，所參觀之學校及機關，日間部不得少於五所，夜間部不得少於三所。皆以具有規模之學校及機關爲原則，每一學校或機關之參觀時間不得少於半天。

2.出發二週之前，應將外埠敎學參觀計劃（包括敎學參觀之重點，領隊敎授姓名、各項工作負責人姓名、參觀路線及日程表——表式另發——經費預算表等）由系主任簽字後轉送學生實習指導委員會備查，並會訓導處。

3.實習指導委員會認爲參觀計劃有需加修訂之處，得商請有關系主任及領隊敎授加以修改。

4.外埠敎學參觀之前，應由各學系系主任邀請領隊敎師及全體學生舉行座談，詳細研討有關敎學事宜。

二、交通安全方面：

1.外埠參觀應多利用鐵路交通，如租用汽車，所洽訂之車輛，應選擇規模大之公民營機構，其車輛性能良好，駕駛技術純熟，且曾參加保險者。

2.外埠敎學參觀租用車輛及簽訂合約應依照下列要項辦理：

①公司行號（營業執照）及租用單位。

②租用車輛種類（乘客定員、車號及行車執照）。

③駕駛人員姓名、及其駕駛執照。

④租用時日、往返地區及租金。

⑤是否保險及賠償約定。

3.每日出發前應檢查車輛及時修護。

4.外埠參觀所經過之路線，應特別注意其安全。

5.外埠參觀期中應注意駕駛人之生活。

三、參觀日期方面：

外埠參觀日期日間部以一週至十天爲原則，夜間部以五天至七天爲原則。

四、團體紀律方面：

1.注意維護校譽。

2.一切活動應按照日程表規定事項，切實執行，非遇特別事故不得變更。

3.除教學實習指導教師（或受系科委託代理率領外埠參觀任務之教師）及本班學生外，不得邀請他人參加。

4.不可接受參觀學校機關之招待。

5.團體行動，應遵守團體紀律，個人越軌行動，團體應予嚴厲制裁。

6.團體行動，應力求敏捷，並嚴守時刻。

7.除因疾病經本校健康中心證明並經校長核准者外，一概不得託故缺席，亦不得中途脫離團體，自由行動。

8.應絕對服從率領教師之指導。

9.參觀完畢後，仍由率領教師全部率領返校，繼續上課。

五、參觀經費方面（本項僅適用於日間部）：

1.參觀補助費由團體負責人按照實際參加人數，向學校具領。

2.參觀補助費按照實際具領數字，應編造收支預算，謄抄一份，送率領教師存閱。

六、服裝儀容方面：

1.團體行動或自由參觀均應穿着規定之校服。

2.注意儀容之整潔（男同學之留長髮蓄鬚者尤須禁止）。

七、住宿方面：

1.參觀期間以借宿學校爲原則。

2.如住宿旅社時，必須嚴守團體紀律，愛護學校名譽。

八、教學、行政及設備參觀方面。

1.教學參觀以專攻學科爲原則。

2.教學參觀時應注意左列各項：

①應於上課開始前入教室，並於下課後或講解告一段落之後才離教室。
②出入教室須輕足緩步，嚴守次序。
③在同一小時內有幾個班級教學同一學科時，得分組參觀。
④入教室後應立（坐）於適宜地位勿常移動。
⑤動作力求肅靜，並嚴禁交談。
⑥對於教師教學不可當衆批評。

3.在教學參觀前，必要時，得先參觀學校行政及各項設備。

4.對於所參觀學校、教育行政機關或社會教育機構或工廠等主管人員之口頭報告時，如有問題，須俟報告或於參觀完畢後再行詢問。

5.問題詢問及請求解答時，應有範圍，切忌空泛，態度並應誠摯謙和。

九、應行携帶物品方面：

1.輕便行李一件、制服一、二套、襯衣褲數件。

2.學生證及國民身份證。

3.記事簿及鉛筆（或自來水筆）。

4.普通醫療藥品。

5.毛巾牙刷。

6.康樂器材。

7.其他必需用品。

十、筆記及報告整理方面：

1.每晚於住宿處整理當日之筆記及參觀報告，送請率領教師核閱蓋章（或簽名）。

2.返校後兩日內須將途中參觀紀錄、填寫教學或行政參觀報告表（每校或每課一張）及其他方面之報告。

3.總報告由每單位推舉二、三位負責人擔任。

十一、返校後工作結束方面：

1.教學及行政參觀報告表及其他活動事項報告，返校後應即填寫完畢，送請率領教師批閱記分後，彙交學生實習指導委員會備查。

2.報告表於返校二日內塡齊後，由率領教師定期舉行參觀批評檢討會。

3.批評檢討會舉行時應通知本系科主任及有關教師參加。

十二、附記

學生如有不守團體規律，違犯上列有關規定，經查明屬實者，視情節之輕重，除洽請訓導處給予懲處外，並扣減其實習成績。

附錄十三　國文教師基本能力養成教育自我能力檢查表

（符號：已具備是項能力√，未具備是項能力×，已有部分基礎正努力中／。）

一、關於國文科專門學識方面的能力：

1. 能熟悉中國文字學……（ ）（ ）（ ）
2. 能熟悉中國聲韻學……（ ）（ ）（ ）
3. 能熟悉中國訓詁學……（ ）（ ）（ ）
4. 能辨認文言文與語體文的文法及詞性……（ ）（ ）（ ）
5. 能指出中國文學發展的大勢……（ ）（ ）（ ）
6. 能說明中國哲學的發展及其影響……（ ）（ ）（ ）
7. 至少能讀畢中國的經書一種以上（如詩經）……（ ）（ ）（ ）
8. 至少能讀畢中國的史書一種以上（如史記）……（ ）（ ）（ ）
9. 至少能讀畢中國的子書一種以上（如荀子）……（ ）（ ）（ ）
10. 至少能讀畢中國的詩文集一種以上（如杜詩）……（ ）（ ）（ ）
11. 至少能背誦文言文文章一百篇……（ ）（ ）（ ）
12. 至少能背誦新舊詩詞二百首……（ ）（ ）（ ）

13.能說明詩詞曲賦的作法及其代表作品……（ ）（ ）（ ）
14.能指導學生應用六書的條例，辨認常見的錯別字……（ ）（ ）（ ）
15.能將一篇可作為中學補充教材的古文，加註、標點、作出題解……（ ）（ ）（ ）
16.能說出與中學國文教材有關的一百則成語或典故的意義及出處……（ ）（ ）（ ）
17.能說出中國各期文學的特點，並能至少例舉三位代表人物及其作品……（ ）（ ）（ ）
18.能指出中學國文教材書中，有關國學常識的出處……（ ）（ ）（ ）
19.能讀畢中國古典小說五本……（ ）（ ）（ ）
20.能讀畢世界名著（包括詩、小說、散文、戲劇）十本……（ ）（ ）（ ）
21.能讀畢現代中國著名文學作品，小說、詩、散文、戲劇各五本……（ ）（ ）（ ）
22.能說出圖書館圖書編目分類的方法……（ ）（ ）（ ）
23.能約略說出有關國樂、國劇、國畫方面的常識……（ ）（ ）（ ）

二、關於寫作及指導學生寫作方面的能力：

24.能說明記敍文、抒情文、議論文等的作法……（ ）（ ）（ ）
25.能寫通暢的書信、便條及簡易公文……（ ）（ ）（ ）
26.能正確使用標點符號……（ ）（ ）（ ）
27.能就國文任何一課，寫出兩個以上與課文有關的作文題目，並列出寫作大綱……（ ）（ ）（ ）

28.能舉例說明日記的作法……( )( )( )
29.能節縮、倣作、敷充，重組一篇範文……( )( )( )
30.能辨別文章中的錯別字……( )( )( )
31.能將短詩改寫爲散文，小說改編爲短劇……( )( )( )
32.能評定一篇文章結構、措辭、題意的優劣，並能下適切的評語……( )( )( )
33.在一小時內，寫就一篇一千字左右的語體文……( )( )( )
34.能在一小時內，寫就一篇五百字的文言文……( )( )( )
35.能適切批改學生作文……( )( )( )

三、關於閱讀及指導學生閱讀方面的能力：

36.能查閱中學課文中，所引原文之出處……( )( )( )
37.能比較文言文與語體文在措辭上的差別……( )( )( )
38.能說明示範精讀、略讀、朗讀、默讀課文的技巧……( )( )( )
39.能指導學生速讀課文……( )( )( )
40.能說明並示範如何作讀書札記及課文綱要……( )( )( )
41.能每分鐘閱讀語體文八百字以上，文言文四百字以上，且有百分之九十的理解……( )( )( )
42.能介紹適合中學生閱讀的報章雜誌五種以上，並指出其優點……( )( )( )

43. 能介紹適合中學生閱讀的書籍四十册以上…………( )( )( )

44. 能經常攜帶書報雜誌到教室，供學生傳閱，以引起閱讀動機…………( )( )( )

45. 能在閱讀一般性文章後，說出重點，並能擬就問題，提供學生討論或答問之用…………( )( )( )

46. 能說出指導課外閱讀的方法…………( )( )( )

47. 能經常舉行閱讀測驗，以培養理解力和速度…………( )( )( )

四、關於說話及指導學生說話方面的能力：

48. 能使用標準國語…………( )( )( )

49. 能運用說話技巧，善於表達…………( )( )( )

50. 能不用言語譏諷學生…………( )( )( )

51. 能於教學過程中，隨機穿插趣聞故事，使說話幽默風趣…………( )( )( )

52. 能隨時從課文中，揭示做人處事的道理…………( )( )( )

53. 能說故事、文學掌故、寓言至少五十則…………( )( )( )

54. 能列舉有關忠孝節義的歷史故事或往聖先賢事蹟各五則，以說明四維八德的德目…………( )( )( )

55. 能以中學每週實施的中心德目，即席做三至五分鐘的精神講話…………( )( )( )

56. 能佈置情境（舉辦演講、辯論、朗誦、背誦比賽）讓學生練習說話…………( )( )( )

五、關於聽話及指導學生聽話方面的能力：

57.能聽完一段對話而說出其主要內容……………………( )( )( )
58.能迅速將一場討論會、辯論會、演講會的主要內容作成結論……( )( )( )
59.能說出一段錄音(談話或演講)的主要內容……………( )( )( )
60.能指導學生做「會議記錄」及「演講記錄」……………( )( )( )
61.能察言觀色,領會對方說話的眞意……………………( )( )( )
62.能利用視聽器材經常舉行聽力比賽……………………( )( )( )
63.能指導學生學習聽話時的良好風度(如面露微笑、耐心靜聽等)……( )( )( )
64.能爲學生正音……………………………………( )( )( )

六、關於書法及指導學生書法方面的能力:

65.能依據學生的喜愛及適應性,協助其選擇碑帖練習書法……( )( )( )
66.能示範書寫二種以上的字體(如篆、隸、楷、行、草書)……( )( )( )
67.能指導學生選擇優良的筆墨紙硯……………………( )( )( )
68.能指導學生正確的執筆、運筆……………………( )( )( )
69.能臨摹三種以上的碑帖……………………………( )( )( )
70.能寫工整的板書……………………………………( )( )( )
71.能指導書寫硬筆字(鉛筆、鋼筆等)…………………( )( )( )

72. 能說出歷代著名書法家碑帖的名稱及其特色……（ ）（ ）（ ）
73. 能評鑑書法的優劣……（ ）（ ）（ ）
七、關於欣賞及指導學生欣賞方面的能力：
74. 能分析文章中鍊字、鍛句方面精美的所在……（ ）（ ）（ ）
75. 能依據修辭學的格法，指導學生表現作文辭藻的美妙……（ ）（ ）（ ）
76. 能說出各體詩文中構思、布局的法則及意義的層次……（ ）（ ）（ ）
77. 能讀出詩詞文章的韻律……（ ）（ ）（ ）
78. 能說出詩詞文章中言外傳神的妙處……（ ）（ ）（ ）
79. 能領略文章中眞善美的寓意……（ ）（ ）（ ）
80. 將文言詩文改寫爲語體詩文時，能比較其中不同的情趣……（ ）（ ）（ ）
81. 能經常從書報雜誌中指出優美的作品供學生閱讀……（ ）（ ）（ ）
八、關於教學的能力：
82. 能學列國文科的教學目標……（ ）（ ）（ ）
83. 能熟悉現行中學的國文教材……（ ）（ ）（ ）
84. 能指導學生利用字典、辭典、索引、書目等工具書……（ ）（ ）（ ）
85. 能對中學國文任何一課，說出三種以上引起學習動機的方法……（ ）（ ）（ ）

86.能對一課課文選擇一種以上的補充教材……（ ）（ ）（ ）
87.能對課文的組織，作成清晰的綱要……（ ）（ ）（ ）
88.能根據不同程度的學生選擇教材……（ ）（ ）（ ）
89.能就一課課文，在卅分鐘內提出一份簡要的教案……（ ）（ ）（ ）
90.能就一課課文，擬出三份不同的試題……（ ）（ ）（ ）
91.能就一課課文，列出三份不同程度的作業……（ ）（ ）（ ）
92.能設計或引進多種的語文學習活動……（ ）（ ）（ ）

九、其他（除上述各種能力之外，你覺得還需要補充那些）

93.（ ）（ ）（ ）
94.（ ）（ ）（ ）
95.（ ）（ ）（ ）
96.（ ）（ ）（ ）
97.（ ）（ ）（ ）
98.（ ）（ ）（ ）
99.（ ）（ ）（ ）

你一定是有了孫悟空的能耐，才經得起九十九般考驗！

第一次自我檢查日期：民國　　年　　月　　日　　年級　　學期

第二次自我檢查日期：民國　　年　　月　　日　　年級　　學期

第三次自我檢查日期：民國　　年　　月　　日　　年級　　學期

附註：本表於民國六十四年，由國立高雄師範學院薛院長光祖主持，國文系與教育系合編。

附錄十四　本書寫作重要參考書目

中學國文教學法　章微穎著　蘭臺書局印行

怎樣教國文　章微穎著　正中書局印行

中學國文教材教法　黃錦鋐著　教育文物出版社印行

實用中學國文教學法　黃錦鋐著　教育文物出版社印行

國文教材教法　黃錦鋐著　中華電視臺教學部印行

如何教國文　黃錦鋐等著　國立臺灣師範大學中等教育輔導委員會印行

改進中學國文教學必須顧及客觀的條件　黃錦鋐著　中等教育廿九卷第二期

評魏軾國文教學法　黃錦鋐著　學粹第十二卷一期

中學國文教學法　蔣伯潛著　泰順書局印行

國文教學概說　賴明徵著　一鳴書局印行
中學國文教學論衡　李金城著　興國出版社印行
中學國文教學的藝術　李金城著　復文圖書公司印行
國文教學方法　李方晨著　拔提圖書公司印行
中學國文教材及教學法　蔡崇名著　學海出版社印行
國文教學叢談　梁宜生著　臺灣學生書局印行
國文教學談叢　林鍾隆著　益智書局印行
國文分科教學法實例之研究　張秘樞著　正中書局印行
中學國文教學幾個實際問題　曾忠華著　中等教育廿七卷第三、四期
國文教學新論　王更生著　明文書局印行
精讀指導舉隅　朱自清著　臺灣商務印書館印行
略讀指導舉隅　朱自清著　臺灣商務印書館印行
詩歌朗誦教學之探討　邱燮友著　師範大學中等教育雙月刊
朗誦與國文教學　邢楚均著　國文月刊第五十七期
朗誦研究論文集　簡鐵浩編　香港嵩華出版事業公司印行
國民中學國文科魏軾教學法簡介　張廣權著　國語日報社印行

能力本位行爲目標文輯　中國視聽教育學會印行
綜說行爲目標　賈　銳著　中等教育第廿七卷第五期
新編國中國文修辭法學例　陳品卿著　國立臺灣師範大學文學院「教學與研究」第七期
範文教學「文法剖析」之探究　陳品卿著　國立臺灣師範大學文學院「教學與研究」第八期
範文教學「虛字用法」之探究　陳品卿著　國立臺灣師範大學文學院「教學與研究」第八期
意境的鑑賞　陳品卿著　國立臺灣師範大學「國文學報」第十五期
談國文科單元教學活動設計　陳品卿著　國立臺灣師範大學「中等教育雙月刊」第二十七卷第三、四期
如何編好教案　陳品卿著　國立臺灣師範大學「中等教育雙月刊」第三十三卷第一期
演說的訓練　陳品卿著　國立臺灣師範大學「中等教育雙月刊」第三十四卷第五、六期

作文指引　陳品卿著　國立臺灣師範大學「中等教育雙月刊」第三十六卷第五期

莊學研究　陳品卿著　臺灣中華書局

莊學新探　陳品卿著　文史哲出版社

中等學校各科教案編寫示例　國立臺灣師範大學實習會編印

國民中學學習成就評量理論與命題示例　臺灣省政府教育廳發行　臺灣省國民學校教師研習會編印

國民中學教學評量理論與參考實例　台北市政府教育局編印

台南市國民中學學習成就評量命題示例彙編　台南市政府教育局

國中國文教學活動設計（一～六册）　臺北市政府教育局印行

國中國文教科書（一、三、五册）　七十二年八月改編本　國立編譯館主編

國中國文教科書（二、四、六册）　七十二年一月改編本　國立編譯館主編

高中國文教科書（一～六册）　國立編譯館主編

中國文化基本教材　國立編譯館主編

國民中學課程標準　教育部編　正中書局印行

高級中學課程標準　教育部編　正中書局印行
國民中學國文教師手册第一册　七十年八月改編本初版　國立編譯館主編
國民中學國文教師手册第二册　六十八年四月五版　國立編譯館主編
國民中學國文教師手册第三册　六十六年十二月三版　國立編譯館主編
國民中學國文教師手册第四册　六十八年十二月再版　國立編譯館主編
國民中學國文教師手册第五册　六十八年十二月再版　國立編譯館主編
國民中學國文教師手册第六册　六十六年　月初版　國立編譯館主編
師範專科學校國文五、六册　國立編譯館主編
國文教學研究　林禎祥著　復文書局
國語讀法教學原論　袁　哲著　商務印書館
章法教學　陳滿銘著　師範大學中等教育雙月刊
國語教學的理論和實際　張博宇著　臺灣書店印行
讀書作文譜　唐　彪著　偉文圖書出版社有限公司印行
作文教學法　梁啓超著　臺灣中華書局印行
文章學纂要　蔣祖怡編著　正中書局印行

文章技巧研究　蔣祖怡著　文致出版社印行
文章作法精通　顧　白著　文致出版社印行
文章作法　夏丏尊著　綠洲出版社印行
文心　夏丏尊著　臺灣開明書店印行
文章作法　梁宜生著　臺灣學生書局印行
作文教學法初探　張哲民著　萬華國中教學輔導叢書之二
文章精探　林鍾隆著　益智書局印行
作文的技巧　李曰剛著　白雲書屋
作文的方法與技巧　何錡章著　大林出版社
作文百法　許恂儒著　廣文書局
作文指引　彭利芸著　新文豐出版公司
作文津梁　曾忠華著　學人文教出版社
作文引導　鄭發明　顏炳耀　陳正治著　國語日報出版部
命題與評語　江應龍著　中國語文

作文方法之研究	譚竟成著	大業書局
寫作指導	陳正治著	新兒童出版社
作文技巧與練習	鄭發明著	學生出版社
作文的方法	陶希聖著	中央日報社
作文評語示例	賴慶雄著	國語日報出版部
作文題海	賴慶雄著	國語日報印行
革除作文評語的積弊	賴慶雄著	自由報副刊
閱讀欣賞與寫作	梁宜生著	
讀和寫	沐紹良著	
中學作文教學經驗	曾　譯著	
國文讀法和作法	林雁峯著	
文章作法	張守初著	
文章十講	劉啓瑞著	
國文科教學參考資料		金華國中國文科教學研究會印
中國文學發達史		臺灣中華書局
中國文學流變史詩歌篇	李曰剛著	聯貫出版社

中國文學史類編　王雲五著　商務印書館
中國文學史初稿　石門圖書公司
新編中國文學史　新復書局
文心雕龍註（增訂本）　劉勰著　范文瀾註　明倫出版社印行
文心雕龍札記　黃季剛著　文心書店
高明文輯　高明著　黎明文化事業公司
文心雕龍創作論「總術」探微　李曰剛著　師範大學教學與研究
文心雕龍讀本　王更生著　文史哲出版社
文心雕龍體性篇釋義　羅聯絡著　建設28.卷12.期
文心雕龍風格論　廖蔚卿著
文心雕龍注　開明書局
人間詞話　王國維著　漢京文化事業有限公司
文體論　薛鳳昌著　臺灣商務印書館印行
文體論纂要　蔣伯潛著　正中書局印行
古文筆法百篇　李扶九編著　上海錦章圖書公司印行

中國韵文裏所表現的情感	梁啓超著	臺灣中華書局印行
古文辭通義	王葆心著	臺灣中華書局印行
文學研究法	姚永樸著	廣文書局印行
涵芬樓文談	吳曾祺著	臺灣商務印書館印行
詳註文法津梁	宋文蔚著	啓聖圖書公司印行
實用文章義法	謝无量著	華正書局印行
桐城吳氏古文法	吳闓生著	臺灣中華書局印行
中國文學欣賞舉隅	傅庚生著	地平線出版社印行
文藝技巧論	王夢鷗著	重光出版社
文學創作與欣賞	王逢吉著	學海書局
中國詩學	黃永武著	巨流圖書公司印行
文學手册	傅東華主編	大漢出版社
文學與美學	趙滋蕃著	道聲出版社
王國維及其文學批評	葉嘉瑩著	源流出版社
詩學	朱先潛著	德華出版社
談美	朱光潛著	德華出版社

中國現代文學批評選集　葉維廉編　聯經出版事業公司
境界的探求　柯慶明著　聯經出版事業公司
古典詩詞藝術探幽　艾治平著　學海出版社
中國文學新論　劉中和著　世界文物出版社
文氣衍論　陳　偉著　楓城出版社
書評及文評　思　兼著　書評書目出版社
中國文話文論與詩學　程兆熊著
中國文學批評　方孝岳著
談文學　開明書店
唐宋詩舉要　學海出版社
期待批評時代的來臨　沈　謙著
古詩今唱　故鄉出版社
聲響與文情關係之研究　吳淑惠撰
大學散文選讀　李曰剛編撰　國立臺灣師範大學國文系印行
成惕軒先生校訂
應用文　張仁青博士編著　文史哲出版社印行

最新實用應用文	孫　旗著	大中國圖書公司印行
行政機關公文處理手册		行政院訂頒大中國圖書公司印贈
國文教師手册		臺灣中華書局編印
國學要籍舉目	梁啓超著	廣文書局印行
課外讀物書目		師大附中編印
課外讀物簡介		高雄中學國文科教學研究會編印
課外閱讀書目		臺灣省立員林高級中學編印
課外讀物書目	馬長英編著	
國文科課外閱讀的重要性	王秋瓊撰	
學生課外閱讀指導之芻議	鄭天送編	
兒童閱讀研究	許義宗著	臺北市立師專研究叢書
中國書法史	平山關月著 閻　肅譯	黎明書局出版
中國古代書史	錢存訓著	香港中文大學出版
中華書法史	張光賓著	臺灣商務印書館
書道全集一~十一册		大陸書店

書法叢談　王壯爲著　國立編譯館
書學通論　曹緯初著　正中書局
南北朝書體及以碑帖晝分書體說之研究　李郁周著
書法及其敎學之研究　蔡崇名著　華正書局
書法敎育論集　李文珍著　廣東出版社
漢字史話　李孝定著　聯經出版事業公司
書法今鑒　史紫忱著　華岡出版公司
藝舟雙輯　清　包世臣撰　臺灣商務印書館
書法正傳　清　馮　武著　臺灣商務印書館
廣藝舟雙輯　清　康有爲撰　臺灣商務印書館
中華藝林叢論藝術類三、四册　文馨出版社
中國文化新論藝術篇　聯經出版事業公司
美術論集　華岡出版公司
書法史論　史紫忱著　中國文化大學出版部
漢簡文字的書法研究　鄭惠美著　國立故宮博物院
簡牘篇　國立故宮博物院中華五千年文物集刊

書法研究	王壯爲著	臺灣商務印書館
草書通論	劉延濤著	中華文化出版事業委員會
書道新論	史紫忱著	藝術圖書公司
中學書法教學活動設計	賴瑞鼎著	青草地雜誌社
中國書法	莊　嚴著	復興書局
書學簡史	祝　嘉著	華正書局
宋四家書法析論	蔡崇名著	華正書局
比較草書	史紫忱著	中國文化大學出版部
草書藝術	史紫忱著	華正書局
中國繪畫的墨筆硯紙	鄧雪峯著	黎明文化事業公司
文字畫研究	呂佛庭著	華正書局
中國古代書法藝術	張龍文著	中華書局
書法藝術季刊		書法藝術雜誌社
書林藻鑑	馬宗霍著	臺灣商務印書館
書の歴史	伏見沖敬著	日本三玄社
書道鑑賞入門	上田桑鳩著	日本創元社

演講學　程湘凡編　臺灣商務印書館
演講雄辯談話術　任畢明著　臺北宏業書局
演說十講　王壽康著　正中書局
演講規則與技術　劉秉南著　臺灣商務印書館
有效的演講術　鹿宏勛　周明資　合著　口才訓練資料雜誌社印行
演講辯論學　祝振華著　黎明文化事業公司
演說與辯論　張正男編著　臺北文笙書局
辯論術之實習與學理　美國克契門（Ketchman）編著　費培傑譯　臺灣商務印書館
雄辯術　陳　虹著　哲志出版社

中華社會科學叢書
國文教材法 上冊 下冊
1912

作　　者／陳品卿 著
主　　編／劉郁君
美術編輯／鍾　玟

出 版 者／中華書局
發 行 人／張敏君
副總經理／陳又齊
行銷經理／王新君
地　　址／11494 臺北市內湖區舊宗路二段181巷8號5樓
客服專線／02-8797-8396　　傳　真／02-8797-8909
網　　址／www.chunghwabook.com.tw
匯款帳號／兆豐國際商業銀行　東內湖分行
067-09-036932　中華書局股份有限公司

法律顧問／安侯法律事務所
印刷製版／維中科技有限公司　海瑞印刷品有限公司
出版日期／2017年7月三版
版本備註／據1991年10月二版復刻重製
定　　價／NTD 1,000（全二冊）

國家圖書館出版品預行編目（CIP）資料

國文教材教法 / 陳品卿著. -- 三版. -- 臺北市:
中華書局, 2017.07
冊 ; 公分. -- (中華社會科學叢書)
ISBN 978-986-94907-2-6(全套 : 平裝)

1.國文科 2.教材教學 3.中等教育

508　　106008297

NO.F1036
ISBN 978-986-94907-2-6（平裝二冊）